华人国学大典论丛

肖永明　陈仁仁　主编

其命维新

第五届华人国学大典国学星斗计划新秀集

岳麓书社·长沙

丛书前言

一

学术当从寂寞出，思想宜向静中来。获得首届全球华人国学大典终身成就奖的饶宗颐先生在感言视频中如此独白："我享受孤独。"孤独之可享受，乃由于其中有学术和思想之可乐。多少厚重的学术，由那些专家在孤独寂寞的书斋里打造出来；多少深邃的思想，由那些学者从冷眼旁观的头脑里创造出来。

面临西学的冲击和国人的反省，近现代中华文化日渐式微。此一时，彼一时，在中华民族走向伟大复兴的今天，中华传统文化起死回生。想当年，朱熹和张栻在岳麓书院会讲期间有联句云："怀古壮士志，忧时君子心。"怀古不是为了复古，而是忧时。复兴传统文化，不是要良莠不分，精糟并用，而是要在兼具客观性和批判性研究的基础上，帮助我们理解和解决今天的问题，推动社会进步与发展。

一百年来，对传统文化作保守维护式的研究、纯粹否定式的研究和客观中立式的研究并行不悖，而以倾向于反对和否定为得势。不论何种立场的研究，都各有其价值。"国学"概念也便随之流行起来。到目前为止，对于"国学"并没有一个人们普遍接受的学理性的定义，对国学的拥护和反对，也都是各执一词。尽管如此，从当前社会上“国学”观念的流行，亦可见其中流行的“国学”观念，大概与“中华优秀传统文化”相当。弘扬中华优秀传统文化，绝非单一的国家提倡可以实现，它必有广泛而深厚的民意作基础。而不论“国学”观念如何流行，若是没有精深的学术性和思想性的研究，它终究只能如浮萍般停留于表面漂流。而对传统文化的学理研究之开展，其实并不需要建立在对“国学”这一概念进行严格界定的基础之上。正是在这样一个背景之下，“华人国学大典”应运而生。岳麓书院，一座在历史的星空中安静地存在了一千多年的山间庭院，这些年便也开始热闹起来。

二

2014 年，岳麓书院与凤凰网携手联合主办了“首届全球华人国学大典”。一发不可收拾，一办就是十年。隔年一届，已满五届。从第二届开始，浙江敦和慈善基金会加入联合主办，为国学大典提供经费支持。十年磨一剑，国学大典已经成为中国传统文化研究与传播领域的一个著名品牌。岳麓书院是湖南大学的历史和哲学学院，是高校教育和学术研究机构，是需要坐冷板凳的地方。凤凰网是中国乃至全球领先的新媒体平台，是一个热闹的所在。两家联手时，岳麓书院是千年学府，凤凰网还只有十多年的历史。很多方面，似乎都存在着巨大的反差。然而，“致敬国学”这一共同的愿景，让我们走到了一起。

“致敬国学”是首届国学大典的主题，经过不断丰富和完善，从第四届开始，主题确定为“致敬国学，继承创新，文明互鉴，重建斯文”十六字。“致敬国学”是一种态度，即钱穆先生所谓“对其本国以往历史之温情与敬意”，即陈寅恪先生所谓“了解之同情”。对传统作纯粹否定式的研究固然至少也有其反面价值的作用，但容易陷入历史文化虚无主义的深渊，与绝对维护的态度一样，不能以一种客观的态度对待本国历史文化。而“致敬国学”并不影响态度之客观，因为“了解之同情”正是对待本国历史文化的客观态度。“继承创新”则表明对传统不能只有致敬的态度，必须有深入的研究，以便分清精华与糟粕，继承优秀传统并立足当下有所创新，以促进传统文化的发展。“文明互鉴”则需要我们进一步拓展眼界，在全球文明的视野下来看待和研究中华传统文化的意义和价值，一方面吸收世界其他文明的优秀资源来发展自己，一方面让我们有所贡献于世界文明。而“重建斯文”则是最终的落脚点，为当下“重建斯文”，不是要回复到过去，而是在吸收古今中外优秀资源的基础之上，服务于当前时代社会文化和文明的建设与发展。

由于自身理念的完善与发展，也由于国家相关政策的调整，国学大典从名称到组织方式、具体方案也经历了一些变化和提质改造，但是十六字主题和主旨是不变的，核心的内容是不变的。核心内容是从国学研究和传播两大领域评选人物和成果。岳麓书院主要负责组织国学人物和成果的评选，其中国学人物的评选倾向于最年老和最年轻这两端，而国学成果的评选则集中在作为学界中坚的中老年学者群体。凤凰网主要负责组织评选国学传播领域的人物和成果。然后以一场文化盛典向这些国学人物和成果致敬。十年五届以来，饶宗颐、李学勤、张岂之、杜维明、许倬云、陈来、成中英、楼宇烈等德高望重的学界大先生们先后入选国学终身成就奖或“国学耆宿计划”。郭齐勇、杨国荣、王子今、邓小南、桑兵、彭林、陈尚君先生等数十位国学中坚学者入选“国学星斗计划”名家组，数十部厚重的学术著作被推选出来。李巍、谷继明、程苏东、苗润博、程少轩、刘增光、郑泽绵等十余位年轻学者入选国学新秀。

除此之外，以国学研究与传播领域的人物和成果评选为基础，我们还开展了系列人文讲座、论坛等活动，凤凰网还组织了传统文化调研和许多地方性的国学文化活动。这样就把国学大典办成了常年维持热度的系列活动。

三

开展各种活动可以形成传统文化一波又一波的热度，而热度总是难于一直保持，难免热度过后有沉寂。沉寂其实是积累学术和思想的前提条件。所以，第五届华人国学大典增加了一个重要内容，就是为入选“国学耆宿计划”的学者出版著作，为入选“国学星斗计划”的学者出版论文集。我们希望进一步聚集和展示这些能“享受孤独”的学者们在寂寞的书斋里取得的重要学术成果，同时也是为国学大典留下能广布社会和流传后世的看得见的成果。尽管这些成果可能在一定时期内，依然可能是寂寞的，但它们却是传统文化能够真正热起来的最深厚的土壤。

本届“国学大典论丛”一共有四本书，两本专著和两本论文集。两本专著的作者分别是成中英先生和楼宇烈先生。两位老先生入选了本届国学大典“国学耆宿计划”。两本论文集分别是本届国学大典入选“国学星斗计划名家组”的论文集和入选“国学星斗计划新秀组”的论文集。

成中英先生是现代新儒家代表人物。他曾两次入选国学大典，2018 年获第三届全球华人国学大典之国学传播奖“海外影响力奖”，2023 年入选第五届华人国学大典“国学耆宿计划”。“国学耆宿计划”即往届全球华人国学大典最高奖“国学终身成就奖”。成先生以美国夏威夷大学马诺阿分校为基地，向世界讲述中国哲学。同时，他与国内学界也有着非常密切的联系。他还积极投身学术实践活动，办刊物、办学会，都产生了很大影响，为中国哲学自身从传统到现代的发展和走向世界做出了杰出贡献。这次我们为成中英先生出版的专著是《理解之根：本体存在论与本体诠释学》。本体诠释学是成先生哲学思想中最重要的原创性成果，而本书则是成先生关于这一成果的一生的理论结晶。成先生在本书中对“本体存在论”和“本体诠释学”作了系统的总结，对其基本概念和范畴、命题作了理论界定和分析，对“本体诠释学”的基本架构和作为哲学方法学的展开作了深入论证。由此可见，本书在成先生一生的学术思想中有着不言而喻的重要地位。至为遗憾的是，成先生没能看到本书的正式出版，就已经永远离开了我们。谨此向成中英先生表示深深的敬意和缅怀之情。

本届国学大典组委会为成中英先生撰写了致敬辞，大体能表达我们对成先生的理解和敬意，谨录如下：

曾几何时，中国文化花果飘零，现代新儒家因时而起，志在守护中华文化慧命。

先生生于南京、祖籍湖北。学于台湾、负笈美国、毕业于哈佛。师从世界哲学大师，深入西方哲学堂奥。创办国际刊物，组织国际学会。足迹遍布五大洲，为中国文化鼓与呼；文章不写一句空，为中国哲学论与辩。明辨笃行，求真致用，终成一代新儒家。

先生学贯中西，在中西互释中挺立中国哲学与文化；思通古今，在古今融汇中彰显传统智慧与价值。创立本体诠释学而归本于大易精神，诠释当代新易学而转化为世界哲学。开创中国管理哲学，树立哲学实践典范。

先生面向现实世界，勇立学术潮头，重建中国哲学，推动中国哲学现代化和世界化。

致敬第五届华人国学大典“国学耆宿”成中英先生！

楼宇烈先生是北京大学哲学系宗教学系老教授，他曾两届以三个名目入选国学大典，分别是 2018 年第三届全球华人国学大典国学成果奖和传播奖之“公共建设力奖”，2023 年入选第五届华人国学大典“国学耆宿计划”。楼先生已是九十高龄，他从念大学开始，就在北大哲学系，从未离开。楼先生的学问出入融贯儒释道，注重阐发中国文化之根本精神及其当代价值，主张以人文立本，改善世道人心。这次我们为楼宇烈先生出版的专著是《中国文化修养论》。主题由北京大学哲学系宗教学系李四龙教授与楼先生商量确定，然后由李四龙教授从楼先生已发表的学术论文和讲演录中精选出 25 篇文章编为一册。全书分为五个主题：人文立本、君子之德、自然合理、道艺并进、返本开新。楼先生治学非常注重以文献整理为基础。他在这方面最重要的成果有《王弼集校释》《中国佛教思想资料选编》，以及中国近代学人著述编选。楼先生不只是做专精的学术研究，还擅长讲演，不辞辛劳地讲解和弘扬中华优秀传统文化的方方面面。楼先生的文字和语言深入浅出、雅俗共赏，这主要源于楼先生对中国传统文化之理解和身体力行之修养的通透。楼先生在日常生活中雅好琴棋书画茶医，并以此修身养德。传统修养论不只是其学术思想中“人文立本”说的重要基石之一，也是楼先生的生活本身。

本届国学大典组委会也为楼宇烈先生撰写了致敬辞，以表达我们的理解和敬意，谨录如下：

上世纪三十年代，先生生长于杭州西湖之畔；五十年代，求学于北大燕园之中。继而任教北大数十年，桃李栽培无数；接续传统几千载，薪火相传无穷。

先生平生论学以人文立本，出入融贯儒释道；终日讲道以国学为教，上下同流天地人。精研覃思，探究中国文化之根本精神，为民族复兴铸魂；取精用宏，阐发国学传统之当代价值，为世道人心张本。

先生是谦谦君子，硕学鸿儒，学术与人生相融；乾乾黾勉，力行不怠，思想与社会不离。但有来学，不分老幼未尝无诲；亲赴往教，讲学四方席不暇暖。与时偕行，知行合一。岂以祸福趋避，但求奉献家国。

致敬第五届华人国学大典“国学耆宿”楼宇烈先生！

本论丛包含两本论文集，一是中老年学者的《名家集》，一是青年学者的《新秀集》，分别题为“探骊得珠”和“其命维新”。所收论文有的已发表在重要学术刊物上，有的为新作，皆为第五届华人国学大典“国学星斗计划”入选者的代表作。他们都是学有专攻、视野宏阔的学者，是国学研究领域近两三代优秀学人的代表。因为都是多人论文集，作者来自不同学科和领域，文章主题各异，所以，只能大体按文史哲或传统经史之学来进行分类编排，学科或主题相近者，则序齿。名家集的作者有 15 位，依齿序，分别是黄俊杰（台湾大学）、郭齐勇（武汉大学）、彭林（清华大学）、邓小南（北京大学）、董志翘（北京语言大学）、陈尚君（复旦大学）、桑兵（浙江大学）、杨儒宾（台湾清华大学）、杨国荣（华东师范大学）、景海峰（深圳大学）、陈少明（中山大学）、黄勇（香港中文大学）、荣新江（北京大学）、杜泽逊（山东大学）、陈赟（华东师范大学）教授。新秀集的作者有10位，依齿序，分别是李霖（北京大学）、程少轩（南京大学）、郑泽绵（香港中文大学）、刘增光（中国人民大学）、郜同麟（中国社科院）、李敬峰（陕西师范大学）、李猛（复旦大学）、陈民镇（北京语言大学）、苗润博（北京大学）、程浩（清华大学）教授。他们的论文或考订字词，或校勘文献；或究观念，或述制度；或论方法，或谈思想；或指问题，或倡精神；或微观，或宏观；或专论，或比较；或考古，或思来。不一而足，繁星满空。

本届国学大典组委会为入选星斗计划的学者们撰写了一份总的致敬辞，表示我们对这一学术群体的总体印象和敬意。致敬辞谨录如下：

> 苏东坡有言："久仰圭璋之望，素钦星斗之名。"学界如浩瀚星空，而"国学星斗计划"入选者，犹如满天繁星之最为闪亮者。
>
> 他们或精通文史哲，或融贯儒释道，或兼治中西，或古今互诠，在各自领域成果璨然，熠熠生辉。从名家到新秀，论年龄，至少两代人；论师承，甚或传三代。师生从游，其乐融融；如父如母，如兄如弟。济济一堂，切磋琢磨；砥砺学术，共进于道。
>
> 透过这星空，我们可粗览中华文化之学术生态；携手向未来，我们盼重建中华民族之千古斯文。
>
> 致敬第五届华人国学大典"国学星斗"十五位名家和十位新秀！

四

成为传统文化领域“华人世界最具人文厚度、最有公信力的文化盛典”是国学大典的目标，而国学大典又是服务于弘扬中华优秀传统文化、助力中华民族伟大复兴这一更为宏伟的目标。在一个深受西学影响的多元现代社会，要想通过复兴传统，实现人文化成、凝聚共识、形成合力，谈何容易。不过，孔子“人能弘道，非道弘人”的精神理念已经融入我们民族的血脉，国学大典在社会各界的关心、支持和帮助下，一步一步地走到了今天，发挥了它应该发挥的社会价值。

国学大典最初由时任岳麓书院院长朱汉民教授和时任凤凰网总裁李亚先生共同发起。第九、十届全国人大常委会副委员长许嘉璐先生担纲历届国学大典总顾问。同时，得到了时任湖南省委常委、宣传部部长、省委秘书长许又声同志，和历任湖南省委宣传部领导的关怀和指导，得到了湖南省教育厅、文旅厅以及本校领导的鼎力支持。凤凰网总编辑邹明先生、副总编辑侯春艳女士以及凤凰网国学频道创始主编和国学大典策划顾问总撰稿柳理先生，在不但不能为公司获利而且还要付出成本的情形下，依然带领凤凰网同人不遗余力地推动国学大典，他们对弘扬传统文化的一腔热忱，令人感佩！浙江敦和慈善基金会是极少数资助传统文化的基金会之一，是唯一一个深度参与和资助经学研究的基金会。敦和基金会创始人叶庆均先生，前后两任理事长陈越光先生和沈旭欣先生，以及敦和基金会经学资助管理委员会主任康晓光教授，带领基金会理事们支持传统文化的研究和传播，这种文化情怀，同样令人感佩！

国学大典还得到了人本智汇、政邦智库的协办，得到了十余家国家一级学会和机构的学术支持，包括中华炎黄文化研究会、中国哲学史学会、中国训诂学研究会、中国比较文学学会、中国秦汉史研究会、中国唐代文学学会、中华孔子学会、中国孔子基金会、中国辞书学会、中华文化促进会、中国实学研究会、中国文化书院等。这是我们要特别感谢的。当然，作为联合主办方和首席学术支持单位，岳麓书院在肖永明院长、陈宇翔书记的带领下，以孙建平、李清良、陈仁仁、陈岘、夏金龙、陈永豪等为代表的许多老师，都在自己的教学科研和行政工作之外，投入了大量时间精力，来落实和完成国学大典的很多具体组织工作。也要向他们致敬！最后要感谢的是岳麓书社，尤其是书社学术文化图书事业部主任刘文兄及相关编辑，他们克服了很多困难，付出了大量艰辛，才使得这套丛书得以顺利出版。

毫无疑问，没有一种使命感，没有社会各界的积极参与和支持，国学大典就走不到今天。单丝不成线，独木不成林。国学大典这一弘扬中华优秀传统文化的事业，是社会共同的事业。文化的本质是人文化成，若不能化成社会共同的事业，实际上谈不上文化。所以，我们期待社会各界更多朋友来了解、支持、参与和推动国学大典，为实现传统文化的复兴贡献自己的一份力量。

肖永明　陈仁仁

目录

周人所受“大命”本旨发微

程　浩①

摘　要：“受天之命”是周人在宣称统治合法性时反复强调的核心概念。从清华简《程寤》等文献来看，“大命”是借由“太姒之梦”的机缘，由文王武王从皇天上帝处获得的，后代周王对“大命”亦有天然的继承权。“大命”的本旨不止于灭商代殷，而是以替上天治理所降下的疆土人民为主要内容。清华简《厚父》的“古天降下民，设万邦，作之君，作之师，惟曰：‘其助上帝乱下民之慝’”一句，以及又见于《成人》篇的相关异文，就是时人对“大命”本旨的直接描述。由此语可知，受“助上帝乱下民”之大命的，除了君王天子外，还包括辅佐其治政的公伯臣工。

关键词：大命；受命；《厚父》；《成人》

周人为了论证殷周鼎革的合法性，常在其著作的文献中声称曾受“大命”，如《尚书·康诰》“天乃大命文王”②，《诗经·大明》“有命自天，命此文王”③，金文中也屡见“丕显文王受天有大命”

---

① 作者简介：程浩，清华大学出土文献研究与保护中心、“古文字与中华文明传承发展工程”协同攻关创新平台副教授（北京 100084）。基金项目：本文系国家社科基金重大项目“清华大学藏战国竹简的价值挖掘与传承传播研究”（20&ZD309）、国家社科基金重大项目“出土简帛文献与古书形成问题研究”（19ZDA250）的阶段性成果。

② 《尚书正义》卷一四，阮元校刻：《十三经注疏》，北京：中华书局，2009年，第431页。

③ 《毛诗正义》卷一六，阮元校刻：《十三经注疏》，第1092页。

（大盂鼎，《集成》02837）之说①。周代以后，出于意识形态的需要，“天命”思想进一步强化，渐次成为帝制中国统治思维与治理逻辑的基石。② 正是由于被赋予了较多正统论的意涵，“受命”不仅是研究西周历史的核心问题，自古以来也都被视作经学论争的公案。③ 近年来，随着清华简《程寤》篇的公布，周人受命的相关问

---

① 除有特别说明之外，本文引用铜器铭文皆按照学界惯例以“《集成》”〔中国社会科学院考古研究所编：《殷周金文集成》（修订增补本），北京：中华书局，2007 年〕加著录号的形式标注。如个别文字的释读有学界公论之新意见，则随文改释。

② 这其中的变迁可参看晁福林：《先秦社会最高权力的变迁及其影响因素》，《中国社会科学》2015 年第 2 期，第 183—201 页；罗新慧：《周代天命观念的发展与嬗变》，《历史研究》2012 年第 5 期，第 4—18 页；侯旭东：《逐鹿或天命：汉人眼中的秦亡汉兴》，《中国社会科学》2015 年第 4 期，第 177—203 页。

③ 新时期以来的研究主要有祝中熹：《文王受命说新探》，《人文杂志》1988 年第 3 期，第 75—79 页；王和：《文王“受命”传说与周初的年代》，《史林》1990 年第 2 期，第 1—6 页；王晖：《周文王受命称王考》，《陕西师范大学学报》（哲学社会科学版）2002 年第 4 期，第 26—33 页；晁福林：《从上博简〈诗论〉看文王“受命”及孔子的天道观》，《北京师范大学学报》（社会科学版）2006 年第 2 期，第 82—93 页。

题越辩越明，[①]先前的争议之处基本形成了共识。但是由于缺少明确的记载，对于受命问题的“本体”——大命的本旨究竟是什么，却很少有学者论及。在我们看来，这个问题或可借由清华简的《厚父》与《成人》两篇得到解答，兹陈鄙见，以就正于方家。

一、“受命”的主客体与过程

在“受命”研究的学术史上，曾有许多问题长期羁绊难以断明。为了更好地围绕主题开展论证、避免过度纠缠，本文不得不先对相关问题的基本认识略作申说。

首先是“受命”的主体，即大命的来源是谁？对于这一问题，历来有皇天上帝以及商王两种观点。前者主要出自《诗经·文王》毛传“受命，受天命而王天下，制立周邦”[②]；后者则源自郑玄，其注《尚书·无逸》中的“受命”称“受殷王嗣位之命”[③]。

其次是“受命”的客体，即由谁接受大命？对于这一问题，一般都认为受命的是文王，毕竟多数文献都直称“文王受命”，如

---

① 围绕《程寤》篇对受命问题进行重申的有刘国忠：《周文王称王史事辨》，《中国史研究》2009 年第 3 期，第 25—30 页；刘国忠：《清华简〈保训〉与周文王事商》，《清华大学学报》(哲学社会科学版) 2009 年第 5 期，第 7—11 页；刘光胜：《由清华简谈文王、周公的两个问题》，《东岳论丛》2010 年第 5 期，第 97—101 页；刘光胜：《真实的历史，还是不断衍生的传说——对清华简文王受命的再考察》，《社会科学辑刊》2012 年第 5 期，第 172—177 页；罗新慧：《清华简〈程寤〉篇与文王受命再探》，清华大学出土文献研究与保护中心编：《清华简研究》第 1 辑，上海：中西书局，2012 年，第 62—71 页；陈颖飞：《清华简〈程寤〉与文王受命》，《清华大学学报》(哲学社会科学版) 2013 年第 2 期，第 132—140 页；李桂民：《周原庙祭甲骨与“文王受命”公案》，《历史研究》2013 年第 2 期，第 14—28 页；晁福林：《从清华简〈程寤〉篇看“文王受命”问题》，《北京师范大学学报》(社会科学版) 2016 年第 5 期，第 95—105 页；李忠林：《皇天与上帝之间：从殷周之际的天命观说文王受命》，《史学月刊》2018 年第 2 期，第 34—43 页，等等。

② 《毛诗正义》卷一六，阮元校刻：《十三经注疏》，第 1081 页。

③ 《尚书正义》卷一六，阮元校刻：《十三经注疏》，第 472 页。

《尚书·无逸》"文王受命惟中身"①，《诗经·文王有声》"文王受命，有此武功"②，何尊（《集成》06014）"肆文王受兹大命"等。但是有的材料则反映了"文武受命"，如《尚书·洛诰》"惟周公诞保文武受命"③，《诗经·江汉》"文武受命，召公维翰"④，师询簋（《集成》04342）"丕显文武，膺受天命"，清华简中新发现的古本《祭公之顾命》，也说："我亦上下譬于文武之受命。"⑤

再次是"受命"的过程，即客体如何从主体处接受的大命？对于这一问题，则有三种不同的看法：一是《逸周书·程寤》所载的"太姒之梦"；二是屡见于《史记》的"虞芮质成"之说，其中最明确的是《刘敬叔孙通列传》所称"及文王为西伯，断虞芮之讼，始受命"⑥；三是战国时所艳称的"赤乌丹书"，如《吕氏春秋·应同》载"及文王之时，天先见火赤乌衔丹书集于周社"⑦。此前由于《程寤》篇亡佚，如何受命的问题长期莫衷一是，尤以"虞芮质成"的说法占据主流⑧。

以上的诸多疑问，都因清华简中的古本《程寤》的重新发现而涣然冰释。为便于讨论，兹录相关简文于下：

> 惟王元祀正月既生霸，太姒梦见商廷惟棘，乃小子发取周廷梓树于厥间，化为松柏棫柞。寤惊，告王。王弗敢占，诏太

① 《尚书正义》卷一六，阮元校刻：《十三经注疏》，第472页。

② 《毛诗正义》卷一六，阮元校刻：《十三经注疏》，第1133页。

③ 《尚书正义》卷一五，阮元校刻：《十三经注疏》，第461页。

④ 《毛诗正义》卷一八，阮元校刻：《十三经注疏》，第1236页。

⑤ 清华大学出土文献研究与保护中心编，李学勤主编：《清华大学藏战国竹简（壹）》，上海：中西书局，2010年，第174页。

⑥ 《史记》卷九九《刘敬叔孙通列传》，北京：中华书局，1982年，第2715页。

⑦ 许维遹撰，梁运华整理：《吕氏春秋集释》，北京：中华书局，2009年，第284页。

⑧ 相关学术史的梳理可参晁福林：《从上博简〈诗论〉看文王"受命"及孔子的天道观》，《北京师范大学学报》（社会科学版）2006年第2期，第82—93页。

> 子发，俾灵名总祓，祝忻祓王，巫率祓太姒，宗丁祓太子发。币告宗祊社稷，祈于六末山川，攻于商神，望，烝，占于明堂。王及太子发并拜吉梦，受商命于皇上帝。①

该篇记载了周文王称王元年②，太姒做了一个寓意周将代商的梦，文王因此通过一系列祭祀仪式完成了受命。对比简文与前述《史记》《吕氏春秋》的记载，周人因“太姒之梦”而受命的看法显然比其他两说更为可靠。生活在商末周初的伯夷、叔齐曾批评周人“扬梦以说众，杀伐以要利”③，针对的应该就是文王借太姒之梦进行政治宣传的行径。简文记载文王确认天命是否已改的环节是“占于明堂”，正可与《尚书·大诰》所说“宁〈文〉王惟卜用，克绥受兹命”契合。④ 由此可见，《程寤》确为周人受命现场的真实记载。

简文又说“王及太子发并拜吉梦，受商命于皇上帝”，径直解决了受命的主客体问题。从“受商命于皇上帝”看，大命来自皇天上帝确凿无疑。⑤ 实际上，先前的文献中已然有其明证，如《尚

---

① 清华大学出土文献研究与保护中心编，李学勤主编：《清华大学藏战国竹简（壹）》，第136页。本文引用简文均采宽式并直接破读，原整理报告有未安之处则根据学界意见随文改释，下同。

② 据简文可知，周文王乃于受命之年改元称王。刘国忠先生曾据《保训》“惟王五十年”之说指出周文王于即位之初即已称王。（刘国忠：《〈保训〉与周文王称王》，《光明日报》2009年4月27日）此说的问题在于《保训》成书较晚，所谓文王称王五十年，很可能是春秋战国人根据《尚书·无逸》文王“享国五十年”构拟出来的。文王即位为西伯应达五十年之久，但受命称王却当是晚年的事了。

③ 许维遹撰，梁运华整理：《吕氏春秋集释》，第268页。

④ 《尚书正义》卷一三，阮元校刻：《十三经注疏》，第422页。

⑤ 与商人所不同的是，周人观念中的“天”与“上帝”基本呈现二位一体的状态，是具有普遍性的至上神。也正是由于这种观念的转变，才使得周人得以“受商命于皇上帝”。关于商周时期的上帝—天神观念的演进，可参朱凤瀚：《商周时期的天神崇拜》，《中国社会科学》1993年第4期，第191—211页；王震中：《商周之变与从帝向天帝同一性转变的缘由》，《历史研究》2017年第5期，第4—10页。

书·文侯之命》“惟时上帝，集厥命于文王”①，是说降下大命的是上帝；《诗经·大明》“有命自天，命此文王”②，已言文王之命来自天；大盂鼎（《集成》02837）的“丕显文王受天有大命”，亦与之同谓。由此可见，周人口中的“大命”与“天命”，应该是一类概念。而所谓的文王受商王之命“嗣位西伯”与“专征伐”，即使确有其事③，但显然所受并非“大命”“天命”，对周人代商历史进程的影响，与“受天之命”也是不可同日而语的。

至于接受天命的客体，《程寤》已经明确说了是“王及太子发并拜吉梦”，而且在太姒所做的梦中，武王才是扫除商廷的主角。从这点来看，过去陈梦家先生所说的“西周时以文王为周之受命者，武王嗣文王作邦而已”④，大概就不能成立了。有学者认为“文王受命”是西周早期的观念，而“文武受命”则要晚一些。但是如果我们相信《程寤》篇的材料来源就是文王受命之时的实录，那么“文武受命”之说早在商周之际就已经出现了。

实际上，综合各种史料来看，受天之命的周王甚至不止文武二人。《尚书》中就可以找到一些成王受命的记载，如《召诰》说“皇天上帝改厥元子，兹大国殷之命，惟王受命”⑤，这里受皇天上帝之命的王显然应指时王成王。即便将之强行解释为先王文武，然

① 《尚书正义》卷二〇，阮元校刻：《十三经注疏》，第539页。

② 《毛诗正义》卷一六，阮元校刻：《十三经注疏》，第1092页。

③ 清人马骕即调停两说：“受命云者，一受殷命而征诸侯，一受天命而兴周室。”（马骕：《绎史》卷十九《文王受命》，《文渊阁四库全书》第365册，台北：台湾商务印书馆，1986年，第52页）前揭刘光胜、李桂民等文，均认可“受殷王命”之说，认为其与“受天之命”是平行的两条线索。晁福林先生则认为两者是历时演变关系：“从周人‘受命’观念的发展看，第一阶段是接受商王之命而为西伯”，之后第二第三个阶段“是从上天接收商王朝之命（国祚）”。〔晁福林：《从清华简〈程寤〉篇看“文王受命”问题》，《北京师范大学学报》（社会科学版）2016年第5期，第95—105页〕

④ 陈梦家：《西周年代考》，北京：中华书局，2005年，第29页。

⑤ 《尚书正义》卷一五，阮元校刻：《十三经注疏》，第450页。

下文又有“今王嗣受厥命”，有了“今”“嗣”等词的限定，受厥命者当指成王无疑了。而在文武之后“嗣受厥命”的周王，也不啻成王一人。如周厉王自作的五祀胡钟（《集成》00358. 1–2）有云“余小子肇嗣先王……用申固先王，受皇天大鲁命”，按照厉王的说法，他本人以及所嗣的先王夷王都是受了皇天大命的。西周晚期毛公鼎（《集成》02841）载宣王之语曰“丕显文武，皇天引厌厥德，配我有周，膺受大命”，大意是说皇天由于文王武王的德行将大命匹配于有周。从这句话来看，“膺受大命”的是整个有周王室。铭文此后又说“亦唯先正襄乂厥辟……丕巩先王配命”，并且要求毛公协助自己“申固大命”，可见在宣王看来，先王与自己都是“配命”的。值得特别注意的还有清华简《祭公之顾命》有一句话，作“丕惟后稷之受命是永厚”①。众所周知，后稷是周之先祖，宣称后稷受命，便如同说有周的历代先公先王都承嗣后稷而受命。②综上观之，所谓“文武受命”实际上是文王、武王代表周王室受天之命，而后代周王对大命都是有继承权的。至于周代文献里但凡讲到“受命”便言必称文武，大概是出于其最早受命的缘故，同时也有尊隆他们奠定周邦之功业的意味在里面。

二、“大命”不啻“克商”

过去的论者之所以将受命者局限于文王、武王二人，除了文献记载比较模糊外，还有一个重要的原因便是对大命的具体内容理解有误。

在先前的认识中，一般将“受命”理解为“受天灭商杀纣之大命”③。这种说法盖源自《墨子 · 非攻》，其云“赤乌衔珪，降周

---

① 清华大学出土文献研究与保护中心编，李学勤主编：《清华大学藏战国竹简（壹）》，第174页。

② 《祭公之顾命》的“后稷受命”之说，应该是西周中期周人根据文武受命之事而作的“追封”与“加码”。而且从下文的论述可知，后稷受天之命是为人臣而非天子，因此《祭公之顾命》此说并不影响文武才是最早受命为天子的周人。

③ 黄怀信：《逸周书校补注译》，西安：三秦出版社，2006年，第112页。

之岐社，曰：'天命周文王伐殷有国'"①。周人伐商克殷乃承自天命，确实见于《尚书》《逸周书》的记载：

> 今在商纣，昏忧（扰）天下，弗显上帝，昏虐百姓，奉（违）天之命。上帝弗显，乃命朕文考曰："殪商之多罪纣。"肆予小子发，不敢忘天命。朕考胥翕稷政，肆上帝曰："必伐之。"予惟甲子，克致天之大罚。□帝之来，革纣之□，予亦无敢违天命。（《逸周书·商誓》）②
>
> 天乃大命文王，殪戎殷，诞受厥命，越厥邦厥民，惟时叙。（《尚书·康诰》）③
>
> 今惟我周王丕灵承帝事，有命曰："割殷！告敕于帝。"（《尚书·多士》）④
>
> 皇天改大邦殷之命，惟周文王受之，惟武王大败之，成厥功。（清华简《祭公之顾命》）⑤

其中昭示"伐商为天命"之义最显豁的是《商誓》。篇中武王陈述上帝先命文王"殪商之多罪纣"，复又命自己"必伐之"，并称不敢违背"大命"。由此看来，在周人建构的理论体系中，伐商之事确是受天命指使的。如果"大命"的内涵仅限于此，而伐商克殷在武王时已"成厥功"，成王以后的王自然就无法受此命了。

但是把伐商理解为"大命"的全部，则会与许多关于"受命"的记载产生不可调和的矛盾。

首先，文献记载夏商二代以及传说时代的帝王也曾受天命。如

---

① 孙诒让撰，孙启治点校：《墨子间诂》，北京：中华书局，2001年，第150—151页。

② 黄怀信等：《逸周书汇校集注》，上海：上海古籍出版社，2007年，第454—455页。

③ 《尚书正义》卷一四，阮元校刻：《十三经注疏》，第431页。

④ 《尚书正义》卷一六，阮元校刻：《十三经注疏》，第468页。

⑤ 清华大学出土文献研究与保护中心编，李学勤主编：《清华大学藏战国竹简（壹）》，第174页。

上博简《子羔》载“舜其可谓受命之民矣”①，说明舜之为君不止因于尧的禅让，同时也是受了天命的。清华简《厚父》云“在夏之哲王，乃严寅畏皇天上帝之命”②，可见夏代先王曾保有“皇天上帝之命”。而清华简《保训》说“至于成汤，祗服不懈，用受大命”③，成汤是商朝的立国之君，在周文王看来，也是因天之大命而享国。周公在《多方》中告诫殷遗民曰“天惟时求民主，乃大降显休命于成汤”，“今至于尔辟，弗克以尔多方享天之命”，④说明商代之王确是在上帝那里获得过天命的。周康王在大盂鼎（《集成》02837）中说“我闻殷坠命”，而“坠命”的前提当然是已“受命”。既然历朝历代的帝王，包括文武以后的周王均受天之大命，那大命的内容又怎么会只是克殷呢？

再者，周人屡屡声称自己所受大命是自商承袭而来的。在周人看来，天命非常，是可以因“德”的得失而转移的，如《尚书·大诰》“越天棐忱，尔时罔敢易法”⑤，《诗经·荡》“天生烝民，其命匪谌”等⑥。上引《程寤》之文即言“受商命于皇上帝”，说明大命原是属于商的，在“太姒之梦”后才改归于周。《召诰》的“皇天上帝改厥元子，兹大国殷之命”⑦，《祭公之顾命》说“皇天改大邦殷之命”⑧，皆是此谓。《多士》“非我小国敢弋殷命”⑨，

---

① 马承源主编：《上海博物馆藏战国楚竹书（二）》，上海：上海古籍出版社，2002年，第190页。

② 清华大学出土文献研究与保护中心编，李学勤主编：《清华大学藏战国竹简（伍）》，上海：中西书局，2015年，第110页。

③ 清华大学出土文献研究与保护中心编，李学勤主编：《清华大学藏战国竹简（壹）》，第143页。

④ 《尚书正义》卷一七，阮元校刻：《十三经注疏》，第486页。

⑤ 《尚书正义》卷一三，阮元校刻：《十三经注疏》，第424页。

⑥ 《毛诗正义》卷一八，阮元校刻：《十三经注疏》，第1191页。

⑦ 《尚书正义》卷一五，阮元校刻：《十三经注疏》，第450页。

⑧ 清华大学出土文献研究与保护中心编，李学勤主编：《清华大学藏战国竹简（壹）》，第174页。

⑨ 《尚书正义》卷一六，阮元校刻：《十三经注疏》，第466页。

《立政》“式商受命”[①]，“弋”与“式”皆当训“代”，均可理解为代商受命。西周早期的天亡簋（《集成》04261）载武王克商后“丕克得殷王祀”[②]，古代只有天子才可以祭天，“得殷王祀”的言下之意就是取代商王保有天命。周公所作《君奭》则将这种观念表现得最为明晰，其云“殷既坠厥命，我有周既受”[③]。若说周人替代商所受大命的内容是伐商代殷，而商人又怎会受命攻伐自己呢？

由此可见，克商代殷绝不是周人所受大命的全部内容。而且周人对殷采取的这种暴力革命，在文献中一般也会与“天命”区分开来，被称为“天威”“天罚”等。在周人建立的话语体系中，商朝是由于失德而被“降丧”[④]，如《酒诰》有“诞惟民怨，庶群自酒，腥闻在上，故天降丧于殷”[⑤]，《君奭》也说：“弗吊天降丧于殷。”[⑥]“降丧”的具体表现乃是致下“天威”，动用“天罚”，如《多方》云：“惟尔多方探天之威，我则致天之罚。”[⑦]《多士》载周公语“弗吊旻天，大降丧于殷；我有周佑命，将天明威，致王罚”[⑧]，可见上天向商朝降下的“丧”与“天威”“天罚”乃是指示周人代为执行的。至于“致天之罚”的形式，则应如《君奭》所说“后暨武王诞将天威，咸刘厥敌”[⑨]。

在明确了克商代殷是周人替上帝执行的“天罚”之后，即可知

---

① 《尚书正义》卷一七，阮元校刻：《十三经注疏》，第 491 页。

② “得”为晁福林先生的释读意见，见晁福林：《从清华简〈程寤〉篇看“文王受命”问题》，《北京师范大学学报》（社会科学版）2016 年第 5 期，第 101—102 页。

③ 《尚书正义》卷一六，阮元校刻：《十三经注疏》，第 474 页。

④ 与之相应的，周人代商受天命的原因则是能够“秉德”，详细的论述见罗新慧：《周代天命观念的发展与嬗变》，《历史研究》2012 年第 5 期，第 4—18 页。

⑤ 《尚书正义》卷一四，阮元校刻：《十三经注疏》，第 440 页。

⑥ 《尚书正义》卷一六，阮元校刻：《十三经注疏》，第 474 页。

⑦ 《尚书正义》卷一七，阮元校刻：《十三经注疏》，第 489 页。

⑧ 《尚书正义》卷一六，阮元校刻：《十三经注疏》，第 466 页。

⑨ 《尚书正义》卷一六，阮元校刻：《十三经注疏》，第 477 页。

其仅为实现“天命”的方式手段，而不是“大命”的本身，充其量也只能算是一小部分。前引《商誓》中武王称自己要在甲子这一天“克致天之大罚”，并说“予亦无敢违天命”，“亦”字的使用恰恰说明武王是将“天罚”与“大命”视为两种概念。《康诰》所谓的“天乃大命文王，殪戎殷，诞受厥命，越厥邦厥民，惟时叙”①，应当理解为上天命令文王通过“殪戎殷”实现“诞受厥命，越厥邦厥民，惟时叙”的大命。《祭公之顾命》“皇天改大邦殷之命，惟周文王受之，惟武王大败之，成厥功”②，所指也原应为文王受命建邦治民与武王克商致天之罚两件事。可与之对读还有西周早期的铜器何尊（《集成》06014），其铭云：

> 肆文王受兹大命。惟武王既克大邑商，则廷告于天曰：“余其宅兹中国，自之乂民。”

亦是将“文王受命”与“武王克商”分置为二事。值得注意的是武王完成克商后告之于天的“余其宅兹中国，自之乂民”一句，这或许才是“大命”的真正内容。

三、“大命”本旨：助上帝乱下民

清华简《程寤》重新发现之后，已经有学者认识到了周人所受天命的大致意涵。陈颖飞先生指出：“‘文王受命’是以‘殪戎殷’即伐殷为手段，其结果包括‘厥邦’‘厥民’两方面”，“所谓的周‘受命’是受天之命，即商曾受的治理万民之命”。③ 晁福林先生也说：“周人历来艳称‘文王受命’，意即文王承受天所赐予的统治天下的大命。”④ 这些都是很正确的意见。从《康诰》说文王“诞

① 《尚书正义》卷一四，阮元校刻：《十三经注疏》，第431页。

② 清华大学出土文献研究与保护中心编，李学勤主编：《清华大学藏战国竹简（壹）》，第174页。

③ 陈颖飞：《清华简〈程寤〉与文王受命》，《清华大学学报》（哲学社会科学版）2013年第2期，第134、136页。

④ 晁福林：《从清华简〈程寤〉篇看“文王受命”问题》，《北京师范大学学报》（社会科学版）2016年第5期，第95页。

受厥命，越厥邦厥民，惟时叙”① 来看，建邦治民、使彝伦攸叙应该就是周人所“诞受”的天命。

然而令人十分费解的是，像“受命”这种周人天天挂在嘴边的命题，在文献中似乎丝毫见不到对其具体内涵的阐述。对此，清人黄中松曾解释说：

> 所谓天命者，天岂谆谆然命之哉，以行与事示之而已。虞、芮质成，诸侯闻而归者四十余国，人心之所向，即天命之所归也。②

在黄氏看来，上天降命不会直言相告，而是用行与事作为示范。这种说法虽然自有其理性成分在，但是低估了周人所建构天命理论的完整性。实际上，对“大命”本旨的具体描述是见载于文献的，只是长期没有被揭示出来。

收入清华简第五辑整理报告的《厚父》篇，据我们研究是周武王向夏朝遗民厚父的乞言③，现在看来通篇都是关于“天命”的论述。其开篇为：

> □□□□王监嘉绩，问前文人之恭明德。王若曰：“厚父！遹闻禹□□□□□□□□□□□□□□川，乃降之民，建夏邦。启惟后，帝亦弗巩启之经德少，命皋繇下为之卿士，使感有神，能格于上，知天之威哉，闻民之若否，惟天乃用保夏邑。在夏之哲王，乃严寅畏皇天上帝之命，朝夕肆祀，不盘于康，以庶

---

① 《尚书正义》卷一四，阮元校刻：《十三经注疏》，第 431 页。

② 黄中松：《诗疑辨证》，桂林：广西师范大学出版社，2018 年，第 281 页。

③ 程浩：《清华简〈厚父〉“周书”说》，清华大学出土文献研究与保护中心编：《出土文献》第 5 辑，上海：中西书局，2014 年，第 145—147 页。学界对于《厚父》的时代问题讨论比较多，但目前大部分学者基本都认可《厚父》中的王为周武王，参见李学勤：《清华简〈厚父〉与〈孟子〉引〈书〉》，《深圳大学学报》（人文社会科学版）2015 年第 3 期，第 33—34 页；杜勇：《清华简〈厚父〉“王若曰”之“王”考实》，《邯郸学院学报》2017 年第 3 期，第 73—75 页；刘国忠：《也谈清华简〈厚父〉的撰作时代和性质》，《扬州大学学报》（人文社会科学版）2017 年第 6 期，第 91—96 页。

民惟政之恭，天则弗斁，永保夏邦。其在时后王之享国，肆祀三后，永叙在服，惟如台？”①

在这一段中，武王先追述了夏朝先王的事迹：禹隓山浚川，收受了天所降之民，建立夏邦；启在上帝降下的卿士皋繇的辅佐下，保有夏邑；之后的哲王，也能够严守天命，因而“永保夏邦”。从“乃降之民，建夏邦”“知天之威”“严寅畏皇天上帝之命”等语来看，武王向厚父所请教的，正是夏代明哲先王的保有“天命”之道以及昏庸嗣王丧失“天命”的原因。

且看厚父作出的回答：

> 厚父拜手稽首，曰：“者鲁，天子！古天降下民，设万邦，作之君，作之师，惟曰：‘其助上帝乱下民之慝。’王乃竭失其命，弗用先哲王孔甲之典刑，颠覆厥德，沉湎于非彝，天乃弗赦，乃坠厥命，亡厥邦。惟时下民共帝之子，咸天之臣民，乃弗慎厥德，用叙在服。”②

对于武王的“天命”之问，厚父直接托出了“天命”的具体定义，也就是“古天降下民，设万邦，作之君，作之师，惟曰：‘其助上帝乱下民之慝’”这句话③。细绎其语法结构，就会发现“降下民，设万邦，作之君，作之师”乃是“天”的行为，而“惟曰”所引领的则是“天”所说的话。换言之，“其助上帝乱下民之慝”就是皇天上帝对治理下民、万邦的君、师的“大命”。从《厚父》“天降下民，设万邦”可知，在周人的天命观念中，人民为上帝所降，邦国为上天所设，比如夏朝便是天“乃降之民，建夏邦”。简文还说“惟时下民共帝之子，咸天之臣民”，说明下民的所有权乃是属于上天的。为了管理这些下土的子民与疆土，上帝会“作之

---

① 清华大学出土文献研究与保护中心编，李学勤主编：《清华大学藏战国竹简（伍）》，第110页。

② 清华大学出土文献研究与保护中心编，李学勤主编：《清华大学藏战国竹简（伍）》，第110页。

③ 整理报告将“之慝”二字下属，对此学界尚有争议。由《成人》与《孟子》的相关文句来看，从上读似乎更为合理。

君，作之师”，也即是《厚父》在下文中强调的“天监司民”。“司民”若要治理上帝的子民，须受上帝的命令，才有资格协助上帝“乱下民之慝”①。而“助上帝乱下民”，则正是包括周人在内的历代“司民”从上天获得的大命。

我们之所以将《厚父》中的这句话视为周人所受大命的具体内容，除了厚父称它语出天帝之口外，其内容与其他周代文献中所描述的大命也若合符节。《尚书·洛诰》说周公“诞保文武受民，乱为四辅”②，现在看来所受之民应即《厚父》的“天降下民”，“乱为四辅”即“作之师”③。《梓材》篇说“皇天既付中国民越厥疆土于先王”④，也认为先王所统治的人民与疆土是皇天所付予的。大盂鼎（《集成》02837）载“先王受民受疆土”，所受之民与疆土的来源显然是天。清华简《封许之命》说天帝使文王“膺受大命，畯尹四方”⑤，“畯尹四方”一句就是对“大命”的补充解释。另外西周金文常把“匍有四方”“合受万邦”一类的话与“膺受大命”放在一起讲，足见治理属于上帝的疆土人民确是天之大命的一部分。语义比较显豁的还有清华简的《祭公之顾命》篇，其谓：

> 朕之皇祖周文王、烈祖武王，宅下国，作陈周邦。惟时皇上帝宅其心，享其明德，付畀四方，用膺受天之命，敷闻在下。⑥

周穆王论及先祖文王、武王，说是皇上帝“付畀四方，用膺受天之命，敷闻在下”。所谓“敷闻在下”即把改命周人保有四土、

① 乱训为治，慝即奸邪。

② 《尚书正义》卷一五，阮元校刻：《十三经注疏》，第459页。

③ 此句在《成人》篇的异文中，就有“四辅”，说明“四辅”乃是“师”的一种。

④ 《尚书正义》卷一四，阮元校刻：《十三经注疏》，第443页。

⑤ 清华大学出土文献研究与保护中心编，李学勤主编：《清华大学藏战国竹简（伍）》，第118页。

⑥ 清华大学出土文献研究与保护中心编，李学勤主编：《清华大学藏战国竹简（壹）》，第174页。

“膺受天之命”治理人民之事广播于天所降之下民。这些相关论述，都是囊括在《厚父》所展现的“天命”体系之内的。

对于“古天降下民，设万邦，作之君，作之师，惟曰：‘其助上帝乱下民之慝’”这句话，赵平安先生曾指出其是“类似于常语性质的东西”①，宁镇疆先生则称之为“公共知识”②。那么在周代有什么观念最值得作为“公共知识”广为传颂呢？本文所讨论的天之大命，肯定是有资格位列其中的。作为对大命内涵的直接表述，这句话也得到了其他文献的广泛引用。最近公布的清华简《成人》篇，就出现了相关异文：

> 古天氐降下民，作之后王君公，正之以四辅：祝、宗、史、师，乃有司正、典狱，惟曰：“助上帝乱四方之有罪无罪。”③

单就“惟曰”之后的这句话来看，其与《厚父》大同小异，唯有“下民之慝”更作了相同意义的“四方之有罪无罪”。可见这句由天亲口表达的大命，在当时已经十分固定了。较之《厚父》，《成人》的天命说最大的差异是把“君”与“师”分别细化为“后王君公”和“四辅：祝、宗、史、师，乃有司正、典狱”。《成人》篇的作成时代目前尚未定谳，整体来看或许早不到西周④，这种变化应是后人对“公共知识”不断附益造成的。

除了清华简等新出土文献外，关于“大命”的公共知识，也可以在传世典籍中觅得踪迹。这其中最著名的当然要属《孟子·梁惠

---

① 赵平安：《〈厚父〉的性质及其蕴含的夏代历史文化》，《文物》2014 年第 12 期，第 82 页。

② 宁镇疆：《清华简〈厚父〉“天降下民”句的观念源流与豳公盨铭文再释——兼说先秦“民本”思想的起源问题》，清华大学出土文献研究与保护中心编：《出土文献》第 7 辑，上海：中西书局，2015 年，第 103 页。

③ 清华大学出土文献研究与保护中心编，黄德宽主编：《清华大学藏战国竹简（玖）》，上海：中西书局，2019 年，第 154 页。

④ 贾连翔先生认为该篇所体现的思想与战国时期的法家十分契合，参见贾连翔：《清华简〈成人〉及有关先秦法律制度》，《文物》2019 年第 9 期，第 54 页。

王下》引“书”之文：

> 天降下民，作之君，作之师，惟曰：“其助上帝宠之四方有罪无罪。”①

《厚父》公布之初，李学勤先生便指出其是对《厚父》之文的引用。② 现在虽又有《成人》篇作为潜在来源，但考虑到《孟子》称其为“书”并赞为武王之勇，我们仍然支持这一观点。《孟子》引用此文，只为了表彰王者好勇可安天下，丝毫没有体现它与天之大命之间的关系。也正因如此，千百年来都未曾有人发觉它就是周人所艳称天命的直接表述。

与之情况类似的，还有《左传》与《墨子》的相关文句：

> 天生民而树之君，以利之也。(《左传》文公十三年)③
>
> 天生民而立之君，使司牧之，勿使失性。有君而为之贰，使师保之，勿使过度。是故天子有公，诸侯有卿，卿置侧室，大夫有贰宗，士有朋友，庶人、工、商、皂、隶、牧、圉皆有亲昵，以相辅佐也。(《左传》襄公十四年)④
>
> 是以先王之书《相年》之道曰：“夫建国设都，乃作后王君公，否用泰也。卿大夫师长，否用佚也，维辩使治天均。”则此语古者上帝鬼神之建设国都立正长也，非高其爵、厚其禄、富贵佚而错之也。(《墨子·尚同中》)⑤
>
> 古者天之始生民，未有正长也……故古者建国设都，乃立后王君公，奉以卿士师长，此非欲用说也，唯辩而使助治天明也。(《墨子·尚同下》)⑥

---

① 《孟子注疏》卷二，阮元校刻：《十三经注疏》，第5818页。

② 李学勤：《清华简再现〈尚书〉佚篇》，《中国教育报》2014年9月5日。

③ 《春秋左传正义》卷一九，阮元校刻：《十三经注疏》，第4022页。

④ 《春秋左传正义》卷三二，阮元校刻：《十三经注疏》，第4250页。

⑤ 孙诒让撰，孙启治点校：《墨子间诂》，第84、85页。

⑥ 孙诒让撰，孙启治点校：《墨子间诂》，第90、91页。

宁镇疆先生最早注意到了上述文献对《厚父》之文的转述①，但由于其关注点主要在“民本”思想方面，并未将其与“天命”联系起来。现在看来，这些文本大概均可视作《厚父》《成人》等关于大命描述的衍生。《左传》文公十三年的“天生民而树之君”，只是《成人》“天氐降下民，作之后王君公”的缩略版而已。襄公十四年说“使司牧之，勿使失性”，所谓“失性”，岂非“下民之慝”“四方之有罪无罪”？而《墨子》所云“古者建国设都，乃立后王君公，奉以卿士师长”，盖与《成人》“作之后王君公，正之以四辅：祝、宗、史、师，乃有司正、典狱”同谓。《左传》与《墨子》对《厚父》《成人》之文的反复化用，或许说明春秋战国时人仍知悉周人所称天命的本旨。另外以上这些文献当然可以反映当时民主共治的思想，但其理论基础，则是《厚父》所说的“惟是下民，庸（注：均）帝之子，咸天之臣民”②。下民与疆土本就是天帝所降下，无论是后王君公还是司正典狱，都只不过是受天之命代为治理而已。③

四、诸侯辅臣与天子共受大命

若确如我们所论，《厚父》《成人》等文献先后称道的那句话便是周人所受大命的本旨，仔细辨析其文，实则还有一条关于受命的线索是前人所未曾注意的。从《厚父》与《成人》来看，受天之命“助上帝乱下民”的不仅有“君”或“后王君公”，还有“师”，也就是“四辅”“司正”“典狱”等。此论在上引《厚父》简文中即可找到证据，周武王云启继嗣后“帝亦弗巩启之经德少，命皋繇下为之卿士”，也就是说皋陶下为启之佐助治理下民，乃是

① 宁镇疆：《清华简〈厚父〉“天降下民”句的观念源流与豳公盨铭文再释——兼说先秦“民本”思想的起源问题》，清华大学出土文献研究与保护中心编：《出土文献》第 7 辑，第 103—107 页。

② 梁涛先生业已注意到这一点，参见梁涛：《清华简〈厚父〉与中国古代“民主”说》，《哲学研究》2018 年第 11 期，第 40—50 页。

③ 按照《召诰》“皇天上帝改厥元子”之说，人王也是皇天上帝之子，而且是“元子”，盖以君长的身份治理天之余子。

受了天帝之命。《尚书》中周公所作的《立政》篇，讲到设立百官、任用贤能是为了“相我受民”“以乂我受民”①，可见百官的职责就是襄助王受命治民。清华简《周公之琴舞》有诗曰“陟降其事（士），卑监在兹”②，《诗经·周颂》与之对应之句作“陟降厥士，日监在兹”③，沈培先生指出其主语均是“天”④，意为天降下卿士监临下土。《厚父》的“天监司民”，还有《成人》说要将天氏降之民“正之以四辅”，都说明王的卿士臣僚也是受天命治理人民的。

有的读者可能会有疑问，“四辅”与“司正”、“典狱”所受的是否为一般的命令，而非天之大命呢？综合文献记载来看，似可排除这种可能。《尚书·吕刑》载：

> 皇帝清问下民鳏寡有辞于苗，德威惟畏，德明惟明。乃命三后恤功于民：伯夷降典，折民惟刑；禹平水土，主名山川；稷降播种，农殖嘉谷。三后成功，惟殷于民。⑤

三后受命“恤功于民”，大概在尧舜之世，此时三人均未为“后王君公”，是以臣子的身份辅佐君王的。而篇中“皇帝”即皇天上帝，是命三后的主语，因此“恤功于民”一定是天为做辅臣的三后所降下的大命。除此之外，《国语·周语下》关于“命姓受氏”的相关描述，也体现了诸侯亦为皇天所命的这种观念：

> 皇天嘉之，祚以天下，赐姓曰姒，氏曰有夏……祚四岳国，命以侯伯，赐姓曰姜，氏曰有吕……此一王四伯，岂緊多宠？皆亡王之后也。唯能厘举嘉义，以有胤在下，守祀不替其

① 《尚书正义》卷一七，阮元校刻：《十三经注疏》，第494页。

② 清华大学出土文献研究与保护中心编，李学勤主编：《清华大学藏战国竹简（叁）》，上海：中西书局，2012年，第133页。

③ 《毛诗正义》卷一九，阮元校刻：《十三经注疏》，第1290页。

④ 沈培：《〈诗·周颂·敬之〉与清华简〈周公之琴舞〉对应颂诗对读》，复旦大学出土文献与古文字研究中心编：《出土文献与古文字研究》第6辑，上海：上海古籍出版社，2015年，第332—341页。

⑤ 《尚书正义》卷一九，阮元校刻：《十三经注疏》，第527—528页。

典……唯有嘉功，以命姓受氏，迄于天下。①

在这段话中，无论"一王"的"祚以天下"，还是"四伯"的"命以侯伯"，均是由于"皇天嘉之"而膺受其命的。

现藏保利艺术博物馆的西周中期铜器豳公盨，铭文为：

> 天命禹敷土、堕山、浚川；乃畴方设征，降民监德；乃自作配飨民；成父母，生我王作臣。②

按照我们的理解，此铭中的"命禹敷土、堕山、浚川""畴方设征""降民监德"等一系列行为动作，都是以"天"为主语的。其中的"成父母，生我王作臣"，指的是周人先祖后稷做禹臣之事。结合《吕刑》与豳公盨的记载，在周人看来，后稷之为人臣实是受了天命的。

即便我们说上古渺茫，传说之事不可尽信；但在周人自作的文献里，也可找出辅臣受大命的证据。如在《尚书·君奭》中，周公引用武王的话戒毖召公说：

> 汝明勖偶王在（哉），亶乘兹大命，惟文王德丕承无疆之恤。③

"亶"读"殚"，"乘"通"承"。"亶乘兹大命"的主语是"汝"，也就是召公。召公虽是臣僚，但在周公看来也是"乘兹大命"的。旧注皆以为召公所承是周王之命，现在看来确实有些勉强。我们说召公奭曾受天命，亦可由收入清华简第十辑整理报告的《四告》证实。其中收录的召公奭后裔召伯虎的告神之辞，曾提到"先公作宗大室之廷"，并说"唯上帝命其孚于戾""唯上帝命其孚

① 徐元诰撰，王树民、沈长云点校：《国语集解》，北京：中华书局，2002年，第96—97页。

② 释文参考了李学勤：《论豳公盨及其重要意义》，《中国历史文物》2002年第6期，第4—12页；裘锡圭：《豳公盨铭文考释》，《中国历史文物》2002年第6期，第13—27页；朱凤瀚：《豳公盨铭文初释》，《中国历史文物》2002年第6期，第28—34页等，又根据自己的认识重新进行了断句。

③《尚书正义》卷一六，阮元校刻：《十三经注疏》，第478页。

于若”①。在召伯虎看来，其先祖召公奭确是受过天命的。《顾命》《康王之诰》中与召公奭同朝为臣的毕公高，按照清华简《耆夜》的记载，也曾在武王伐商的过程中立下赫赫战功。他的后人作毕伯克鼎对其进行追享，即称其为“皇祖受命毕公”②，说明毕公高辅弼武王克商开国也是受天之命。

一般认为是共王时器的乖伯簋（《集成》04331），为臣子受天命提供了一条关键证据，其铭云：

王若曰：乖伯，朕丕显祖文、武，膺受大命，乃祖克弼先王，翼自它邦，有共于大命。

王在强调文武受命的同时，还赞美了乖伯的先祖“克弼先王”，而其具体功绩则是“翼自它邦，有共于大命”③。乖伯之祖应是《牧誓》所说的“友邦冢君”之一，从此语来看，他与周人的先王乃是共同受了天之大命的。类似的表述见于《国语·鲁语上》，作“天子祀上帝，诸侯会之受命焉”。这里的“诸侯会之受命”旧注都理解为“助祭受政命也”④，现在看来，“会”就是共同的意思，与乖伯簋的“有共于大命”一样，都是说诸侯辅臣与王一起受天之命。

在一些东周时期的金文中，诸侯臣工也声称自己曾受天命，过去都以为是礼崩乐坏之后的僭越，现在看来也未必尽然。春秋晚期的晋公盆（《集成》10342）载：

唯王正月初吉丁亥，晋公曰：“我皇祖唐公膺受大命，左右武王，教威百蛮，广辟四方。”

同样属于春秋晚期的蔡侯申尊、盘（《集成》06010、10171），

① 清华大学出土文献研究与保护中心编，黄德宽主编：《清华大学藏战国竹简（拾）》，上海：中西书局，2020年，第123页。

② 陕西省考古研究院等：《陕西韩城梁带村墓地北区2007年发掘简报》，《文物》2010年第6期。

③ “共”字的释读参何琳仪、徐在国：《释“芇”及其相关字》，中国文字编辑委员会：《中国文字》新27期，台北：艺文印书馆，2001年，第103—111页。

④ 徐元诰撰，王树民、沈长云点校：《国语集解》，第146页。

两器铭文基本一致，作：

> 元年正月初吉辛亥，蔡侯申虔共大命，上下陟否，擸敬不惕，肇佐天子。

如果说晋公、蔡侯有意僭越，又怎会在声称"膺受大命""虔共大命"的同时又强调"左右武王""肇佐天子"呢？由此可见，诸侯所说的受命，亦以直接解作与周王共受大命为宜。

公侯辅臣受天命助王治国养民的观念，在文献中还可以举出很多例子。如作于春秋战国之际的司马楙镈载：

> 唯正孟岁十月庚午，曰：古朕皇祖悼公，严恭天命，哀命鳏寡，用克肇谨先王明祀。①

器主司马楙追述先祖悼公之所以能够"肇谨先王明祀"，其原因就是"严恭天命"。新近发现的嬭加编钟载"伯括受命，帅禹之绪，有此南洍"②，一般认为伯括所受为周王之命。但是从曾公畩编钟说伯括"召事上帝"③ 以及曾侯與编钟的"伯括上庸"④ 来看，伯括乃是从上帝处获得的大命。

此外，《吕氏春秋》载魏国始侯，云"天子赏文侯以上闻"⑤，这条材料也可证裂土封侯的前提必须是得到上帝的同意。同时需要注意的是，魏文侯是做了诸侯之后才得以"上闻"的，而在为晋侯之卿时并没有闻达于天。这说明受天之命的辅臣范围仍是有限的，或止于外服的诸侯与内服的卿士三公一级。与此同时，这条材料还反映了诸侯辅臣受天命须以天子为媒介。金文常见的册命仪式，应

---

① 山东省博物馆编：《山东金文集成》，济南：齐鲁书社，2007 年，第 104、105、106、107 号。

② 郭长江等：《嬭加编钟铭文的初步释读》，《江汉考古》2019 年第 3 期，第 9—19 页。

③ "上帝"的释读是王宁先生的意见，说见简帛论坛"曾公畩编钟初读"第 4 楼发言（2020 年 4 月 28 日）。

④ "庸"为李学勤先生释出，见李学勤：《曾侯腆（與）编钟铭文前半释读》，《江汉考古》2014 年第 4 期，第 68 页。

⑤ 许维遹撰，梁运华整理：《吕氏春秋集释》，第 372 页。

该就是天子把辅臣介绍给天帝，使其得到上天的相王受民之命的过程。新缀清华简《封许之命》简 4 记载了周成王之语“册羞折人”[①]，就是要通过册命把吕丁这位折（哲）人进献给天帝。根据《国语·晋语八》记载，“天子祀上帝，公侯祀百辟”[②]，只有天子可以祭祀上帝。在这种制度下，公侯辅臣若要受命于天，必须通过天子作为中介。如此规定，便可以很好地保障天子对公侯辅臣的任命权，同时也维护了王权的至高无上与神秘性。

综上所述，公侯辅臣佐助天子确是受了天之大命的。四辅司正襄助后王治民理政，诸侯君公自领一方山川子民，其实施统治的正当性亦由上天所赋予，这种观念在过去的文献中虽然已有体现，但都没有表达得如此清楚明确[③]。

（原载《文史哲》2022 年第 4 期）

---

① 贾连翔：《〈封许之命〉缀补及相关问题探研》，《出土文献》2020 年第 3 期，第 14 页。

② 徐元诰撰，王树民、沈长云点校：《国语集解》，第 437 页。

③ 《国语·吴语》中越国君臣称吴王夫差为“下执事”，《史记·楚世家》载秦昭王书谓楚怀王为“下执事”，过去都不能解。现在看来，“下”义实为“降下”，所谓“下执事”指的就是上天派下为其治民的执事人——诸侯，并没有任何贬低的意思。

关学四书学的特质、价值与局限

李敬峰①

摘　要：关学四书学是四书学史的重要构成部分，在八百余年的建构历程中渐趋形成其特有的学术面相。关学四书学的学术特质在于脱略训诂、轻视制艺、通经致用、不拘门户和心解释经。学术价值在于深化对关学建构的文本依据与学术渊源的理解，以个案的形式佐证关学有史，充实和拓展关学乃至宋明理学的研究，丰富和推进四书学史的研究。学术局限在于体例单一，发展受限；不拘经文，肆意解经；偏重于形下世界的建构；较少注重对宗师张载思想的直接承继与阐扬。关学四书学呈现和发展的是义理型四书学，成为涵具独特学术品格的经学系统，不仅是地域学派四书学的典范，更是四书学史上的不可或缺的一环，既有助于深化对四书学的普遍品格的理解和把握，也有益于四书学丰富性和多面性的展示。

关键词：关学；张载；四书学；义理经学

四书自宋始，逐渐取代五经成为显学，并形塑此后八百余年的学术格局和经学形态，尤其是成为宋明理学分支之一的关学赖以建构的经典依据。众所周知，关学乃由北宋张载始创，以其在思想上推崇气学、在学风上躬行礼教、在旨趣上注重践履、在学脉上条贯秩然而享誉学界，并在与思想史上不同学派的融通交流中成为具有

---

① 作者简介：李敬峰，陕西师范大学哲学学院教授，北京师范大学哲学博士。

全国性影响且“独以醇正称于天下”① 的理学学派。《宋史》称张载之学“以《中庸》为体，以孔、孟为法”②，明清之际的王夫之称其学“《论》《孟》之要归也”③，以此可见四书在张载学术建构中的地位。④ 门人后学秉承张载遗志，会通各大学术流派，针对四书注经解经，形成体系庞大、内容丰富和新见纷呈的四书学诠释体系，经解著作达二十余部。但囿于文献、视角以及关学是否有史等原因，关学四书学的研究一直未受到学界应有的关注和研究，这很大程度上影响到对关学思想建构文本依据的理解以及四书学多面性的展示。有鉴于此，本文首先将关学四书学视为一个动态发展的整体，将其置于关学学术思想演进和四书诠释史流变的双重脉络之下，从文献学、经学史和思想史相结合的角度，对关学四书学的特质、创获与局限进行较为全面系统的分析、提炼和总结，以期从更为宽广的视域显豁关学四书学的特色与价值，从而厘定关学四书学在四书学史上的地位，一改当前关学研究兴盛，而其重要切面四书学研究不足的学术境遇。

一、学术特质

四书学作为关学建构的文本依据和学理支撑，其不是孤立发展的，而是随着四书学史的变迁、发展而不断演变、重构、形成的地域形态的学术思想，不仅涵具和体现四书学史的一般特征，亦别具和呈现区域学术形态的特质，即顾炎武所说的：“秦人慕经学，重

---

① 许孙荃：《四书反身录》序，李颙著，张波编校：《李颙集》，西安：西北大学出版社，2015 年，第 379 页。

② 脱脱等：《宋史》卷四二七，北京：中华书局，1977 年，第 12724 页。

③ 王夫之：《张子正蒙注》，北京：中华书局，1975 年，第 4 页。

④ 张载与四书的关系可以从三个方面说明：一是张载虽无“四书”之说，但确是较早将四本书并列而论的学者，并将四书视为具有内在精神一致性的学术共同体；二是张载的思想多有取于四书，虽然对每本书的吸收和发挥程度不一，但他的心性思想体系确然是依托四书建构的，可谓是一个四书学的体系；三是四书学的最后确立可以以朱熹构建集大成的四书学体系为标志，但不能说四书学只是到朱熹才有，张载对四书学的兴起具有先导之功。

处士，持清议，实与他省不同。”[①] 具体来说：

（一）独研义理、不事训诂

关学四书学自张载开创伊始，就奠定了脱略考据、直探义理的学术旨趣，这种经学亦被称为“义理经学”[②]。门人后学延续此学派风气，在四书注解上，几乎没有考据性的著作，牛兆濂就说“汉学之害，秦中当日尚无此”[③]，即使在乾嘉汉学风靡一时的清代中期，关学学者依然坚守义理解经的学术传统，几无汉学的影响，宋学自由立说的特质极为明显。如王心敬说：“解经贵通大义，泥于字句必失正旨也。”[④] 刘古愚亦说：“盖泥文字以为训，不证之以义理，故见不及此也。”[⑤] 这个中缘由除了前述的学派传统外，亦与关中地区缺少孕育考据学的土壤息息相关。我们知道，考据学需要经济、图书、出版等方方面面的支撑，而关中地区在这些方面是极为欠缺的：一是关中基本上是自耕农的社会，地主很少，[⑥] 难以像江南地区有强有力的经济实力去支撑考据学。二是图书的匮乏。清代学者张维屏就曾对关中这一窘况感慨道：“二百年来，陕西名人如李楷、孙枝蔚、李念慈、王弘撰、李因笃、王又旦、康乃心全集皆未见，岂道远莫致耶？抑无人刊行耶？”[⑦] 三是恶劣的地理环境。曹冷泉敏锐地指出：“西北地势高亢，灾祸频仍，实不容学者沉迷

① 顾炎武著，华忱之校注：《与三侄书》，《顾亭林文选》，成都：四川人民出版社，1998 年，第 377 页。

② 朱汉民：《张载的义理经学及其关学学统》，《北京大学学报》（哲学社会科学版）2020 年第 57 卷第 3 期，第 44 页。

③ 牛兆濂著，王美凤等点校：《与张鸿山》，《蓝川文钞》卷五，《牛兆濂集》，西安：西北大学出版社，2015 年，第 72 页。

④ 王心敬著，刘宗镐等点校：《江汉书院讲义》卷一，《王心敬集》，西安：西北人民出版社，2015 年，第 390 页。

⑤ 刘光蕡著，武占江点校：《刘光蕡集》，西安：西北大学出版社，2015 年，第 21 页。

⑥ 秦晖、苏文：《田园诗与狂想曲——关中模式与前近代社会的再认识》，北京：中央编译出版社，1996 年，第 53 页。

⑦ 张维屏：《国朝诗人征略》卷四十九，广州：中山大学出版社，2004 年，第 944 页。

理窟而忽视现实生活也。"[①] 这就是说，无论从外在的人文、地理环境，还是内在的独重义理的学派传统皆致使关学游离于训诂、考据之外，始终一尊宋学。当然，由宋至清，关中地区一直远离学术舞台的中心也是不能遗漏的因素。要之，由关学四书学这一个案，可以证实美国学者艾尔曼观察的准确性，那就是考据学更多只是江南一域的学术现象，而非全国性的。[②]

（二）不重举业，轻视制艺

"《论语》《孟子》旧各为帙，《大学》《中庸》旧《礼记》之二篇，其编为四书自宋淳熙始，其悬为令甲则自元延祐复科举始。"[③] 四书自称雄科场以来，便产生专门为科举服务的制艺之作，以另一地域性四书学山东四书学以"举业制艺"为主作为参照，[④] 关学四书学则恰恰相反，几无为举业制艺而作的四书学著作，只有清代孙景烈的《四书讲义》明确为制艺之作。之所以如此，主要与关学的学风紧密相关，这就是关学学人始终以"作第一等事，做第一等人"[⑤] 为根本追求，对科举功名并不留意，如吕柟说："只欲实干举业，亦不是实。必以圣贤之实自体贴，方是实耳。"[⑥] 李二曲被康熙多次征召，皆推辞不就。王心敬同样被多次举荐，但皆力辞不赴。张秉直只是为了却父母望子成龙之意，才勉强应举，中举后便不复仕进。如此事例，不胜枚举，这也造就了关学学者"多以

---

① 曹冷泉：《关学概论》，《西北文化月刊》1941 年第 1 卷第 3 期，第 28 页。

② ［美］艾尔曼著，赵刚译：《从理学到朴学：中华帝国晚期思想与社会变化面面观》，南京：江苏人民出版社，2018 年，第 4—7 页。

③ 永瑢等：《四书类》一，《序论》，《四库全书总目》卷三十五，北京：中华书局，1965 年，第 289 页。

④ 柏秀叶、王芙蓉：《清代山东"四书学"特色综论》，《山东理工大学学报》（社会科学版）2018 年第 34 卷第 6 期，第 81 页。

⑤ 冯从吾著，陈俊民等点校：《关学编》，北京：中华书局，1987 年，第 55 页。

⑥ 吕柟著，赵瑞民点校：《吕柟集·泾野子内篇》卷五，西安：西北大学出版社，2015 年，第 34 页。

气节著，风土之厚，而又加之学问者也”①。在这种风气的直接影响下，关学少有为科举制艺而作的经解之作，成为关学四书学颇具特质的一面。

（三）通经致用、摈弃空谈

克罗齐曾说：“思想作为行动才是积极的。”② 关学宗师张载注解四书最为强调经学的实用，也即通过在经书中体会实理、实道，并以此来观照人伦日用，这才是治经的根本目的，这就是他所说的：“吾徒饱食终日，不图义理，则大非也。”③ 张载之后，历代关学学者的四书学皆展现出这一特质，如吕柟说：“今人读经书徒用以取科举，不肯用以治身，即如读医书尚且用以治身，今读经书反不若也。”④ 又说：“开示亲切。不徒为训诂空谈。”⑤ 这里，吕柟通过反批评来申明治经的目的在于反身躬行。四库馆臣在评价其《四书因问》时就指出：“多因四书之义推而证诸躬行，见诸实事。”⑥ 李二曲说得更为清楚明白：

> 吾人于四书，童而习之，白首不废，读则读矣，只是上口不上身。诚反而上身，使身为仁义道德之身、圣贤君子之身，何快如之。吕新吾云：“圣贤千言万语，说的是我心头佳话，立的是我心头妙方，不必另竭心思，举而措之，无往不效。”而今把一部经书当作圣贤遗留下富贵的本子，矻矻终日讲读惓惓，只为身家，譬如僧道替人念消灾禳祸的经忏一般，念的绝不与我相干，只是赚些经钱、食米来养活此身，把圣贤垂世立

---

① 黄宗羲：《三原学案》，《明儒学案》（修订本）卷九，北京：中华书局，2008 年，第 158 页。

② ［意］克罗齐著，田时纲译：《作为思想和行动的历史》，北京：商务印书馆，2012 年，第 25 页。

③ 张载著，林乐昌编校：《经学理窟》三，《张子全书》卷五，西安：西北大学出版社，2015 年，第 79 页。

④ 吕柟：《吕柟集·泾野子内篇》卷八，第 55 页。

⑤ 永瑢等：《文津阁四库全书提要汇编》经部八，北京：商务印书馆，2006 年，第 511 页。

⑥ 永瑢等：《文津阁四库全书提要汇编》经部八，第 511 页。

教之意，辜负尽了。①

李二曲的意思再清楚不过，那就是研治四书，必须以反身躬行为要求，不能当作文字把玩，从中谋求富贵。王心敬亦指出：

盖四子书与他书不同，原是四圣贤体验心得之言。若行不至知终不真，故要得理会心得，必以实行为致知第一实法。②

如此事例，不胜枚举。以此可见关学中人释经“一字一句，皆躬行心得之言”③，他们是真正把经学作为生活的一种方式。④ 这就证实“关中旧多积学力行之士”⑤ 论述的准确性。要之，关学四书学既受关学躬身践履宗风的陶铸，反过来又助推和强化这一宗风的形成与强大。

（四）不拘门户、汇通诸派

这里所讲的门户主要指的是儒学门内的诸家各派，而非指涉释、老，因为关学始终秉持的是崇正辟邪的治学态度，也就是说，他们对待旨趣相异的释、老态度始终是排斥的，而对待儒门内的各家态度则是兼容并包。梁启超曾比较有洞见地指出：“关中学者虽克自树立，然受赐于外来学者之奖劝实多。”⑥ 梁氏此言不虚。张载诠释四书时，便是广泛征引，以释己意，吕大临更是融汇关、洛两家，这从他对“仁”的解释可以得到直接的印证。再如吕柟虽学宗张载、朱子，但对阳明心学则是以公心待之，甚至当其被恶意诋毁时，不畏权贵，仗义挺之。再如冯从吾亦对门户之说表示担忧，

---

① 李颙著，张波编校：《二曲先生读四书说》，《李颙集》卷二十六，西安：西北大学出版社，2015 年，第 385 页。

② 王心敬：《丰川语录》卷一，第 629 页。

③ 甘棠荫：《泾野子内篇》序，吕柟：《吕柟集·泾野子内篇》附录二，第 246 页。

④ 王汎森：《晚明清初思想十论》，北京：北京师范大学出版社，2020 年，第 396 页。

⑤ 周长发：《史复斋文集》序言，史调：《史复斋文集》，《四库全书存目丛书》集部第 281 册，济南：齐鲁书社，1997 年，第 1 页。

⑥ 梁启超：《近代学风之地理的分布》，《清华学报》1924 年第 1 期，第 10 页。

他说："一开口便落门户，真令人不敢开口矣。"① 又说："孔孟而后，诸儒各有得失，不能尽同，是在学者去短集长，毋令瑕瑜相掩可耳。"② 后来的清代李二曲更为具体地指出：

> 辨朱辨陆，论同论异，皆是替古人担忧。今且不必论异同于朱陆，须先论异同于自己，试反己自勘，平日起心动念，及所言所行与所读书中之言同耶，异耶？同则便是学问路上人，尊朱抑陆亦可，取陆舍朱亦可；异则尊朱抑陆亦不是，取陆舍朱亦不是。只管自己，莫管别人。③

由上可见二曲对待理学、心学既不主张尊一辟一，亦不主张两相皆崇，更不主张两相皆废，而是要公正对待两者的得失，相互融合，救正补偏。因此，他的弟子对其学术总结道："苦心折中，会合濂洛关闽、河会、姚泾而融为一家。"④ 这些学人的论述足以表征关学四书学的这一门派精神。

（五）"心解"释经，独证独创

张载释经独创"心解"之法，意在超越文字章句的限制，注重真心体悟，注重诠释者本人的内在理解，而非经文本身，强调"自出议论，自抒新意，自立新说，自成体系"⑤，极具主观色彩，而非历史、客观的态度。这一"主体论诠释"⑥ 方法也就是朱子所谓

① 冯从吾著，刘学智等点校：《宝庆语录》，《冯从吾集》卷七，西安：西北大学出版社，2015 年，第 162 页。

② 冯从吾：《答张居白大行》，《冯从吾集》卷十五，第 304 页。

③ 李颙：《靖江语要》，《李颙集》卷四，第 48 页。

④ 王心敬：《答友人论学脉书》，《丰川全集》卷十五，康熙五十五年额伦特刻本。

⑤ 林乐昌：《张载哲学化的经学思想体系》，姜广辉主编：《中国经学思想史》卷三，北京：中国社会科学出版社，2010 年，第 524 页。

⑥ 张茂泽，《心解：张载的诠释学思想》，葛荣晋等：《张载关学与实学》，西安：西安地图出版社，2000 年，第 202 页。

的“理在解语内”的路径，而非“理在经文内”的方法。① 而后的王恕注释四书时所尊奉的亦恰恰是张载这一主张，他说：“不可不用传注，亦不可尽信传注，要当以心考之也。”② 这里，王恕所确立的释经原则“以心考之”与张载的“心解”之法如出一辙。而清代王吉相直接将其四书学著作命名为《四书心解》，推崇张载注经之法跃然纸上，并对“心解”解释道：

> 心解者何，解心也，经书传心录也，读书治心功也。治心而不解心，恐讲习讨论之总无当于心也。③

这就是说，源于经书就是传心之书，故解释经书就是“解心”，而不是名物章句、训诂制度。王巡泰亦极力推崇张载“心解”之法，他说：

> 张子曰：“心开即记，不思则还塞之矣。”盖人功侯所至而心之开敝，因之体认有浅深，见解有是非，议论有得失，不可假也。一人有一人之体认，而一时之见解、议论，因之不可强也。④

可见，王巡泰也强调自我在注释经文当中的主体性作用，也就是己意不能被经文所牵引，而是强调内心对经文的真体实悟。要之，张载所开创的“心解”之法恰恰是对其所主导的“义理经学”的呼应，前创后因，在门人后学的推波助澜之下，成为关学四书学治经的标志性符号，显示出地域学术的连续性与学术旨趣的“家族相似性”。故而清初学者徐嘉炎所指出“西北崇朴学，东南尚华靡。朴学必朴心，华靡徒为耳。此固地气然，人情亦复尔”⑤ 无疑是切

---

① 朱子说：“程先生《经解》，理在解语内。某集注《论语》，只是发明其辞，使人玩味《经》文，理皆在《经》文内。”黎靖德：《朱子语类》卷十九，北京：中华书局，1986 年，第 438 页。

② 王恕著，张建辉、黄芸珠点校：《考经堂记》，《王恕集》卷一，西安：西北大学出版社，2015 年，第 12 页。

③ 王吉相：《四书心解》，西安：三秦出版社，2015 年，第 11 页。

④ 王巡泰：《四书札记》序，来鹿堂藏版，道光乙未年刻本，第 1 页。

⑤ 徐嘉炎：《抱经斋集诗集》卷四，《四库存丛书集部》，济南：齐鲁书社，1997 年，第 368 页。

合关学本旨的。

二、学术价值

发掘和厘定关学的四书学价值，绝对不能“就张载论张载，就关学论关学”①，而是要以关学为基点，逐层向外拓展，故须要从以下四个交错并行、渐次递进的视角展开审视和定位，具体而言：

（一）深化对关学建构的文本依据与学术渊源的理解

中国哲学与中国经学是一体两面的事，一旦经典文本发生变迁和地位发生转移必孕育着新的学术形态的诞生。一直以来，学界对张载之学是定位为四书学还是易学存在着严重的分歧，而之所以众说纷纭，就在于这一问题关乎到关学建构的文本依据和学术渊源。就学界目前已有的观点来讲，主要有以龚杰等为代表的学者认为张载是最早将四书并列的学者，他的学术应该是四书学而非易学，他是用四书学来融汇易学；② 也有以王利民等为代表的学者主张张载之学是易学，认为“张载的思想体系实以《易传》的范畴与命题为逻辑起点和理论基础，其学说的主题和范畴的主要环节大都渊源于易学”③。在这两种观点之外，还有一种观点是以朱汉民、廉天娇等为代表的学者超越上述非黑即白的表述方式，主张张载之学是汇通易学和四书学。④ 无论张载之学属于上述哪一种，都表明了易学和四书学在关学建构当中的重要性。进而论之，四书学是关学建构的重要文本依据和思想资源，但绝对不是唯一的依据，它主要支

---

① 陈来：《“关学”的精神》，《陕西师范大学学报》（哲学社会科学版）2016年第45卷第3期，第8页。

② 龚杰：《张载的“四书学”》，《西北大学学报》（哲学社会科学版）1994年第3期，第90页。

③ 王利民：《论张载之学是易学——与龚杰先生商榷》，《周易研究》2000年第1期，第51页。

④ 朱汉民：《张载的义理经学及其关学学统》，《北京大学学报》（哲学社会科学版）2020年第57卷第3期，第44页。廉天娇：《论张载对易学和四书学的互摄融通——以道、善、性为中心》，《郑州大学学报》（哲学社会科学版）2020年第53卷第4期，第13页。

撑起关学在人道层面，也就是内圣外王层面的体系，而天道层面体系的建构则主要诉诸易学。①

（二）以个案的形式佐证关学有史

关学是否有一个连绵不绝，传承千年的历史亦为学界所关注和争论。侯外庐先生主张“北宋亡后，关学就渐归衰熄”②，龚杰先生则更为激进，主张关学“上无师承，下无继传”③，关学在张载以后即中绝不续。张岂之先生主张“关学是由张载创立并于宋元明清时期，一直在关中地区传衍的地域性理学学派”④，陈俊民先生则认为关学是“宋明理学思潮中由张载创立的一个重要独立学派，是宋元明清关中的理学”⑤，刘学智先生则主张“关学史的发展同整个宋明理学发生、发展和衰落历史具有同步性……关学史事实上已经延伸到清末民国”⑥，而林乐昌先生主张“关学只经历了宋、明、清三个时期，其六百年的历史既有断绝也有接续”⑦，吕妙芬认为“以关中地域作为关学的重要判准，关学成为从张载创立以降绵延发展的地域学术传统”⑧。上述争议的核心在于关学的学术断代问题。通过深入关学学者四书学文本，可以看出，关学确实存在

---

① 朱汉民：《张载的义理经学及其关学学统》，第44页。

② 侯外庐主编：《中国思想通史》第四卷（上），北京：人民出版社，1959年，第545页。

③ 龚杰：《张载评传》，南京：南京大学出版社，1996年，第206页。

④ 张岂之：《总序》，《关学文库》，西安：西北大学出版社，2015年，第1页。

⑤ 陈俊民：《张载哲学思想及关学学派》，北京：人民出版社，1986年，第24页。

⑥ 刘学智：《自序》，《关学思想史》（增订本），西安：西北大学出版社，2020年，第7页。

⑦ 林乐昌主编：《关学源流》，西安：陕西师范大学出版社，2020年，第14页。

⑧ 吕妙芬：《明清之际的关学与张载思想的复兴：地域与跨地域因素的省思》，载刘笑敢主编：《中国哲学与文化》第7辑，桂林：广西师范大学出版社，2010年，第36页。

着一个连续的学术史，不同的是每一时期的发展情形和盛衰不尽相同。更为重要的是，学术的发展并不与朝代的更替实时同步，往往因为思想的惯性而继续存在下去，而通过对清末民国学者牛兆濂的研究可以发现其思想中仍然存在着极其精微的理学思想，这就足以表明关学的下限应该断在清末民国牛兆濂这里，力证关学是有一个连续不绝的传衍史的，这就很大程度上解决了关学的“合法性”问题，打开关学研究的新视界。

（三）充实和拓展关学乃至宋明理学的研究

经学虽然不是关学的全部内容，但绝对是其核心架构。以往学术史的研究只有易学有较为系统的研究，[①] 包含四书学在内的其他诸经则只有零星的涉及，即使断代的经学研究目前亦少有关照，更遑论系统而整体的关学单经学史研究。这种研究现状很大程度上限制了我们对关学的理解和把握。而以关学的重要切面四书学入手，无疑是可以充实关学的研究，拓展关学研究的视域和维度，使得从四书学的角度重探关学的内涵和结构，将关学的传衍方向在尽可能的维度上撑开。当然，关学作为宋明理学的重要组成部分，尤其是作为宋明理学的共同缔造者之一，其所具备的“启风气、开规模、定纲维”的作用不容忽视和抹杀，这可从我们常常以“濂洛关闽”来描述宋明理学的传衍和发展得到直接的说明。正是张载关学的这种开端和奠基性作用，关学四书学的研究在充实和拓展关学的同时，其学术意义自然可延展和渗透至整个宋明理学，进一步细化和扩充整个宋明理学的研究。换而言之，关学与宋明理学类似于个别与一般的关系，在个别得到挖掘和发展的同时，一般层面自然能够得到深化和推进。

（四）丰富和推进四书学史的研究

四书学史与关学四书学史的关系是普遍与特殊、全国与地域的

① 邢春华在《关中易学源流考》（《周易研究》2013 年第 4 期，第 47—53 页）简要梳理易学的传衍。其博士论文《明中期关中四家易学研究》则主要局限在明代中期，而其主持的国家社科基金项目“关中易学思想史研究”已经于 2019 年结项，尚未出版，无法睹其全貌。

相互包含的关系。当前学界的研究实际上是两线并进的，既有整体研究四书学的，如肖永明主持的国家社科基金重大项目“中国‘四书’学史”（结项未出版），闫春主持的国家社科基金项目“从朱子到朱子后学：元明清四书学研究”（结项未出版），郑国岱的《晚清民国四书学研究》①、佐野公治的《四书学史的研究》②（集中在明代）、周春健的《元代四书学研究》③、黄孝光的《元代的四书学》④、陈逢源的《明代四书学撰作形态的发展与转折》⑤、朱修春的《四书学史研究》⑥ 等；亦有地域性的四书学研究，如周天庆的《明代闽南四书学研究》⑦，许家星主持的教育部社科规划项目“江右四书学研究”（结项未出版），柏秀叶、王芙蓉的《清代山东“四书学”特色综论》⑧ 等。关学四书学作为四书学史的重要构成部分，它无疑是四书学史的丰富性展示，对于在广度和深度上推进四书学史的研究具有重要的学术价值和意义，不仅有助于进一步完善四书学史现有的研究格局，亦有补于四书学普遍品格的提炼和凝聚。

三、学术局限

任何一门学术既有其优长，亦有其不足，这是一体两面之事。关学四书学同样不免于此。就关学四书学的学术局限来讲，主要有以下几个方面：

---

① 郑国岱：《晚清民国四书学研究》，广西师范大学博士论文，2015 年。

② ［日］佐野公治：《四书学史的研究》，台北：万卷楼图书出版股份有限公司，2014 年。

③ 周春健：《元代四书学研究》，上海：华东师范大学出版社，2008 年。

④ 黄孝光：《元代的四书学》，《木铎》1978 年第 3 期，第 223—289 页。

⑤ 陈逢源：《明代四书学撰作形态的发展与转折》，《国文学报》2020 年第 68 期，第 67—102 页。

⑥ 朱修春：《四书学史研究》，北京：中国文史出版社，2005 年。

⑦ 周天庆：《明代闽南四书学研究》，北京：东方出版社，2010 年。

⑧ 柏秀叶、王芙蓉：《清代山东“四书学”特色综论》，《山东理工大学学报》（社会科学版）2018 年第 34 卷第 6 期，第 81—85 页。

（一）体例单一，发展受限

四库馆臣将四书学的诠释样式划分为考据型和义理型两大类，① 许家星教授在此基础上又加入科举型和考据、义理并重的综合型两类。② 就关学四书学的诠释样式来讲，义理型占据绝对的主导地位。由前述可知，关学四书学不重考据，故无考据性的著作以及综合义理与考据的著作；不重科举，没有“囿于性理，汩于制义”③，故仅有一本为制艺时文而作的四书学著作。这样一种凸显关学四书学义理见长特质的面向，不仅不利于关学四书学乃至关学在广度和深度上的双向拓展，也一定程度上限制了关学四书学的多元化发展。

（二）不拘经文，肆意解经

朱子四书学以“刻意经学、推见实理”④ 为要求，注重文本在义理阐发中的根基性和源泉性作用，要求义理阐释不能脱离经文，成为绾合经学和理学的典范。而由张载开创的关学四书学，则以“心解”之法阐释经文，经文只是义理的陪衬，没有朱子“每下一字，直是称等轻重，方敢写出”⑤ 的慎重和敬畏。故而脱离经文，自抒胸臆成为关学四书学的治经旨趣。这种追求在矫正汉唐经学偏于考据训诂，疏于义理阐发的弊端方面不无成效，但同时又走向了另一个极端，那就是脱离经文的束缚，肆意解经。这里，可以用朱子批评程颐注经的话来作一参照性的解释，朱子说：“伊川解经，是据他一时所见道理恁地说，未必便是圣经本旨。”⑥ 但这种风气

---

① 永瑢等：《四库全书总目提要》经部卷三十六，海口：海南出版社，1999年，第200页。

② 许家星：《朱子四书学研究之回顾与前瞻》，《中华文化论坛》2013年第2期，第115—122页。

③ 江藩：《国朝汉学师承记》卷八，江藩、方东树：《汉学师承记》（外二种），上海：中西书局，2012年，第147页。

④ 黎靖德：《朱子语类》卷一百零四，第2617页。

⑤ 黎靖德：《朱子语类》卷一百零五，第2626页。

⑥ 黎靖德：《朱子语类》卷一百零五，第2625页。

又与“明儒厌训诂支离，而必标宗旨以为的”① 不同，他们所导致的弊病是空疏不实，而关学四书学整体上还是秉承张载推崇实学、躬身践履的治经传统，差异在于他们解经不受限于一章一句，不拘束于经文章句。

（三）偏重于形下世界的建构

关学创始人张载，既注重形上实体的建构，亦关注形下世界的探讨，尤其用心于两者的统合。而后的关学门人后学则逐渐偏离于这一学术轨道，着重发展了形下世界的伦理体系，而将形上实体部分或接受成说，或搁置不论，少有创获，也即“用”有余而“体”不足。以明代中期的吕柟为例，虽然他在当时与阳明平分秋色，“东南学者，尽出其门”②，“德业在胜国三百年推第一”③，但其后来的学术影响则远远逊色于阳明，其中虽有诸多因素，但吕柟本人学术过于强调下学、注重践履，而无足以对阳明心学构成挑战的学术体系和特色，无疑是最主要的原因。“清初三大儒”之一的李二曲同样是因其思想过于强调体证，强调悔过自新，以至于后来湮没无声。更进一步，这种特质也造就了关学四书学经解著作湮没无闻、少有问津的局面。我们可从《四库全书》系列丛书中几乎不收录关学一系的四书学著作中得以窥斑见豹。

（四）较少注重对宗师张载思想的直接承继与阐扬

借由关学学者的四书学，可以很明显地看出关学学者在承继、探讨关学宗师张载思想上表现得并不突出，反倒是关中之外的学者如“希横渠之正学”的王船山等，他们系统推阐张载思想。而关中学者重视张载，更多的是将其“作为一个地方性的思想文化的领袖”④，其极具特色的思想并未引起关中学者的过多留意，他们代

---

① 黄宗羲：《浙中王门学案五》，《明儒学案》（修订本）卷十五，第 330 页。
② 黄宗羲：《河东学案下》，《明儒学案》（修订本）卷八，第 138 页。
③ 樊景颜：《重刻记事》，吕柟：《泾野子内篇》附录二，第 248 页。
④ 王昌伟：《〈关学编〉与明清陕西士大夫的集体记忆》，何国忠主编：《文化记忆与华人社会》，吉隆坡：马来亚大学中国研究所，2008 年，第 177 页。

代延续和发挥的是张载的义理经学、心解四书、敦本尚实、躬身践履、勇于造道等关学宗风。对此，吕妙芬曾敏锐地指出："若以直接进入张载思想和话语的讨论而言，这些关中后学的表现其实并不出色，他们更多是在程朱对陆王的框架内思索学问。"① 吕氏所言可谓确论。但也必须警惕另一种看法，那就是以此来否定他们的关学学统，一方面绝对不能说"偏离了气学就是离开了张载的关学"②，另一方面也要看到张载本人提出的诸多命题实际上被后来的朱子等学者消化和吸收，关学后人虽然较少直接探讨张载的思想，但在根本旨趣上依然与张载保持一致，他们依然具有"家族相似性"。而具体到思想倾向上的差异，"也许是他们所面对的历史条件和要解决的历史任务不同所致"③。

四、结语

要而言之，四书学既有普遍性，更有多样的地域表现形态。而与其他地域学术形态相比，因关学内在本具和向外展示的更多是"思想"，而非泛泛的文化，故而其四书学无疑也就成为地域学派四书学的典范，尤其是着力呈现和发展了四书学中的义理型四书学，成为涵具独特学术品格的经学系统，构成四书学史上的不可或缺的一环。故而对关学四书学的提揭，不仅能够深化对四书学的普遍品格的理解和把握，也有益于四书学丰富性和多面性的展示。

---

① 吕妙芬：《明清之际的关学与张载思想的复兴：地域与跨地域因素的省思》，第55—56页。

② 刘学智：《关学思想史》（增订本），第423页。

③ 刘学智：《关学思想史》（增订本），第424页。

从朱熹的“诚意”难题到王阳明的“知行合一”

——重构从理学到心学的哲学史叙事

郑泽绵①

摘　要：对于从朱子学向阳明学的哲学史转化，传统叙事常以阳明的“格竹子”故事为核心，围绕朱子与阳明的“格物”训释之别展开。这个“格物叙事”容易引起误解。而以“诚意”为中心来考察，以意念真诚的达成途径、自欺的发生机制等论题为核心，可以揭示朱子晚年修改《大学》“诚意”章注的哲学史意义。王阳明的“知行合一”是对朱子“诚意”问题的回应，其“致良知”是对该问题的最终解决。这种新的“诚意叙事”揭示了从朱子到王阳明之哲学史过渡的内在逻辑，它既能兼容传统的“格物叙事”，又能凸显朱子与王阳明的核心关切，更具有解释效力。

关键词：诚意；自欺；知行合一；格物

第一节　格物叙事的缺陷与诚意史观的提出

宋明理学发展中最重要的转折是从朱子学到阳明学的思想转型。对此哲学史巨变，传统叙事方式是：青年王阳明为效法程朱理学的格物穷理而去格竹子之理，七天后病倒，等到他谪居龙场时方

① 作者简介：郑泽绵，香港中文大学哲学系副教授。本文发表于《哲学动态》2021 年第 2 期。后编入专著郑泽绵：《诚意关——从朱子晚年到王阳明的哲学史重构》，北京：人民出版社，2022 年，编入时略有增补。

悟“圣人之道吾性自足”，最终反求诸本心，确立心学的立场。《传习录》载阳明回忆他早年格竹之事：

先生曰：“众人只说格物要依晦翁，何曾把他的说去用？我着实曾用来。初年与钱友同论做圣贤要格天下之物，如今安得这等大的力量？因指亭前竹子，令去格看。钱子早夜去穷格竹子的道理，竭其心思，至于三日，便致劳神成疾。当初说他这是精力不足，某因自去穷格。早夜不得其理，到七日，亦以劳思致疾。遂相与叹圣贤是做不得的，无他大力量去格物了。及在夷中三年，颇见得此意思乃知天下之物本无可格者。其格物之功，只在身心上做，决然以圣人为人人可到，便自有担当了。这里意思，却要说与诸公知道。”①

阳明反思说：“先儒解格物为格天下之物，天下之物如何格得？且谓一草一木亦皆有理，今如何去格？纵格得草木来，如何反来诚得自家意？”② 阳明以格竹子的实践否定朱子的格物工夫，无疑简单化了朱子思想。钱穆引用朱子的如下一句：“虽谓眼前无非是物，然其格之也，亦须有缓急先后之序，岂遽以为存心于一草木器用之间而忽然悬悟也哉？”③ 并讽刺说：“若阳明见此书，决不一意去格庭前竹子。”④ 参照朱子的格物思想，则阳明格竹子之误至少有两端：

一是无缓急先后之序，在格物之前没有先行的问题意识。朱子曾经听人说“笋生可以观夜气”，便亲自观测，得知“日夜俱长”，否认了这种说法。⑤ 钱穆引用这则故事，说：“朱子论格物，本曰

---

① 王守仁：《传习录下》，《王阳明全集》第1册，杭州：浙江古籍出版社，2010年，第131—132页。

② 王守仁：《传习录下》，《王阳明全集》第1册，第130页。

③ 朱熹：《答陈齐仲》，《晦庵集》卷三九，《朱子全书》第22册，上海：上海古籍出版社、合肥：安徽教育出版社，2002年，第1756页。

④ 钱穆：《朱子新学案》第2册，《钱宾四先生全集》第12册，台北：联经出版事业公司，1994年，第697页。

⑤ 朱熹：《朱子语类》卷一三八，北京：中华书局，1986年，第3288页。

因其已知之理而益穷之。此处格竹子，乃因闻某一道人之说而益穷之也。阳明格庭前竹子，则是悬空格，并不曾先有一目标要格什么，此与朱子教人格物大异，宜其无当矣。"①

二是忽视了朱子的格物路径也有多种，并非仅有向外一途："或考之事为之著，或察之念虑之微，或求之文字之中，或索之讲论之际。"② 朱子的格物并非逐物于外，而是内外并重的。阳明后来也做了让步，他说："文公格物之说，只是少头脑，如所谓'察之于念虑之微'，此一句不该与'求之文字之中'，'验之于事为之著'，'索之讲论之际'混作一例看，是无轻重也。"③ 尽管如此，顾宪成依旧批评阳明的偏颇，他引用朱子此语，评论说："盖谓内外精粗，无非是物，不容妄有拣择于其间。又谓人之入门，各各不同，须如此收得尽耳。议者独执'一草一木，亦不可不理会'两言，病其支离，则过矣。"④

陈来釜底抽薪地指出："格竹"之事在《年谱》中乍看是系于阳明21岁，其实应是年少所为，发生在阳明十五六岁时。⑤ 这就把阳明的"格竹子"事件降格为一场年少的误会。

由王阳明弟子所编的《年谱》可知，除了此次格竹子的经历，青年王阳明还有另一次遵循朱子格物穷理之训，这次是去循序读书。《年谱》载阳明27岁时"乃悔前日探讨虽博，而未尝循序以致精，宜无所得"，又学朱子去循序读书，"思得渐渍洽浃，然物理吾

---

① 钱穆：《朱子新学案》第5册，《钱宾四先生全集》第15册，台北：联经出版事业公司，1994年，第429页。

② 朱熹：《大学或问》卷下，《朱子全书》第6册，上海：上海古籍出版社、合肥：安徽教育出版社，2002年，第527页。

③ 王守仁：《传习录下》，《王阳明全集》第1册，第108页。

④ 黄宗羲：《明儒学案》（二），《黄宗羲全集》第8册，杭州：浙江古籍出版社，1992年，卷五八，第740页。

⑤ 陈来：《王阳明语录佚文与王阳明晚年思想》，《中国近世思想史研究》，商务印书馆，2003年，第613页。

心终若判而为二也。沉郁既久，旧疾复作”。① 这是《年谱》自作修正，降低了格竹子事件的重要性。

确如许多现代学者所指出的，阳明在问题意识和概念范畴上其实承接了朱子学。例如唐君毅指出诸多阳明“同于朱而异于陆”之处，认为阳明“兼尊朱陆”：阳明“其学之问题，则皆承朱子而来；其立义精处，正多由朱子义，转进一层而致”。② 对于这个巨变，传统叙事用过分简化的“格竹子”故事就推翻了程朱理学的权威，这完全不能令人信服，况且此叙事令人误以为：理要么在心，要么在物，因而产生了内与外的错误二分（false dichotomy），误以为朱子学仅向外求理，而阳明学则只求诸心。这个漫画化的故事固然通俗，便于阳明学传播，可是它造成了朱子学和阳明学的刻板印象，反而伤害了阳明学。

即使是黄宗羲这种既博学又深入理解阳明学的思想史家，作为宋明理学整体叙事的奠基者之一，也难脱此误解的窠臼。他在同情地概述阳明之学时，不免顺带着批评朱子后学，曰：

> 先生［按：指王阳明］悯宋儒之后学者以知识为知，谓“人心之所有者不过明觉，而理为天地万物之所公共，故必穷尽天地万物之理，然后吾心之明觉与之浑合而无间”。说是无内外，其实全靠外来闻见以填补其灵明者也。③

黄宗羲的批评恐怕不成立。事实上朱子也承认理内在于心，而阳明的成熟观点是“心在物则为理”④。朱子与阳明最大的分歧不在：理的来源是在内还是在外，而在于：如何确证自己的道德信念为真？如何确认自己的道德动机是纯粹而无自欺的？如何理解内外

① 《年谱》一，《王阳明全集》第4册，杭州：浙江古籍出版社，2010年，第1229页。

② 唐君毅：《中国哲学原论·原教篇》，台北：学生书局，1984年，第289页。

③ 黄宗羲：《明儒学案》（一），《黄宗羲全集》第7册，杭州：浙江古籍出版社，1992年，卷十，第201—202页。

④ 王守仁：《传习录下》，《王阳明全集》第1册，第133页。

关系，如何从工夫上达到合内外。最终是“诚意”的问题。因此，本文提出“诚意”中心说，以重构这段思想转型的历史。本文围绕《大学》的诚意章诠释问题，揭示从朱子到王阳明的哲学史过渡的内在逻辑，以贯穿朱子晚年修改诚意章注、王阳明的知行合一的提出、揭“致良知”之教等“思想史事件”，形成一个新的哲学史叙事。这个“诚意叙事”能兼容传统的“格物叙事”，但进一步揭示了朱子与王阳明的核心关切，对很多核心命题都具有较高的解释效力。

我的思路主要从以下两个事实中得到启发：(1) 朱子晚年不断修改《大学》的诚意章注，直到临终前三天犹在修改。钱穆在《朱子新学案》中详细地梳理了《朱子语类》所记载的朱子修改诚意章的“自欺”注的前后经过。① 笔者近年来在《朱熹晚年诚意思想考论》一文中进一步梳理了朱子的《晦庵先生朱文公文集》（下文简称《文集》）中所反映的、朱子修改“诚意”注的始末，指出诚意与自欺问题是朱子的工夫论在晚年所面临的最棘手的问题。② (2) 王阳明在揭“致良知教”之前，曾经一度以“诚意”为工夫论的核心。陈来考察了王阳明的《大学古本序》的修改经过，指出王阳明在“致良知”学说形成之前，一度以“诚意”为《大学》之要领。③ 此外，王阳明在反省其早年“格竹子”时说：“纵格得草木来，如何反来诚得自家意？”④ 王阳明论知行合一时所引用的最重要的资源也是《大学》诚意章中的“如恶恶臭，如好好色”，可见其核心关切始终在“诚意”上。

这些历史片段看似偶然，但从思想史的整体看，所有事件相互

---

① 钱穆：《朱子新学案》第2册，《钱宾四先生全集》第12册，第563—575页。

② 郑泽绵：《朱熹晚年诚意思想考论》，载郑宗义主编：《中国哲学与文化》（第14辑），桂林：漓江出版社，2017年，第86—109页。

③ 陈来：《有无之境——王阳明哲学的精神》，北京：北京大学出版社，2006年，第115页。

④ 王守仁：《传习录下》，《王阳明全集》第1册，第130页。

关联、丝丝入扣，形成一个新的哲学史叙事。迄今为止，对理学和心学的“诚意”的研究成果不可谓不丰硕，然而尚未有学者从一个整体的叙事框架出发重构这段思想转型的历史，以便完满地解释这一转变的内在逻辑。

具体地说，如果我们一方面能证明诚意的问题贯穿了朱子晚年修改诚意章注之始末，另一方面证明王阳明早期提出“知行合一”正是为了回应朱子学的诚意难题，则朱子学与阳明学的思想演变轨迹将连成一片，形成一个整全的宋明理学叙事。

从思想史的角度看，阳明之所以批判朱子的格物致知，部分是因为他同时代的儒生沉溺于章句记诵，或以科考求功名，而无意于醇正的为己之学。这种思想史的解释固然言之成理，但无法哲学地解释为何阳明必然提出“心即理”“知行合一”。如果阳明立说只为拒斥章句记诵之学，则其用意与朱子相同，因为朱子也感叹：“自秦汉以来，此学绝讲，儒者以词章记诵为功。”① 阳明只需强化朱子学本有的立场，无须自立新说。总之，学说的提出固然有其历史背景的诱因，但这不等于其哲学的理据。如果我们能从朱子学中找到破绽或难点，从中引申出阳明立说的必然性，则能把握哲学史发展的内在逻辑必然性。

下文分为三部分：第二节分析朱子在诚意问题上对陆九渊的批判，以及他对“自欺”问题的探讨；第三节用史料证明王阳明的早期学说“知行合一”是对朱子的诚意与自欺问题的回应；第四节哲学地重构王阳明对朱子的驳论。结论部分（第五节）着重分析朱子与王阳明在知行观与诚意问题上的同异，以“大陆漂移说”为类比，说明本文的哲学史叙事重构的意义。

---

① 朱熹：《癸未垂拱奏札一》，《晦庵集》卷一三，《朱子全书》第20册，上海：上海古籍出版社、合肥：安徽教育出版社，2002年，第632页。

第二节　朱熹晚年的诚意难题及其对陆九渊的批评

朱子的工夫论围绕《大学》诠释而展开。格物之所以重要，是因为“诚意”难题，具体地说：一是因为“格物致知”是顺利完成“诚意”的先决条件，二是因为朱子有鉴于陆九渊的“自欺”之弊而更强调格物。下文将论证：朱子批评陆九渊的关键点正在“诚意”与“自欺”问题上。

《大学》曰：“欲诚其意者，先致其知，致知在格物。”《大学》中有一段传文，也就是“诚意”章，解释“诚意”说：“所谓诚其意者：毋自欺也，如恶恶臭，如好好色，此之谓自谦，故君子必慎其独也！”格物致知的目的在诚意：追求知识（道德知识与关于自然界的经验知识）的最终目的是提升求知者的德性修养，使道德主体的意念臻于纯粹至善。这一点对于谙熟朱子的《大学章句》的人来说不难理解。然而为什么诚意必须通过格物致知呢？根据钱穆的考证，朱子二十五六岁便关注这个问题。① 朱子晚年把理据归结为“意不能以自诚”：

> 然意不能以自诚，故推其次第，则欲诚其意者，又必以格物致知为先。盖仁义之心人皆有之，但人有此身，便不能无物欲之蔽，故不能以自知。若能随事讲明，令其透彻，精粗巨细无不贯通，则自然见得义理之悦心犹刍豢之悦口，而无待于自

---

① 钱穆指出：“《文集》卷七十四有《策试榜喻》，及《策问》三十三条，乃在朱子初到同安之翌年，绍兴二十四年甲戌，迟则在又翌年乙亥，以试同安县学诸生，是时朱子年二十五六。《策问》中有一条提及《大学》格物义，此乃朱子言《大学》格物之最早可见者。可知朱子言格物，自其涉学最先，即已提及。”而此《策问》的内容是反问“心正”与“意诚”怎么可能“不由致知格物以致之”，令诸生论证“致知格物”的必要性和方法。见钱穆：《朱子新学案》第2册，《钱宾四先生全集》第12册，第692—693页。

欺。如其不然，而但欲禁制抑遏，使之不敢自欺，便谓所以诚其意者不过如此，则恐徒然为是迫切，而隐微之间，终不免为自欺也。旧说《大学》此章，盖欲发明此意，而近日读之，殊觉未透，因略更定数句。今谩录去，试深察之，以为何如也。①

非但“意不能以自诚”，甚至心也“不能以自知”。这涉及自我理解与自我欺骗等道德心理学的核心议题。朱子究其原因，乃谓“人有此身，便不能无物欲之蔽”。朱子说：“理虽在我，而或蔽于气禀物欲之私，则不能以自见。”② 试想：如果我们“见理不实，不知不觉地陷于自欺”，我们如何肯定自己的道德信念是真知而不是自我欺骗的结果呢？③

朱子抓住自欺现象，一方面为其格物致知学说辩护：正是因为人有可能不知不觉地陷于自欺，所以有必要向外格物穷理以自我纠正；另一方面，他把矛头指向陆九渊，认为陆九渊在自身学术定位上、为学态度上，乃至在具体的道德认知上都可能陷于自欺。

（1）在学术定位上，朱子批评陆九渊因为太过自信其说，陷于禅学而不自知。朱子称“近闻陆子静言论风旨之一二，全是禅学，但变其名号耳”④。朱子《答孙敬甫》：“陆氏之学……但其宗旨本自禅学中来，……改名换姓，欲以欺人，而人不可欺，徒以自欺，而自陷于不诚之域也。”⑤ 其《答周南仲》批评当时学者（暗指陆

---

① 朱熹：《答汪易直》，《晦庵集》卷六〇，《朱子全书》第23册，上海：上海古籍出版社、合肥：安徽教育出版社，2002年，第2883页。

② 朱熹：《鄂州州学稽古阁记》，《晦庵集》卷八〇，《朱子全书》第24册，安徽教育出版社、上海古籍出版社，2002年，第3800页。陈来已经注意到朱子的为学方法论上的“意不能以自诚”的问题，见陈来：《朱子哲学研究》，上海：华东师范大学出版社，2000年，第414—415页。

③ 朱熹：《朱子语类》卷一六，第336页。

④ 朱熹：《答吕子约》，《晦庵集》卷四七，《朱子全书》第22册，第2191页。参考陈来《朱子哲学研究》，第354页。

⑤ 朱熹：《晦庵集》卷六三，《朱子全书》第23册，第3063—3064页。

九渊）“入于佛老……自误而遂以自欺”①。朱子讨论《大学》诚意与自欺的一些关键论述恰好也出现在他致孙敬甫、周南仲的书信中，足见朱子之批评陆九渊与他对诚意问题的重视是直接相关的。此外，兼学朱子与陆九渊的项平父提出“不必先分儒释”，而朱子讥此说为“自欺而欺人”。② 他曾批评陆九渊与陆九龄二兄弟“其病却是尽废讲学而专务践履，却于践履之中要人提撕省察，悟得本心，此为病之大者。……惜乎其自信太过，规模窄狭，不复取人之善，将流于异学而不自知耳”③。又云：“子静之病，恐未必是看人不看理，自是渠合下有些禅底意思，又是主张太过，须说我不是禅，而诸生错会了，故其流至此。”④ 这是将陆九渊的自欺形象刻画入神了。又谓：为陆氏之学者“看得义理全不子（仔）细，又别说一种杜撰道理遮盖，不肯放下”⑤。

（2）在为学态度和气象上，朱子曾批评陆九渊的学生高应朝“陷于欲速助长、躁率自欺之病”⑥。不只朱子认为陆九渊可能陷于自欺，吕祖谦亦有此意。吕氏曾欣慰地看到陆九渊一度缓和自己的立场，而对朱子说：“陆子静近日闻其稍回，大抵人若不自欺，入细著实，点检窒碍做不行处，自应见得。”⑦ 这句“大抵人若不自

① 朱熹：《晦庵集》卷六〇，《朱子全书》第23册，第2872—2873页。

② 朱熹：《答项平父》，《晦庵集》卷五四，《朱子全书》第23册，第2543—2544页。关于项平父的师承，可参考赵伟：《陆九渊门人》，北京：中国社会科学出版社，2009年，第162—163页。

③ 朱熹：《答张敬夫》，《晦庵集》卷三一，《朱子全书》第21册，上海：上海古籍出版社、合肥：安徽教育出版社，第1350页。

④ 朱熹：《答吕伯恭》，《晦庵集》卷三四，《朱子全书》第21册，第1515页。

⑤ 朱熹：《答项平父》，《晦庵集》卷五四，《朱子全书》第23册，第2541页。

⑥ 朱熹：《答高应朝》，《晦庵集》卷五三，《朱子全书》第22册，第2528页。关于高应朝的师承，可参考赵伟《陆九渊门人》，第186页。

⑦ 吕祖谦：《答朱侍讲五十一》，《东莱集》别集卷八，《吕祖谦全集》第1册，杭州：浙江古籍出版社，2008年，第432页。参考陈来《朱子哲学研究》，第367页。

欺”婉转地道出：朱子与吕祖谦皆认为陆九渊此前的尖锐立场有“自欺”成分。在朱子看来，陆氏的尊崇本心很容易导致自我封闭和盲目自大，其弊病在宋明理学中被称为“私”，而“私意”正是“诚意工夫”所要克服的。朱子批评陆九渊的学派：“渠亦本是好意，但不合只以私意为主，更不讲学涵养，直做得如此狂妄。”①此处的“私意”的“私”并不是“自私自利”的意思，而是指自我中心、师心自用②。这个用法又见于朱子对禅学的批判。朱子在与陆子会面之前，便已批评禅学“不见天理，而专认此心以为主宰，故不免流于自私耳”③。这说明朱子认为陆氏不但在学术定位上陷于禅学而不自知，而且在为学态度上也陷于“只以私意为主”的自我封闭而不自知。

（3）甚至在具体的道德认知上，朱子也认为陆九渊有陷于自欺的危险。他说：“陆子静之学，看他千般万般病，只在不知有气禀之杂，把许多粗恶底气都把做心之妙理，合当恁地自然做将去。”④朱子在给一位并尊朱陆的学者项平父的回信中间接地批评陆九渊说：“此心固是圣贤本领，然学未讲、理未明，亦有错认人欲作天理处，不可不察。”⑤又对项平父说，近世有些儒者“只守此心，全不穷理”，“盖为此心此理虽本完具，却为气质之禀不能无偏。若不讲明体察，极精极密，往往随其所偏，堕于物欲之私而不自

① 朱熹：《与刘子澄》，《晦庵集》卷三五，《朱子全书》第21册，第1549页。

② 朱子批评陆学“不曾略见天理仿佛，一味只将私意东作西捺，做出许多诐淫邪遁之说。又且空腹高心，妄自尊大”。（朱熹：《答赵几道》，《晦庵集》卷五四，《朱子全书》第23册，第2573页。）

③ 朱熹：《答张钦夫》，《晦庵集》卷三〇，《朱子全书》第21册，第1314页。

④ 朱熹：《朱子语类》卷一二四，第2977页。

⑤ 朱熹：《答项平父》，《晦庵集》卷五四，《朱子全书》第23册，第2541页。

知”。[①] 正因如此，朱子强调格物：“吾以心与理为一，彼（笔者按：指释氏）以心与理为二。亦非固欲如此，乃是见处不同，彼见得心空而无理，此见得心虽空而万理咸备也。虽说心与理一，不察乎气禀物欲之私，是见得不真，故有此病，《大学》所（谓）〔以〕贵格物也。”[②] 可见，朱子虽然承认释氏的“心与理为二”有别于陆氏，但陆氏不重视格物，而朱子强调格物的必要性在于防范“气禀之杂”“物欲之私”“只以私意为主”等所造成的“认人欲作天理”的“自欺”。

总之，朱子并非智识主义者，他只是表面上“把认识伦理化，从而也把伦理认识化”[③]。他提出格物致知的初衷是为了诚意，把诚意作为核心关切摆出来，能更深入地解释朱陆同异。

相应于朱陆之争的是，在朱子六十岁刊行《大学章句》与《或问》，从而正式地确立了居敬穷理的框架之后，留给朱子晚年最重要的工夫论问题就是如何处理诚意与格物致知的关系、如何诊断自欺的发生机制。诚意与自欺问题相关，因为《大学》“诚意”章曰：“所谓诚其意者：毋自欺也。”朱子从六十岁之后历经十余年，不断地修改诚意章注，直到临终前三日犹在修改，这是中国哲学史上感人至深的事件，其根本问题是：朱子认为“诚意”的关键在于真知的获得，因而重视格物致知相对于诚意的优先性。但是：既然致知在诚意之前，而且“知至”之后真知既已获得，难道不是真知自然乐行吗？此时意已自然诚，何须更用“诚意”工夫？岂不是“诚意”工夫别无要领？这种诠释大有“以致知吞没诚意”之嫌，朱子也曾检讨其“诚意”旧注说：“若如旧说，则物格之后更无下

---

① 朱熹：《答项平父》，《晦庵集》卷五四，《朱子全书》第23册，第2543页。

② 朱熹：《朱子语类》，第3015—3016页，相似的说法又见《晦庵集》卷五六中两封《答郑子上》，见《朱子全书》第23册，第2689、2691页。

③ 陈来：《朱子哲学研究》，第339页。

功夫处，向后许多经传皆为剩语矣。”①

朱子一方面坚持：格物致知是诚意工夫能圆满地完成的先决条件，另一方面强调：并非在获得真知之前全无诚意工夫，任凭意念胡乱发作。② 他把诚意工夫理解为对治“自欺”的工夫，在他反复修改对“自欺”的解释的过程中，曾经先后出现三种解释的模型。③ 第一种是“有意自欺论”（Intentionalism）：自欺者有明确的意图欺骗自己。后来他的立场改为“无意自欺论”（Non－intentionalism）：自欺者没有明确的意图，而只是不知不觉地陷入了自欺的状态。最后他意识到：自欺者其实并不是完全没有办法地、消极地“未能免于不善之杂”，而是有意地“容其不善之杂”，④ 也就是说，虽然自欺者没有明确的想欺骗自己的意图，但是他默许不善之念潜伏在心中，明知保持不善之念会动摇自己的立场，并可能最终导致自欺。因此，朱子关于“自欺”的定论是一种“温和的有意自欺论”（Moderate Intentionalism）。

针对自欺，朱子的诚意工夫注重善念的充实。朱子在《大学章句》定本中把“诚意”理解为“实其心之所发，欲其必自慊而无自欺也”⑤。关于《大学》“诚意”章中的“所谓诚其意者：毋自

---

① 朱熹：《答汪长孺别纸》，《晦庵集》卷五二，《朱子全书》第22册，第2465页。可参考郑泽绵《朱熹晚年诚意思想考论》，第93页。

② 吴震强调了朱熹的“格物诚意不是两事”、居敬与穷理“互相发”的思想。参考吴震：《格物诚意不是两事——关于朱熹工夫论思想的若干问题》，《杭州师范大学学报》（社会科学版）2014年第6期，第7—26页。

③ 在文献的考证方面，参考郑泽绵《朱熹晚年诚意思想考论》，第86—109页。在哲学分析方面，参考拙文：Zemian Zheng. “Self－Deception, Sincerity (Cheng), and Zhu Xi's Last Word,” *International Philosophical Quarterly*, 55 (3), September 2015, pp. 345－362.

④ 朱熹：《朱子语类》卷一六，第337页。

⑤ 另一个版本作“欲其一于善而无自欺”。钱穆认为朱子临终所改内容是将“实其心之所发，欲其必自慊而无自欺也”中的“一于善”改为“必自慊”，许家星的观点与之相反，认为朱子临终前将“必自慊”改为“一于善”。陈林和我则支持钱穆的说法。详细的考证和辨析请参考郑泽绵《朱熹晚年诚意思想考论》，第86—109页。

欺也，如恶恶臭，如好好色，此之谓自谦”，朱注：“言欲自修者知为善以去其恶，则当实用其力，而禁止其自欺。使其恶恶则如恶恶臭，好善则如好好色，皆务决去，而求必得之，以自快足于己。”这堪称工夫论上的“朱子晚年定论”了。无独有偶：王阳明早期的“知行合一”学说的核心关切也在诚意上，它刚好构成了对朱子的回应。

第三节　历史证据：“知行合一”是对朱子诚意难题的回应

学界以往的“知行合一”研究往往忽略了它的《大学》诠释学的背景，事实上，知行关系与《大学》中的格物致知与诚意的关系是同一问题的两套用词。只有结合朱子与阳明的《大学》诠释，才能全面地了解阳明的“知行合一”。事实上，诚意问题是王阳明提出“知行合一”的根本关切，其立说乃是对朱陆之争的一种理论回应。哲学史证据如下：

第一，阳明三十八岁在贵阳始论知行合一。《年谱》载：“始席元山书提督学政，问朱陆同异之辨。先生不语朱陆之学，而告之以其所悟。书怀疑而去。明日复来，举知行本体证之《五经》诸子，渐有省。往复数四，豁然大悟，谓‘圣人之学复睹于今日；朱陆异同，各有得失，无事辩诘，求之吾性本自明也’。”① 可见知行合一是对朱陆之争的一种回应。世儒拘于朱陆同异的门户之见，而阳明试图站在“知行合一”的理论制高点来反省和超越朱陆之争，而非简单地归宗于任何一派。在阳明四十岁时，为调停一场朱陆同异之辩，他直接论述了朱子、象山之学，从他的表述中可以看出，他非常了解：朱子之所以坚持格物先于诚意，是因为“又其（朱子）心虑恐学者之躐等，而或失之于妄作，必先之以格致而无不

① 《年谱》一，《王阳明全集》第 4 册，第 1235 页。

明，然后有以实之于诚正而无所谬”①。这里所说的“学者之躐等”应当是指：受到陆九渊影响的学者忽略了向外求理的工夫，太过于尊信其心，陷于自欺而不自知。可见，王阳明非常了解朱子的格物学说是针对陆九渊，并且格物的最终目的是“诚意”。王阳明所说的“实之于诚正”应当是“实之于诚意、正心”的缩写，而朱子《大学章句》的定本训“诚”为“实其心之所发”，可见阳明很了解朱子诚意章注的核心关切，虽然他未考证过朱子修改诚意章注的经过。②

第二，根据阳明《年谱》，王阳明最早提出的学说是三十八岁所提出的“知行合一”。“心即理”之说大约同一时期提出，但《传习录》上卷中所载阳明与徐爱关于“心即理”与“知行合一”的对话应当是阳明四十一岁时与徐爱的问答，徐爱概述阳明的立场说：“格物是诚意功夫，明善是诚身功夫。”③ 也就是说，从我们能看到的最早的关于“知行合一”与“心即理”的讨论文献，以及这些文献的保存者的描述来看，阳明提出“知行合一”与“心即理”的目标在于确立“诚意”作为工夫的关键。

第三，虽然阳明未曾否定“知行合一”学说的正确性，但他在三十九岁时曾后悔向学生宣扬“知行合一”这种新奇的说法，而导致学生耽于谈论而不能反求诸己，这真是事与愿违：“知行合一”立说之意是重视实践，而学生却转而专注于辩论。因此，阳明曾在佛寺中教诸生静坐。此后王阳明又转变了策略：阳明四十七岁时刻行《大学古本旁释》，通过提倡《大学》古本以对抗朱子学，强调《大学》古本原来就是以“诚意”一章在先，而朱子的《大学》新本却将“诚意”章移到他自撰的“格物致知补传”之后。根据陈

---

① 《年谱》一，《王阳明全集》第 4 册，第 1239 页。

② 王阳明在《朱子晚年定论》的序中说：“世之所传《集注》《或问》之类，乃其中年未定之说。”（参考王守仁：《王阳明全集》第 1 册，第 140 页。）可见他并不了解《四书章句集注》的修改过程，但这不妨碍他理解朱子的诚意关切。

③ 《年谱》一，《王阳明全集》第 4 册，第 1241 页。

来的考证，王阳明《大学古本序》曾“三易其稿”，四十七岁时初稿以“诚意”为重点，序曰：“大学之要，诚意而已矣。”他四十九岁时赠罗钦顺的《大学》古本中仍然维持原貌。《大学古本序》的定稿形成于“致良知”学说提出之后，因而增加了“致（良）知”的内容，如“致知者，诚意之本也”“不本于致知而徒以格物诚意者谓之妄”“乃若致知则存乎心悟，致知焉尽矣”。陈来认为阳明的《大学》诠释前后经历了“以‘诚意’为本转向以‘致知’为本的过程”①。及至《答顾东桥书》论述“知行合一”甚详，信中虽已提及良知学说，而顾东桥仍说“先生特倡‘诚意’一义”，阳明答曰：“若‘诚意’之说，自是圣门教人用功第一义。”②

第四，阳明论证“知行合一”时用的最著名的例子是“如恶恶臭，如好好色”。这个例子出自《大学》诚意章。同一时期，“诚”或者意念的纯粹性是阳明不断强调的关键，如云“此心若无人欲，纯是天理，是个诚于孝亲的心，冬时自然思量父母的寒”③等等。

第五，阳明早期将《大学》八条目中的心、意、知、物四个关键词定义为：“身之主宰便是心；心之所发便是意；意之本体便是知；意之所在便是物。”④“意”字成为整个概念域的中心词，这组定义在阳明提出“致良知”之后维持不变而有所细化。阳明之所以将“意”字放在中心，是因为其早期立说所针对的正是“诚意”如何可能的问题。

第六，他晚年明确指出，知行合一的“立言宗旨”是“正要人晓得一念发动处，便即是行了。发动处有不善，就将这不善的念克倒了。须要彻根彻底，不使那一念不善潜伏在胸中。此是我立言

---

① 陈来：《有无之境——王阳明哲学的精神》，北京大学出版社，2013 年，第 115 页。

② 王守仁：《传习录中》，《王阳明全集》第 1 册，第 45 页。

③ 王守仁：《传习录上》，《王阳明全集》第 1 册，第 3 页。

④ 王守仁：《传习录上》，《王阳明全集》第 1 册，第 6 页。

宗旨”①。也就是说，使人的意念达到真诚和纯粹才是知行合一的立说目的，可见，“知行合一”所针对的不是当今学界受西学影响之后广泛关注的“知而不行”的“意志薄弱”问题，而是“意念真诚”的问题。

第四节　哲学重构：王阳明对朱熹的“诚意”难题的回应

以上是学说形成史的历史考证；下文将指出，阳明的“知行合一”学说如何回应了朱子的诚意难题，特别是朱子所强调的“意不能以自诚”、诚意的先决条件是格物致知等一系列论断——尽管阳明对朱子的批评未必全然无误，亦非毫无误解——我们可以重构他的驳论如下：

第一，求知活动本身也是“行动”。王阳明在辩护“知行合一”的时候，面对的挑战大多不是“知而不行”的问题，而是“未知之前怎能行”的问题。如《答顾东桥书》中顾氏质问道：“人之心体本无不明，而气拘物蔽鲜有不昏，非学问思辨以明天下之理，则善恶之机，真妄之辨，不能自觉；任情恣意，其害有不可胜言者矣。”② 可见当时对阳明的质疑大多接近朱子对陆九渊的质疑。阳明答曰：“夫学问思辨，行皆所以为学，未有学而不行者也。”求知活动必定有身体的参与，并且必须亲自体验，才能获得真正的知。如“学射则必张弓挟矢，引满中的，……尽天下之学无有不行而可以言学者，则学之始固已即是行矣。”阳明以此论证“知行之合一并进”。③

第二，既然求知活动本身是“行动”，而行动必定包括动机和“先见”，那么，那些认为行动之前必须先通过求知的行动达到真理的说法与之是自相矛盾的。这个论证隐含在阳明的一则语录之中。

① 王守仁：《传习录下》，《王阳明全集》第 1 册，第 106 页。
② 王守仁：《传习录中》，《王阳明全集》第 1 册，第 50 页。
③ 王守仁：《传习录中》，《王阳明全集》第 1 册，第 50—51 页。

阳明说："今为吾所谓格物之学者，尚多流于口耳。况为口耳之学者，能反于此乎？天理人欲，其精微必时时用力省察克治，方日渐有见。如今一说话之间，虽只讲天理，不知心中倏忽之间已有多少私欲。盖有窃发而不知者，虽用力察之，尚不易见，况徒口讲而可得尽知乎？今只管讲天理来顿放着不循；讲人欲来顿放着不去；岂格物致知之学？"① 这段话虽然是针对空口讲论的后儒，但它其实也批评了受朱子学影响的流俗之见（先讲论明白才可以实践）。我们可以帮助王阳明分析如下：虽然正如朱子所说，"真知"能指导行动，但从这个前提不能推导出：追求真知的求知活动（格物致知）必须先于行动（诚意），因为求知活动同样也是一种行动，带有一定的先见，因而同样有可能受到偏见的干扰。

第三，求知（包括自我理解）是一个过程，难免要从非理想的认知状态开始，在实践中慢慢达到道德知识的完善。② 朱子其实也主张知行互发，在格物致知与诚意的关系问题上，他也强调："然又不是今日知至，意乱发不妨，待明日方诚。"③ 但是鉴于自欺和私欲蒙蔽等危险，他通常宁可主张：必须先求得真知，再行动。对朱子来说，"知先行后"就好像去长安之前要先知道如何去的路径。如云："知至至之，……如去长安，未到长安，却先知道长安在那里，从后行去，这便是进德之事。"④ 对阳明来说，这种知行观不符合我们的生活经验：我们在出发的时候大多数都只有一个目标和模糊的方向，还要在过程中不断问路才能达到目标，"走得一段，

---

① 王守仁：《传习录上》，《王阳明全集》第 1 册，第 27 页。

② 按：朱子也未见得不懂这个道理。他说："思索譬如穿井，不解便得清水。先亦须是浊，渐渐刮将去，却自会清。"（朱熹：《朱子语类》卷九，第 159 页）

③ 朱熹：《朱子语类》卷一五，第 302 页。

④ 朱熹：《朱子语类》卷六九，第 1725 页。但另一方面朱子又指出："若曰必俟知至而后可行，则夫事亲从兄、承上接下，乃人生之所不能一日废者，岂可谓吾知未至而暂辍，以俟其至而后行哉？"参考朱熹：《答吴晦叔》，《晦庵集》卷四二，《朱子全书》第 22 册，第 1915 页。

方认得一段”。当阳明被问到以下问题：“知至然后可以言诚意。今天理人欲，知之未尽，如何用得克己工夫？”阳明曰：“人若真实切己用功不已，则于此心天理之精微日见一日，私欲之细微亦日见一日。若不用克己工夫，终日只是说话而已，天理终不自见，私欲亦终不自见。如人走路一般，走得一段，方认得一段；走到歧路处，有疑便问，问了又走，方渐能到得欲到之处。今人于已知之天理不肯存，已知之人欲不肯去，且只管愁不能尽知。只管闲讲，何益之有？且待克得自己无私可克，方愁不能尽知，亦未迟在。”① 人们或许会质疑阳明：即使没有确切的知识，人在问路之前已经知道走路的目标，也多少知道点怎么走的知识了。因此知还是先于行。阳明的回应是：目标是意念所设定，而“意”按照朱子学和阳明学都属于“行”，② 因此，问路与走路之前的目标依旧是“行”所设定，“知”并不先于“行”。阳明在回应顾东桥的“知食乃食”的挑战时，就指出：“夫人必有欲食之心然后知食。欲食之心即是意，即是行之始矣。食味之美恶必待入口而后知。”③ 其实，阳明和朱子的侧重点虽不同，但立场未必对立：朱子虽然要求尽量获得充分的知识才去实践，但也强调知行并进，强调切身体会的真知。这与阳明相同。但朱子比较重视间接的实践知识的指导意义，比较警惕人有可能陷入完全不明理的自欺状态，而阳明所举的问路的例子其实回避了这个关键问题：因为问路者至少知道目的地，在这个终极的实践知识上不可能自欺。至于在道德应然知识上，人有没有可能在终极的道德目标上都自欺呢？阳明的“问路”譬喻没有回应这个问题。

第四，基于以上三点作为前提：求知是一种行动，需要一个过程，难免开始于一个不理想的状态；阳明更进一步把“知不知”的问题转化成“肯不肯知”的问题。也就是说，知识的有无问题被归结为求知意愿的有无问题。守谐问阳明：“人之言曰：‘知之未至，

---

① 王守仁：《传习录上》，《王阳明全集》第1册，第22—23页。

② 朱子说：“致知，知之始；诚意，行之始。”见朱熹：《朱子语类》卷一五，第305页。

③ 王守仁：《传习录中》，《王阳明全集》第1册，第46页。

行之不力。’予未有知也，何以能行乎？”这疑问与朱子的“不知不觉陷于自欺”的担忧，与顾东桥的“气拘物蔽，鲜有不昏”的担忧相通。对于这个出自朱子学立场的疑问，阳明答曰：“是非之心，知也，人皆有之。子无患其无知，惟患不肯知耳；无患其知之未至，惟患不致其知耳。”① 阳明指出人的道德本心或良知不可能完全被遮蔽而无能为力，道德知识的有无最终是一个“肯不肯知”的意愿问题。这个“肯去知”的意愿或行动比具体的实践知识更为根本。

由以上四点，可以看出阳明如何回应朱子学对心学的挑战，解构朱子的知行观，而最终将知识问题化归于意愿问题。再进一步：我们甚至可以说，阳明的“知行合一”蕴含着良知学说的萌芽，或者说预设了良知作为其学说基础。理据如下：

如果说第四步：从前提求知活动难免开始于一个不理想的状态，推导出“子无患其无知，惟患不肯知耳”。这个推论未免太快，因为它预设了一个前提：道德知识是“求则得之”的：只要“肯知”就“能知”；更进一步，依据孟子学立场，“求则得之”是因为“求之在我”：良知或道德本心先天地具备两种能力：（1）对道德价值的感知能力，（2）对意念活动及其善恶属性的觉察能力。两者共同构成了“四句教”中的“知善知恶者是良知”的实质内容。因此，阳明对“诚意”的重视必导致良知学说的提出。

“良知”的第一种能力（价值感知能力）众人皆知；而后一种能力（意念自知能力）其实对阳明良知学说的形成也至关重要，且有迹可循：（1）王阳明《大学古本序》初稿以诚意为大学之要，而后修改稿才补“致（良）知”；（2）阳明曰：“意与良知当分别明白。凡应物起念处，皆谓之意。意则有是有非，能知得意之是与非者，则谓之良知。”（《答魏师说》，《王阳明全集》第1册，第231页）（3）又曰：“能戒慎恐惧者，是良知也。”②（4）阳明在

---

① 王守仁：《书朱守谐卷》，《王阳明全集》第1册，第294页。

② 王守仁：《答陆原静书》（二），《传习录中》，《王阳明全集》第1册，第71页。

“致良知”提出之后曾说：“孔子无不知而作；颜子有不善，未尝不知：此是圣学真血脉路。”① 显然指的是一种意念的自知能力。（5）陈九川在追寻阳明的思想逻辑的时候说：起初他理解“明明德”的工夫只是诚意，“后又体验，觉得意之诚伪，必先知觉乃可，以颜子有‘不善未尝不知，知之未尝复行’为证，豁然若无疑”。阳明肯定了九川关于颜子的说法。② 唐君毅就曾指出：朱、王在心性工夫上皆推尊颜子，而陆九渊尊仲弓、曾子，以说明阳明在很多方面“同于朱而异于陆”。③

总之，良知之所以能成为诚意的基础，不但因为它有价值感知的能力，也因为它有对意念的自知能力。从“知行合一”到“致良知”学说的发展史，都是阳明对朱子晚年诚意思想的回应。

第五节　宋明理学的“大陆漂移说”

传统的叙事围绕“格物”的诠释展开，通过王阳明因“格竹子”而病倒的故事彰显朱子的格物穷理工夫与陆王心学工夫之异。然而这个叙事过于片面化、简单化了双方的思想，只见其然，不见其所以然。更深层的原因是：朱子为了避免自欺的危险而强调诚意的工夫在格物，并将批评的矛头指向陆九渊；而王阳明则以“知行合一”学说回应了朱子在自欺问题上对心学的挑战，进而认为《大学》工夫之要领在诚意。既然诚意工夫有赖于判断意的真伪善恶的

① 王守仁：《传习录下》，《王阳明全集》第 1 册，第 114 页。

② 王守仁：《传习录下》，《王阳明全集》第 1 册，第 99 页。耿宁（Iso Kern）也注意到这则材料，以及诚意问题与致良知学说的内在联系，参考［瑞士］耿宁著，倪梁康译：《人生第一等事：王阳明及其后学论“致良知”》，北京：商务印书馆，2014 年，第 214—227 页。从“知行合一”向“致良知”的过渡，详见拙文 Zemian Zheng, “An Alternative Way of Confucian Sincerity: Wang Yangming’s ‘Unity of Knowing and Doing’ as a Response to Zhu Xi’s Puzzle of Self-Deception,” *Philosophy East and West*, 68: 4 (2018), pp. 1345-1368。

③ 唐君毅：《中国哲学原论·原教篇》，第 294—297 页。

能力，那么王阳明势必要讲良知，因为“良知即是独知时”①。如果有恶念萌生，那么道德主体只要足够谨慎，一定能对这种“人所不知而己独知之”的意念活动有所觉察。总之，从朱子晚年的“诚意难题”与朱陆之争，到王阳明早期的知行合一、《大学古本序》，乃至“致良知”的提出，“诚意”是一以贯之的哲学史线索。

以诚意为中心的宋明理学史重构，不仅有助于我们理解各自学说的发生原因，也从道德心理学的维度深化了我们对道德信念的发生机制的理解。朱子与王阳明的同异值得玩味：

就其同者而言，我们甚至可以建构一个新的“朱子晚年定论”的叙事：阳明编《朱子晚年定论》，宣称朱子晚年自悔其说而赞赏陆九渊，这当然不符合历史实情。然而，朱子六十岁时刊行《大学章句》与《或问》、确立格物致知学说之后颇重视诚意章注，一再强调格物致知是诚意的先决条件，并批评陆九渊忽略格物而有自欺之弊，这却说明朱子也认为诚意是格物致知的真正目标，与阳明的“格物是诚意工夫”在核心关切、在主次关系的形式上遥相呼应。如果我们把朱子晚年诚意思想看成“朱子晚年定论”，那么，阳明声称自己的学说是继承朱子晚年的关切而提出的，亦可成立。

就其异者而言，朱子在诚意思想的定论中注重“实其心之所发”，《大学章句》定本中定义“自欺”为“自欺云者，知为善以去恶，而心之所发有未实也”。朱子认为诚意的关键是要做到“快足于己”。“快足”本来指的是由于感性的欲求得到满足而产生的快意之情。而朱子的“快足于己”则是指感性自我的行动和意念由于满足了更高的道德自我的要求，与道德自我相合一而产生的认同

---

① 王守仁：《答人问良知》，《王阳明全集》第3册，杭州：浙江古籍出版社，2010年，第827页。对朱子与阳明的“独知”概念的研究，可参考陈立胜：《作为修身学范畴内的“独知”概念之形成——朱子慎独工夫新论》，《复旦学报》(社会科学版) 2016年第4期，第71—81页；陈立胜：《王阳明思想中的“独知”概念——兼论王阳明与朱子工夫论之异同》，《中山大学学报》(社会科学版) 2016年第5期，第79—92页；郑泽绵：《从王阳明的戒慎恐惧工夫看良知学的形成》，《人文论丛》2017年第2辑，总第28卷，第114—125页。

感。设定等待满足的目标的是理性的道德意志。朱子的知行工夫要领可以概括为：以知定志，以志帅意。此处“知”与“意”的关系可以略类比于朱子解《孟子》知言养气章中的“志”与“气”的关系。“知”与“志”相联系（如朱子注《大学》“知止而后有定”曰：“止者，所当止之地，即至善之所在也。知之，则志有定向。”①）而“意”属“气”的范畴（如朱子论“诚意”的难题时，屡屡以气禀之杂与形气之私作为“意”之所以不诚的根源）。朱子解《孟子》“志至焉，气次焉”时说：“若论其极，则志固心之所之，而为气之将帅；然气亦人之所以充满于身，而为志之卒徒者也。故志固为至极，而气即次之。人固当敬守其志，然亦不可不致养其气。”② 人凭借道德理性而知所当为，因而有所立志，然后通过养气而支撑、满足这个志向。同样地，既然格物致知之后，人已知“为善以去恶”，那么功夫都在于支撑和充实此志向，既然志有定向，则可以命令意念服从“志”，而务必使之“快足于己”“必自谦”，否则道德主体的知情意的统一体将会产生破裂，而导致伪善、自欺或意志薄弱等弊端。

无独有偶，王阳明从道德主体的知情意的统一性，或“知行本体”的不可分割性入手，提出“知行合一”说。在工夫论的问题意识和最终的理想旨趣上都与朱子一致。所不同的是，王阳明不强调知识对于志向与意念的引导作用。他在论证“知行合一”时引用了《大学》诚意章中的“如恶恶臭，如好好色”，并且发挥道：“见好色属知，好好色属行。只见那好色时已自好了，不是见了后又立个心去好。”③ 这里的“立个心去好”所讽刺的，很可能是朱子的先“致知”，再立志（“知之，则志有定向”），最终达到“诚意”（“快足于心”）的方法。两人的区别是：阳明从信赖日常道德直觉的态度出发，发现知与意原本统一的“知行本体”，以此作为

① 朱熹：《四书章句集注》，北京：中华书局，1983 年，第 3 页。

② 朱熹：《四书章句集注》，第 230 页。

③ 王守仁：《传习录上》，《王阳明全集》第 1 册，第 4 页。

工夫的起点，而朱子则有鉴于“认欲为理”的危险、“意不能以自诚”的问题，因而至少从治学态度上更强调“知”的客观可确证性和知识对行动的指导作用。

本文以诚意为中心，重构从朱子学到阳明学过渡的哲学史叙事，或许可以用大陆漂移说为类比，说明本文的核心用意。

传统的“格物叙事”往往认为朱子学与阳明学是两个相对独立的系统，朱子以格物为中心，王阳明以致良知为中心，诚意对于两个思想系统而言，仿佛只是边缘问题，诚意的重要性仿佛只出现在朱子晚年和阳明早期。这犹如我们开始时以为南美洲与非洲自古便是独立的大陆，各自有其地理中心。但是当我们发现南美洲和非洲的海岸线巧妙地吻合无间时，就可以设想：或许两大洲最初属于一个共同的古大陆。这个古大陆的中心，并不是现今各大陆的中心，而恰好处在现今各大陆的边缘。同样的道理，当我们发现朱子晚年的诚意问题刚好可以联系到王阳明早期的“知行合一”说与“诚意为大学之要”之说时，我们有理由猜测：其实朱子学与阳明学虽然对立，但是共同属于整个宋明理学的“古大陆”，而其中心并非朱子的“格物”，亦非王阳明的“致良知”，恰好相反，貌似边缘话题的诚意问题，才是促进朱子与王阳明思想发展的真正核心。它解释了为什么朱子要强调“格物”，为什么晚年反复改诚意章注，也解释了为什么阳明提出“知行合一”和“致良知”。这个“诚意叙事”的全面性和解释效力远远高于传统的“格物叙事”，展示了宋明理学问题意识的连续性。当我们在中国哲学史课堂上讲这段历史时，与其以年少的阳明“格竹子”的漫画化的故事为核心，我们何不从朱子易箦之前三日犹改诚意章注的事件开始，讲一段“诚意叙事”，岂非更深切而动人？

论儒家启蒙精神

——以宋明理学为视角

刘增光①

摘　要：近现代中国学界对于中国思想史的研究中存在着一种启蒙话语叙事，这种叙事内含冲突与分歧。现代西方思想家托多罗夫关于启蒙运动的反思已经指明了启蒙精神的普遍性，与康德的“普遍启蒙”观念相呼应。接续这一启蒙精神的论述，以理学为媒介，可以揭明儒学内含的启蒙精神。程朱理学对师道和启蒙精神的阐发，阳明心学提出的“蒙体”观念，展现了儒家启蒙精神的内在丰富性。尤其是“蒙体”观念揭示出了“启蒙”还应当包括对文明本身的反思和批判，这是西方启蒙观念比较欠缺的维度。由此可见，中国自身的文明传统本就富有启蒙这一“精神气质”，儒学也是我们可以用来观察和反思现代世界的一种“态度”。

关键词：儒家；启蒙；理学；康德；文明

引论：谈论儒家启蒙精神的正当性

“启蒙”，自新文化运动以来，就一直是萦绕在国人心中的重要话题，不乏将此运动媲美于欧洲的文艺复兴或启蒙运动者。② 要言之，是欲在中国本土寻找现代性发生的根基。因此，在近现代中国

---

① 作者简介：刘增光，哲学博士，现为中国人民大学哲学院副教授、博士生导师，主要研究宋明理学。

② 关于此，可参看赵敦华：《何谓“中国启蒙”——论近代中国的三次启蒙》，《探索与争鸣》2014 年第 10 期，第 4 页。舒衡哲著有《中国启蒙运动：知识分子与五四遗产》一书。

学界对于中国思想史的研究中存在着一种启蒙话语叙事，比如将20世纪初的新文化运动称为中国的“启蒙运动”，然而西方的启蒙运动是发生在17、18世纪，其中的时间差距甚大。故而这一对中国“启蒙”思想的追寻就必须再往上追溯。梁启超《清代学术概论》中将清代思潮视为“对宋明理学的反动”，并誉之曰“与欧洲之‘文艺复兴’绝相类”,[①] 虽未比之为启蒙运动，但是他对清学的评价包含着浓郁的启蒙意味，他以戴震为清学之代表，认为其哲学是“其志愿确欲为中国文化转一新方向；其哲学之立脚点，真可称两千年一大翻案……实以平等精神，作伦理学上一大革命。其斥宋儒之糅合儒佛……随处发挥科学家求真求是之精神”[②]。依此论断，则他就不仅仅是认为戴震之学是对宋明儒学的反动和解放，而是对两千年中国思想文化之一大解放。这一解放的核心或实质即是所谓“科学”与“平等”二精神，一是开辟自然科学之起点，二是开辟了伦理道德上的革命，简言之也即德先生和赛先生。显然，他正是将清学视为了清代的“新文化运动”！梁启超的这一观念对后来的胡适影响甚大。不过在侯外庐这里，他直言梁启超、胡适“非历史主义地认为只有汉学才配称为中国学说中的科学，这完全是胡扯。严格地说来，所谓专门汉学是清代学者所用以反对宋学的名称，本身并不是一种独立的科学。……客观主义的考据学是不存在的”[③]。侯外庐将清代比之于西方的中世纪，认为“汉学”的“烦琐”和中世纪有共同点，“当失掉了十七世纪学术的宏伟规模，而退隐于古字古句的钻寻的时候，自然就要陷于中世纪的烦琐；然而清代汉学的烦琐并没有堕落到中世纪的宗教领域，还保持着一定的清醒的研究态度”[④]。我们可以体会到，侯外庐对“启蒙”精神的理解重

① 梁启超：《清代学术概论》，北京：中国人民大学出版社，2004年，第133页。

② 梁启超：《清代学术概论》，第168页。

③ 侯外庐：《中国早期启蒙思想史》，北京：人民出版社，1958年，第426页。

④ 侯外庐：《中国早期启蒙思想史》，第425页。

在“人民性”，即站在马克思历史唯物主义的角度分析古代思想中的阶级性和人民性。正如其自序中所说：“中国丰富的哲学遗产必须依据马克思主义的观点方法，作出科学的总结。”① 梁启超、胡适的启蒙论述是资产阶级的启蒙论述，并非人民性的论述。故侯外庐在看待清代汉学时认为康熙至乾嘉时期，统治者的文化政策利用了汉学的烦琐，“其间思想的内容，已经腰斩了清初思想的人民性，因而人们埋在古典的经籍中失去了个性的发展，反动统治者也拿文化‘开明’的欺骗，冲淡了民族压迫的仇恨”②。这样的话，在梁启超、胡适那里的科学和伦理革命，也就无从谈起。侯外庐在书中将中国历史上的启蒙思想上溯到了十七世纪，以清初的王夫之、黄宗羲为开首。此后，萧萐父、许苏民所著《明清启蒙学术流变》③中又进一步，追溯到了明代后期，泰州学派的王艮、罗汝芳、李贽，以及袁宏道、王廷相、罗钦顺等人物都成了启蒙思想家的代表，而明代后期这个时间段正好可以和西方启蒙运动的时间段相对应。

然而，何以同样是讲中国的启蒙思想，却可以彼此之间存在如此大的不同，这一点值得反思。梁启超叙事的问题在于，如果说清学是对理学的反动，那么其言外之意是在说，宋明理学是不科学的、不具有平等精神的。但是理学家一再言说的“理一”、万物一体以及对于人人本具天地之性的讨论难道不具有平等的精神么。若非如此，为何会有其他学者将阳明后学中的很多人物视为启蒙思想家。而将阳明后学的人物视为启蒙思想家，却又存在着将阳明学之整体一分为二的问题，这一分别本身就有着是否正当的问题。比如黄宗羲本人就是心学的传人，他在《明儒学案》中对陈白沙、王阳明都评价颇高。再如王艮本人就是王阳明的及门弟子，何以王阳明本人不是启蒙思想家，而王艮却成了启蒙思想家呢？这些都是启蒙

---

① 侯外庐：《中国早期启蒙思想史》自序，第1页。

② 侯外庐：《中国早期启蒙思想史》，第426页。

③ 萧萐父、许苏民：《明清启蒙学术流变》，沈阳：辽宁教育出版社，1995年。

话语叙事中难以解答的问题。归结言之，也许以这种方式在儒学中寻找启蒙思想本身就不恰当。

而更重要的问题在于，这种启蒙叙事对“启蒙”精神的理解未必准确。比如特别强调李贽批评“咸以孔子之是非为是非”① 是典型的启蒙观念，却忽视了阳明本人就说过“夫学贵得之心，求之于心而非也，虽其言之出于孔子，不敢以为是也，而况其未及孔子者乎！求之于心而是也，虽其言之出于庸常，不敢以为非也，而况其出于孔子者乎！”② 若此，则明确道出“学苟知本，六经皆注脚”的陆九渊也应是启蒙哲学家了。可能有人会认为李贽是当时的思想异端，然而西方的启蒙运动恰恰是宣扬普遍性的，追求共性和差异的统一、平衡。新文化运动中有新学人士如丁文江等人为唯科学主义张目，以科学解决人生问题、精神问题，这本身也是违背启蒙精神的，因为启蒙运动中有着强烈的人文精神追求，即使是康德在对启蒙的论述中也都强调人类结成“道德之整体”的重要性。③ 康德所作《答复这个问题：“什么是启蒙运动?”》（以下简称《什么是启蒙运动》）一文对启蒙运动的精神做了极好的概括，在西方影响深远，但中国思想史、哲学史的研究者在谈论中国启蒙思想时，则罕有以康德之文为鉴照做分析者。这不能不说是一个缺憾。

就西方学界而言，最新的对启蒙运动做出深刻反思的托多罗夫（Tzvetan Todorov）指出，启蒙运动虽然诞生于欧洲，但是“启蒙精神”并非欧洲独有，而是“在不同时代在全世界所有伟大的文明中都找得到它的成分”④，比如“在中国公元 11 至 12 世纪宋朝儒学复兴的时期”就“可以找到一些线索”。⑤ 简言之，“启蒙思想是普

---

① 《李贽文集》（第二卷），北京：社会科学文献出版社，2000 年，第 7 页。

② 《王阳明全集》，吴光等编校，上海：上海古籍出版社，1992 年，第 76 页。

③ ［德］康德：《历史理性批判文集》，何兆武译，北京：商务印书馆，2015 年，第 7 页。

④ ［法］茨维坦·托多罗夫：《启蒙的精神》，马利红译，上海：华东师范大学出版社，2012 年，第 141 页。

⑤ 茨维坦·托多罗夫：《启蒙的精神》，第 142 页。

世的”，“根本不是欧洲独有的特权”。[①] 启蒙精神属于全世界。福柯在《什么是启蒙》一文中回顾和分析康德《什么是启蒙运动》时就曾指出康德所言对于理性的运用涉及普遍历史的观念，即对理性的普遍的运用，启蒙不是一个人的事，而是对人类即所有人而言。[②] 确实，康德《什么是启蒙运动》一文中在谈及启蒙时屡屡出现的便是“人类”这一类概念，比如“人类的启蒙”“全世界”，与此相应便是康德所说的“普遍启蒙”，[③] 这正对应于他在《世界公民观点之下的普遍历史观念》一文中所说：“使人类物种的全部原始秉赋都将在它那里面得到发展的一种普遍的世界公民状态。”[④] 此原始秉赋即在于“使用人的理性”[⑤]。康德的普遍启蒙思想带有着历史目的论意味，指向的是敢于运用理性的世界公民组成的共同体。不过，不论是康德还是福柯都未指出，普遍启蒙的达成是由多元而发展到一体，还是由作为启蒙运动发生地的欧洲推及于普遍的世界各地。而托多罗夫的说法则已然揭示了对于理性的运用并不是从某一个点扩张到整个世界，而是多点发生的，即在不同文明中发生的，不同文明都有启蒙的精神。这一点尤其值得注意。

既然康德所言是“人类”的“普遍启蒙”，那么显然其所论就早已超越了启蒙运动本身，正如托多罗夫所指出的：“启蒙运动属于过去……然而，它不可能‘过去’，因为它最终指明的不再是一种历史定位的学说，而是一种关于世界的态度。”[⑥] 福柯亦言：“可以将我们与启蒙联结起来的脉络并不在于信守教条原则，而在于不断激活某种态度，它是某种哲学的精神气质，我们可以将其描述为对我们所处历史时代的持恒批判。”他将康德《什么是启蒙运动》

---

① 茨维坦·托多罗夫：《启蒙的精神》，第141、144页。

② ［法］福柯：《什么是启蒙?》李康译，王倪校，此文原载《国外社会学》1997年第6期，但笔者未查到原刊，此译文转载于豆瓣网 https://www.douban.com/note/762968401/?_i=2840038VjXuLMu。

③ 康德：《历史理性批判文集》，第25页、27页、30页。

④ 康德：《历史理性批判文集》，第18页。

⑤ 康德：《历史理性批判文集》，第4页。

⑥ 茨维坦·托多罗夫：《启蒙的精神》，第159页。

这篇名文的主旨一言以蔽之为“它的概貌可以称之为现代性的态度”①。

这也正是我们今天超越近现代以来中国思想史研究中的启蒙话语范式，重新思考儒家启蒙精神的正当性和必要性所在，不仅仅是因为儒家思想中有着启蒙精神，更是因为继续思考和推进如何实现“普遍启蒙”这一持久甚至是永恒的问题。而身处现代社会，反思现代性也是持久的话题。在全球化时代，不同文明之间差异又如何通向普遍启蒙的达成呢？这都是我们今天必须面对的根本问题。

不容忽视的一点是：欧洲启蒙运动的兴起，本即深刻地受到以朱熹理学为主要内容的儒家思想影响，当时“许多西方人认为中国是实际一个优于欧洲的高级文明”②，以中国为欧洲的榜样，伏尔泰甚至以孔子为启蒙时代欧洲的“神圣主保圣人之一”。③ 这样一来，如何理解儒家思想中的启蒙精神即显得非常重要。下文的讨论，便深入理学思想，接续托多罗夫的启蒙精神论，揭明儒学的启蒙精神意义。宋明理学通过理性思辨对于儒家的原始义理发挥得淋漓尽致，借此汇通中西方对启蒙精神的理解，不仅能够对理学、儒学有新的认识，亦可由此对西方启蒙思想产生新的观感。当然，主要意图还是在于揭示和勾勒出儒家的启蒙精神或理念。

一、师道与启蒙

就中国思想而言，“启蒙”一词似最早见于汉代应劭《风俗通义》：“每辄挫衄，亦足以祛蔽启蒙矣。”文意是要改变人们关于秦灭六国的流行但错误的看法。梁代僧祐《出三藏记集》中谈及佛典的功用言及“启蒙辩惑，诱人自立”。可见中国古代文本中的“启

---

① 福柯：《什么是启蒙?》。

② ［美］布鲁斯·马兹利什：《文明及其内涵》，汪辉译，北京：商务印书馆，2017年，第50页。

③ ［法］安田朴：《伏尔泰和孔夫子》，载张允熠等编著：《中国：欧洲的样板——启蒙时期儒学西传欧洲》，合肥：黄山书社，2010年，第184页。更坚实的研究则可以参看［法］维吉尔·毕诺：《中国对法国哲学思想形成的影响》，北京：商务印书馆，2000年。

蒙”一词有着探求真实、明白事理、去除旧见、使人独立自主等意涵。故以此来翻译西方的启蒙运动确实是恰切的。若从思想来源上看，先秦甚至更早时期，便对“启蒙”十分重视，比如《周易》第四卦即是蒙，意味着乾坤肇建、天地开辟之后最重要的便是屯卦所象征的秩序与蒙卦所象征的教化。“启蒙”（enlightenment）作为一中文译语，本意即是“照亮”，也即“使之光明”，[①] 而在中国古典中，日月为明，圣人就是“与天地合其德，与日月合其明”之人，《尧典》描述尧之德行便是“钦明文思”，概言之，源自《诗经》《尚书》的“明明在上，赫赫在下”“明德”等观念，为儒家所继承，在《大学》等典籍中一再出现。后世流行的“蒙学”“发蒙”之语也正昭示出“启蒙”与“学”的密切关联，因此儒家非常重视学习与师道。《论语》以“学而时习之”开篇，就树立了“学”之于人的重要性、本质性。对于什么是学，汉宋儒学给予了一致的回答，《白虎通·辟雍》谓：“学之为言觉也。以觉悟所不知也。故学以治性，虑以变情。故玉不琢不成器，人不学不知义。”[②] 以“学”为“觉”，学使人由不知变为有知、由不觉变为觉悟，这种变化是一种整全的、深入性情的变化，经此变化，人方可成为真正的人。大道无尽，故学无止境。朱熹在《四书章句集注》中解释“学而时习之”也有类似之论：“学之为言效也。人性皆善，而觉有先后，后觉者必效先觉之所为，乃可以明善而复其初也。”[③] 此说显然即本于汉儒，虽以“学”为效，但仍然沿袭了“觉”之义，只不过更加强调觉有先后差别，袭用孟子“先知觉后知，先觉觉后觉”（《孟子·万章上》）而来的“后觉者必效先觉之所为”之“必”字即是欲凸显师道的重要性。这一点汉儒也并未忽视，《白虎通》在上文的叙述后即谓：“是以虽有自然之性，必立师傅焉。……《曲礼》曰：‘闻有来学，无往教也。’《易》曰：

① 李秋零：《康德与启蒙运动》，《中国人民大学学报》2010 年第 6 期，第 66 页。

② 陈立：《白虎通疏证》，北京：中华书局，1994 年，第 254 页。

③ 朱熹：《四书章句集注》，北京：中华书局，1983 年，第 47 页。

‘匪我求童蒙，童蒙求我。’”“蒙”（unenlightened）即是后觉或不觉，“我”代表先觉（enlightened）。在此意义上，“蒙”和“觉”就构成了对反。而“学”则是由“蒙”走向“觉”的必由之路。人之为学，也就是不断觉悟的过程，也就是不断启蒙的过程。儒家将“学”与“启蒙”从根本处勾连，学的精神就是启蒙的精神。

《白虎通》和朱熹都在说明“学”之意涵时，强调了“师傅”或“先觉者”的重要性，童蒙需要先觉者、为师者的教导，正与康德所言“不经别人的引导”就不能运用理性类似。① 《白虎通》对《周易》蒙卦的引入，正指示出蒙卦是中国先民关于启蒙精神的最早话语，是理解后世儒家启蒙思想的重要窗口。如钱穆所论，“宋学最先姿态，是偏重在教育的一种师道运动”②。宋代理学在对蒙卦的解释中一是强调了师道之于君道的根本性，二是突出了个体道德自觉的重要性。据此，蒙卦就包含了政治性与道德性或精神性的两重内涵。

首先看理学师道观的政治内涵。宋儒对儒学与政治的考虑，结穴于程颐之言：“道不行，百世无善治；学不传，千载无真儒。”③此语奠定了宋儒“善治从真儒而出”的治道理念。而欲复兴儒家之道，必从讲学始，所以宋儒极重“师道”。因为讲学是关系天下能否大治的关键与源头。这其中的逻辑关联，道学宗主周敦颐《通书》所道甚明，他认为“师”而非“君”是“天下善”，“天下善”也即最高的、普遍的善，他紧接着说：“先觉觉后觉，暗者求于明，而师道立矣。……师道立，则善人多；善人多，则朝廷正，而天下治矣。”（《师第七》）④ 又言：“道义者，身有之，则贵且尊。……人生而蒙，长无师友则愚。是道义由师友有之。”（《师友下第二十五》）如此，则为君者是否能够有师即是朝廷与天下能否大治的前提，道义最尊贵，而道义由师友有之，师友自然也最尊

① 康德：《历史理性批判文集》，第23页。

② 钱穆：《宋明理学概述》，北京：九州出版社，2010年，第2页。

③ 《二程集》，王孝鱼点校，北京：中华书局，1981年，第640页。

④ 值得注意的是，《师第七》这一篇在《通书》中是字数最多的一篇。

贵。周敦颐“暗者求于明”以及“人生而蒙”之说正是本于蒙卦，暗者也就是蒙者，其与作为师的明者分别对应于蒙卦的六五爻和九二爻。程颐继承了这一解释，明确指出九二爻和六五爻分别象征贤者和君主。九二为发蒙者，是发蒙的主体，而六五作为“童蒙”，属于发蒙的对象。这两爻是蒙卦中最重要的两爻，《程氏易传》解释说：

> 五居尊位，有柔顺之德，而方在童蒙，与二为正应，而中德又同，能用二之道以发其蒙也。二以刚中之德在下，为君所信向，当以道自守，待君至诚求己，而后应之，则能用其道，匪我求于童蒙，乃童蒙来求于我也。……二虽刚中，然居阴，故宜有戒。①

九二有刚中之德，居臣下之位，是贤臣，六五以阴居尊位，是柔中之君，刚柔相济，上下相应。但此发蒙之道，“非是二求于五，盖五之志应于二也。贤者在下，岂可自进以求于君？苟自求之，必无能信用之理。古之人所以必待人君致敬尽礼而后往者，非欲自为尊大，盖其尊德乐道，不如是不足与有为也”②。贤人在下，要以道自持之意，显示出了宋儒以道抗势的精神。蒙卦六爻，除九二、上九之外其他四爻都是需要发蒙的对象，但六五居君位，属于发蒙的关键对象，故“发蒙之功，皆在于二”③。因此，九二在蒙卦中的特殊地位，也就象征着贤臣在帝王实际治理天下的过程中的特殊作用。这种作用就体现在，九二作为臣，对上要发帝王之蒙，此对六五爻言；对下要发天下百姓之蒙，此对初六爻言。贤臣儒者在其中的枢纽性作用可见一斑。

从周敦颐到程颐，两位大儒都如此重视蒙卦和《孟子》“先觉觉后觉”之说，都以师道观作为其主旨，这正体现出了宋代理学家在政治观念上的一致性，简言之，即是“格君心之非”，二程就说：

---

① 梁韦弦：《〈程氏易传〉导读》，济南：齐鲁书社，2003年，第72页。

② 梁韦弦：《〈程氏易传〉导读》，第72—73页。

③ 梁韦弦：《〈程氏易传〉导读》，第74页。

“治道……从本而言，惟从格君心之非，正心以正朝廷，正朝廷以正百官。”① 宋儒所尊崇的“格君心之非”的榜样便是伊尹。据《史记·殷本纪》以及《孟子·万章下》的记载，身居相位的伊尹曾因商君太甲继位后暴乱无德而将其流放于桐宫，并在太甲悔过自新后又返政于他。这便是一个君主诚心受教、改过迁善的典型史例，故宋儒以“志伊尹之所志”自许。在这个史例中，伊尹正是“师辅”的代表——蒙卦九二爻的象征。故《孟子·万章下》记载伊尹所言“先觉觉后觉”就屡为宋儒所道。对宋儒而言，平治天下之理想主要就是通过教化辅正君主而实现。参照以程颐对蒙卦的解释，“后觉”主要是君主，“先觉觉后觉”就是“格君心之非”，就是发蒙。所以宋儒在君主面前，以师道自处，君主则是待发蒙之人。贤者在朝以“格君心之非”与帝王虚心求贤以与士大夫共治天下，是一体之两面，缺一不可。

其次是蒙卦所蕴含的道德性、精神性意涵。不论是发蒙者还是蒙者，都要以自主性的修养和学习为养德成圣之功。蒙卦卦辞中有“利贞”二字，《彖传》解释说：“蒙以养正，圣功也。”程颐认为：“卦辞曰‘利贞’，彖复伸其义，以明不止为戒于二，实养蒙之道也。未发之谓蒙，以纯一未发之蒙而养其正，乃作圣之功也。……养正于蒙，学之至善也。”他解释《象传》“君子以果行育德”说：“养育其明德也。”② 在他看来，蒙即是指“未发”，性体纯一未发为蒙，蒙以养正，即是养正于蒙。不难看出，此正是《大学》三纲领之从“明明德”达到“止于至善”，“止于至善”就是圣人。

朱熹对“蒙以养正”的修养工夫阐发更深，但与程颐有别。蒙卦的组成是艮上坎下，艮为山，坎为险，其卦象为“山下有险”。对此，以往注家多言山在前，险在后，而朱熹则不言前后，而是言内外，他说：“险在内，止在外，自家这里先自不安稳了，外面更去不得，便是蒙昧之象。”“蒙之意，也只是心下鹘突。”③ 鹘突，

---

① 《程氏遗书》卷十五，《二程集》，第165页。

② 梁韦弦：《〈程氏易传〉导读》，第73页。

③ 黎靖德编：《朱子语类》，长沙：岳麓书社，1997年，第1567页。

是模糊疑惑、尚不明理之意。而“险在内”正对应于朱子所言道统十六字中的“人心惟危”，危即危险。“鹘突”与危险是因为受了欲望的干扰，故朱熹解释蒙卦上九爻辞“击蒙，不利为寇，利御寇”说：“惟捍其外诱以全其真纯，则虽过于严密，乃为得宜。”① 与程颐相较，我们看到了对于“蒙”的两种认识，程颐以蒙为纯一未发（innocent），而朱熹则强调蒙是鹘突暗昧（ignorant）。这意味着朱熹更强调外在教化的必要性。朱熹的这一观点有其重要意义，正如康德所指出的：“只有很少数的人才能通过自己精神的奋斗而摆脱不成熟的状态。”“公众只能是很缓慢地获得启蒙。”② 因此，“别人的引导”和教化确实是非常必要的。康德将启蒙理解为“要有勇气运用你自己的理智”，而这种“运用”并非一种“私下的运用”，而是“公开的运用”，如作为纳税人我们必须纳税，这是私下运用，但是理性的公开运用则意味着我们可以质疑和批评税收制度。他说：“必须永远有公开运用自己理性的自由，并且唯有它才能带来人类的启蒙。……而我所理解的对自己理性的公开运用，则是指任何人作为学者在全部听众面前所能做的那种运用。”③“作为一个学者通过自己的著作而向真正的公众亦即向全世界讲话”就是理性的公开运用。④“任何人作为学者”这一限定就意味着，任何人如果未学、本身缺乏理智的话，那么这样的人是不能够、也不可能进行理性的公开运用的，是不可能达到启蒙的。而这样也才凸显出“理性的公开运用”的必要性意义。在汉唐时期由于突出圣、凡差别，因此儒者们很少谈论在孟子那里便已奠立的学以至圣观念，宋代理学家自周敦颐开始重新确立“学以至圣”的理念，实具革命意义，因为这样就重新确立起了儒家的“学习”精神和启蒙精神，以讲学和著述的方式对“天下公共之理”的追寻，有着更为普遍的

① 朱熹：《周易本义》，北京：北京大学出版社，1992年，第9页。

② 康德：《历史理性批判文集》，第24、25页。

③ 康德：《历史理性批判文集》，何兆武译，北京：商务印书馆，1990年，第26页。

④ 同上，第27页。

意义，这正是对理性的公开运用。

问题在于，若放在性善论的脉络中来看，蒙者、暗者是性恶的人么？如朱熹所言，“若蒙昧之中已自不正，他日何由得会有圣功！”① “蒙昧之中”为何会“已自不正”或“险在内”呢？按照朱熹理学的架构，会将“不正”和“蒙昧”的原因归结于所禀受气质的驳杂不纯。但是这样的解释，又会造成圣凡之间的过大差距，当然，这自然有利于宋儒以道抗势的师道观之挺立，但不能否认的是，这一解释隐含了先知先觉者和蒙者生来便存在着施教和受教者的差别甚至不平等。正如有学者所指出的，教化与社会的政治运作、制度安排紧密结合，是“‘先知觉后知，先觉觉后觉’的不间断的社会运动，并且带有某种强迫性和给予性”②。而这种不平等和强迫性本就是启蒙所要打破的，启蒙精神的一个要点即是对人性普遍性与人人自主平等的肯定。③ 更重要的是，这一解释无法回答一个问题：蒙者如何能从自我内在生起进于光明或启蒙之境的动力，这无异于抽空了个体能够启蒙的根基。这一点，阳明学显然有所察觉。

二、蒙体与自觉

阳明学对蒙卦的理解可谓别开生面，与朱熹强调“蒙”为蒙昧（ignorant）不同，阳明学派儒者的解释则揭示出了“蒙”的积极面向，以“蒙”为“蒙稚”（innocent），并以良知、心体说为根据，阐发出以“蒙”为“混沌”“蒙体”（innocent substance）的理论。王阳明的首座弟子王龙溪有相关论述值得注意：

> “蒙，亨。”蒙有亨道。蒙不是不好的。蒙之时，混沌未分，只是一团纯气，无知识技能搀次其中。默默充养，纯气日足，混沌日开，日长日化而圣功生焉，故曰“童蒙，吉”。后

① 黎靖德编：《朱子语类》，第1568页。

② 景海峰：《教化与启蒙之别——一个诠释学的分析》，载胡治洪编：《现代思想衡虑下的启蒙理念》，武汉：武汉大学出版社，2011年，第336页。

③ 茨维坦·托多罗夫：《启蒙的精神》，第21页。

> 世不知养蒙之法，忧其蒙昧无闻，强之以知识，益之以技能，凿开混沌之窍，外诱日滋，纯气日漓，而去圣愈远，所谓非徒无益，而反害之也。吾人欲觅圣功，会须复还蒙体，种种知识技能外诱，尽行屏绝，从混沌立根，不为七窍之所凿。充养纯气，待其自化，方是入圣真脉路，蒙之所由以亨也。①
>
> 良知者，性之灵根，所谓本体也。……《蒙》之象曰"山下出泉"。夫山下之泉，本静而清，浚其源、疏其流，顺则达之，滑则澄之。蒙养之正，圣功也。……必假学虑而昧夫天机之神应，非所以稽圣。②

王龙溪的解释直截了当地谓"蒙不是不好"，这一解释是本于《彖传》"蒙亨"一语，这样才可以和"蒙以养正，圣功也"构成对应。这一解释无疑就对朱熹的解释做了翻转，在他看来，蒙是一种混沌纯气的状态，在此状态下，没有任何后天的人伪、知识、技能的掺杂或污染，正如孟子所言"大人者，不失其赤子之心也"（《孟子·离娄下》）。由于将"蒙"理解为混沌，也就与《庄子》混沌寓言发生了关联，"日凿一窍，七日而混沌死"也就意味着"强之以知识，益之以技能"的做法。虽以《庄子》之混沌说"蒙体"，但龙溪所言"混沌未分"的无知状态，其实是在说人的良知。龙溪明确说良知就是"混沌初开之窍，万物所资以始"③。"混沌初开之窍"正是本于王阳明论及心即太极的两首诗，其中一诗云："一窍谁将混沌开？千年样子道州来。须知太极元无极，始信心非明镜台。"另一首诗云："始信心非明镜台，须知明镜亦尘埃。人人有个圆圈在，莫向蒲团坐死灰。"④"圆圈"即指太极，也即阴阳未分的混沌状态。"吾人欲觅圣功，会须复还蒙体，种种知识技能外诱，尽行屏绝"，则是源于王阳明"知识技能非所与论也"的观念——"记诵之广，适以长其敖也；知识之多，适以行其恶也；

① 《王畿集》，吴震编校，南京：凤凰出版社，2007 年，第 87 页。
② 《王畿集》，第 121 页。
③ 同上，第 135 页。
④ 《王阳明全集》，第 772 页。

闻见之博，适以肆其辩也”[①]。这显然包含了对程朱理学“道问学”路径之批评。

相对于宋儒以师发蒙君民的观念，阳明学更加突出了良知的个体圆满具足性，人人皆有良知，这其实才是人能够成圣、成为善人的根据。也就是说，阳明学从实质上回答了“发蒙”之所以可能的根据，在于人性固有个“蒙体”存在。同时，龙溪借用庄子凿混沌七窍的典故揭示出了“好为人师”的弊端在于：启蒙者对他人的发蒙很可能会流于以自我后天之知识、技能强加于人的危险，这种后天经验的知识技能由于是出于经验积习所成，其是否纯善无伪就不是毫无疑问的，也即是说，知识技能有可能是“恶”，是私人的成见，而非可普遍化的“善”，其导致的后果是：不仅不能使人改过迁善、日趋圣域，反而会适得其反，使得人性愈趋恶劣。故而龙溪提出了“养气”以“自化”的观念，既然每个人都禀有良知纯气，那么充养此纯气，发明此良知，则自然能为善成圣，这其实正是阳明学所主张的“良知自知”[②] 观念进一步推演的结果。

与朱熹强调《象传》“蒙，山下有险”不同，王龙溪则看重的是《象传》“山下出泉”一语，他说：

> 蒙者，稚也。“山下出泉，蒙”，解之者曰“静而清也”。大人者不失赤子之心，赤子无智巧、无技能、无算计，纯一无伪，清静本然，所谓“蒙童”也。得其所养，复其清静之体，不以人为害之，是为圣功。大人通达万变，是凿窍于混沌，反以害之也。吾人学不足以入圣，只是不能蒙，知识反为良知之害，才能反为良能之害，计算反为经纶之害。若能去其所以害之者，复还本来清静之体，所谓“溥博渊泉，以时而出”，圣功自成，大人之学在是矣。[③]

王龙溪认为“山下出泉”正是《中庸》所言“溥博渊泉，以时而出”之意。这样的话，蒙就不是“蒙昧”（ignorant），而是

---

① 《王阳明全集》，第 55 页。

② 《王阳明全集》，第 971 页。

③ 《王畿集》，第 128—129 页。

“蒙稚”（innocent），是“纯一无伪”（innocent）。“蒙体”也就是“清静之体”。据此，“启蒙”就不是单纯地求师于外以增加知识技能，而是要减损知识技能的遮蔽，“复还本来清静之体”。

这一对于蒙卦的理解其实涉及阳明学与朱子学对于“学”之认识差异。朱熹认为“学，后觉效先觉之所为”，这就突出了“效”字，学生效法老师，突出了师道。王阳明对此批评道：“以‘效’训‘学’之说，凡字义之难通者，则以一字之相类而易晓者释之。若今学字之义，本自明白，不必训释。今遂以效训学，以学训效，皆无不可，不必有所拘执。但效字终不若学字之混成耳。……教也，学也，皆道也，非人之所能为也。知此，则又何训释之有！”① 他认为朱熹的解释是多余的，反而通过训诂解释掩没了本来意义混成完整的“学”字。王龙溪继承了阳明之说，谓：

> 学，觉而已。自然之觉，良知也。觉是性体，良知即是天命之性。良知二字，性命之宗。格物是致知日可见之行，随事致此良知，使不至于昏蔽也。吾人今日之学，谓知识非良知则可，谓良知外于知觉则不可；谓格物正所以致知则可，谓在物上求正，而遂以格物为义袭则不可。②

这一解释直截了当，学就是“觉”，但觉不是朱子所言后觉效先觉，而是良知自觉，也即良知自知。简言之，就是“自觉”，自我发蒙。觉是性体，是天命之性，意味着良知人人具有，个个圆成，人人皆能自觉。而在此意义上，程朱理学强调的知识技能之

---

① 王阳明：《答季明德》，第 214 页。《传习录上》有类似之说：子仁问：“‘学而时习之，不亦说乎’，先儒以学为效先觉之所为，如何？”先生曰：“学是学去人欲，存天理；从事于去人欲，存天理，则自正。诸先觉考诸古训，自下许多问辨思索存省克治工夫；然不过欲去此心之人欲，存吾心之天理耳。若曰效先觉之所为，则只说得学中一件事，亦似专求诸外了。‘时习’者，坐如尸，非专习坐也，坐时习此心也；立如斋，非专习立也，立时习此心也。说是‘理义之说我心’之‘说’，人心本自说理义，如目本说色，耳本说声，惟为人欲所蔽所累，始有不说。今人欲日去，则理义日洽浃，安得不说？”《王阳明全集》，第 31—32 页。

② 《王畿集》，第 132 页。

学、格物之学就都成了第二义的知识，并非良知性体。所以程朱格物之学意义上的后觉效先觉，也就不具有根本意义，从根本上来说，所谓的学就是致良知之学。王龙溪谓："今日良知之说，人孰不闻，却须自悟，始为自得。自得者，得自本心，非得之言也。圣人先得我心之同然，印证而已。若从言句承领，门外之宝，终非自己家珍。"① 这意味着，良知、真正的"知"只能通过自觉自悟的方式获得，不可能通过外在的言语经书而获得。所以，真正启蒙只能是自我启蒙——"良知即吾师"，而非由外在的某人使得一个人启蒙，外在的教化者比如"师"仅仅起"印证"的作用。

康德在论及人们不能运用理性时谈及人的懒惰与怯懦："处于不成熟状态是那么安逸。如果我有一部书能替我有理解，有一位牧师能替我有良心，有一位医生能替我规定食谱，等等；那么我自己就用不着操心了。只要能对我合算，我就无需去思想；自有别人会替我去做这类伤脑筋的事。"② 阳明学的良知自知、良知自觉说正可以最大程度地激发人的自我觉醒而空诸依傍，即不因为精神觉悟之难而裹足不前，而是真正地去践行"为仁由己"。

三、儒家的"启蒙"与康德的"启蒙"

概括程朱理学和阳明心学对于"启蒙"理解的差异和汇通，大致有这样几个方面：1. 在朱熹理学看来，蒙意味着无知，需要受教化，需要得到来自先知先觉者的引导，故而强调学对于启蒙的重要性。而在阳明学看来，蒙是蒙稚，蒙体就是人人皆具的良知、赤子之心、至善的混沌，强调启蒙的实质在于个体的自我觉悟、自觉自知，而不在于他者的教化。2. 程朱强调后天学习与知识经验的重要性，而阳明学则指出，后天的知识经验会造成对蒙体的损害。3. 对阳明学而言，真正的"师"就是人人生而具有的良知，而非外在的某个他者，不论此他者是圣人还是君主，或者经典。4. 阳明学强调个体的独立自主性、圣凡之同然，而程朱则认为大多数人

① 《王畿集》，第 153 页。

② 康德：《历史理性批判文集》，第 23 页。

要遵从先觉者的教诲方能觉悟开蒙，圣凡差异为其所强调。5. 程朱强调现世的君主要向真正的儒者去谦虚地学习，有着非常强烈的政治批判维度，而阳明学的讨论则更重在精神性维度。6. 从另一个角度来说，程朱理学的启蒙观念是偏于外向的路径，而阳明学的启蒙观念则是偏于内向的路径。前者忽视了启蒙所以可能的内在根据，而后者虽然弥补了前者的这一缺陷，但亦有可能造成忽视对于过往知识文化的尊重和借鉴。

康德在《什么是启蒙运动》这篇名文中，开篇说道："启蒙运动就是人类脱离自己所加之于自己的不成熟状态。不成熟状态就是不经别人的引导，就对运用自己的理智无能为力。当其原因不在于缺乏理智，而在于不经别人的引导就缺乏勇气与决心去加以运用时，那么这种不成熟状态就是自己所加之于自己的了。"① 强调"别人的引导"的重要性，这与程朱理学的观点相通。但是既然这种不成熟状态是自己加之于自己的，那么，启蒙能否最终达成的关键仍然是在于个人的自身启蒙。福柯说："人只有依靠自己改变自己，才能摆脱这种不成熟状态。"②

康德也指出了外在因素的副作用："处于不成熟状态是那么安逸。如果我有一部书能替我有理解，有一位牧师能替我有良心，有一位医生能替我规定食谱，等等；那么我自己就用不着操心了。""条例和公式这类他那天分的合理运用，或者不如说误用的机械产物，就是对终古长存的不成熟状态的一副脚梏。"这就颇类似于阳明学对"师"、知识技能的批判，正是这些使人不能够真正地挺立自我，去自由地运用自己的理性。绝大多数人都是如此，故康德寄希望于绝大多数人的监护者，他称为"保护人"，"保护人"在康德的语境中应当包含了宗教领域的牧师和国家治理中的统治者尤其是君主，③ 前者是精神事物方面的保护人，后者是物质生活事物方

---

① 康德：《历史理性批判文集》，第 23 页。

② 福柯：《什么是启蒙?》。

③ 康德说，他把启蒙运动的重点主要放在宗教事务方面，故他主要是以牧师为讨论对象。

面的保护人。他担心的是如果连人民的“保护人”本身都未能拥有独立自由思想的话，何谈人民大众的启蒙。这一论述与程朱理学“格君心之非”有相似之处。而阳明学强调不能盲从外在的“师”，即使是圣人“孔子”之言，亦须“求诸于吾心”，这正是对“保护人”的怀疑和担忧。康德对启蒙的讨论，正如福柯所指出的，兼具政治意涵和精神意涵，这两个维度也正是宋明理学的启蒙观念所包含的。换言之，人类要摆脱不成熟状态，须具备两个前提：一是精神性的，一是制度性的，依此，则宋代理学近于后者，而阳明学近于前者。

另外，康德区分了理性的公开运用和私下运用，而前者正是人作为“学者”而对理性的自由运用。康德强调任何人都可以作为“学者”运用理性，“要有勇气运用你自己的理智！”“这一启蒙运动除了自由而外并不需要任何别的东西。”此与阳明学强调每个人都有良知、“蒙体”的说法相通。但是康德强调必须是“学者”，这一限定又与理学家强调“士大夫”在启蒙过程中的枢纽作用是一致的。

本文还想指出的是，阳明学士人对“蒙”的理解，蕴含了对“启蒙”本身的反思，当然，这主要是以程朱理学为对象进行的反思。进一步言之，“师”、“圣”、经典代表的是人类文化或文明所积累的成果的载体，因此，阳明学对知识、才能、计算之于人性的损害的深深忧虑，其实正是担忧过往的人类文明经验在当下现实中的不适用性，也就是说，“师”和经典中所载的知识、文化未必适合今人的生活。文化、文明是要不断进步的、生生变易的。因此，阳明学对启蒙的理解，不仅仅是对程朱理学所代表的“启蒙”思想的批判，也是一种在儒学内部生发起来的对文明本身的反思和批判。

以此为参照，细绎康德之说，虽然福柯指出，启蒙兼具伦理精神性维度和政治制度维度；但是，我们从阳明学士人的相关论述来看，“启蒙”还应当包括对文明本身的反思和批判这一维度。而这正是本文一开始所指出的，普遍启蒙如何达成？是从世界的某一点推及于其他地方，还是多个点进行最后达于普遍？康德《什么是启蒙运动》一文中也隐约显露出了这一意识，虽然并不是十分明显，是故亦未被后来者所明确意识到，他说：

> 然则一种牧师团体、一种教会会议或者一种可敬的教门法院（就象他们在荷兰人中间所自称的那样），是不是有权宣誓他们自己之间对某种不变的教义负有义务，以便对其每一个成员并且由此也就是对全体人民进行永不中辍的监护，甚至于使之永恒化呢？我要说：这是完全不可能的。这样一项向人类永远封锁住了任何进一步启蒙的契约乃是绝对无效的，哪怕它被最高权力、被国会和最庄严的和平条约所确认。一个时代决不能使自己负有义务并从而发誓，要把后来的时代置于一种决没有可能扩大自己的（尤其是十分迫切的）认识、清除错误以及一般地在启蒙中继续进步的状态之中。这会是一种违反人性的犯罪行为，人性本来的天职恰好就在于这种进步；因此后世就完全有权拒绝这种以毫无根据而且是犯罪的方式所采取的规定。①

"牧师团体"，也可以是一种学术团体，比如理学家、心学家，都不应以传承和教授不变的教义为义务，即使此教义与政治权力结合，成为官方的教义或学术，也并不能彻底封锁住人类的进一步启蒙，但这无疑会造成严重的阻碍。一时代有一时代之学，因为人性的本质就是要进步，思想学术也必然会进步，故后一时代对前一时代的知识、文化、教义的质疑和革新就是合乎理智与人性的。这与阳明学对理学排他性道统论的批评有着同贯之处。相较来说，康德通过对宗教的反思和批判触及了人类的启蒙和文化的进步，而阳明学则通过对理学的批判和对文明本身的反思来思考和推进启蒙；康德对人类尤其是"学者"的理智抱持乐观态度，而阳明学则对此怀有深深忧虑。儒学尤其是阳明学对于启蒙的思考，其深刻卓识自此可见。对文明本身的反思和批判是我们今天讨论启蒙精神必然要面对的挑战。任何一种凝固的意识形态都是以文明的形态甚至是普世

---

① 康德：《历史理性批判文集》，第 27 页。

价值的形象出现。当我们不加反思便接受某一种意识形态及其价值观念，正是康德意义上的不能运用自己的理性或者缺乏理智。普遍启蒙既然并未实现，天地公共之理并未完全落实，那么启蒙就不会成为历史，并没有成为“过去”，我们就仍然需要启蒙的精神、启蒙的态度，以此观照世界和自身，而对理学的深入分析正表明，中国自身的文明传统本就富有启蒙这一“精神气质”，儒学也是我们可以用来观察和反思这个世界的一种“态度”，儒学是人类实现普遍启蒙的多元化因素之一。

（原载《学术月刊》2023 年第 2 期）

论安大简《仲尼曰》的性质与编纂

陈民镇①

摘　要：新出安大简《仲尼曰》提供了一种新的先秦孔子语录辑本，可为认识孔子思想的内涵、孔子言论的流传以及《论语》《礼记》《孔丛子》诸书的形成提供重要线索。《仲尼曰》应是一种儒家典籍的摘编本，并经过摘编者的改编。由于《仲尼曰》出现了一些儒家后学的思想观念，表明《仲尼曰》文本的形成相对较迟，且一些语句并非真正意义上的孔子之言。《仲尼曰》的摘编者在内容和形式上有自身的偏好，如侧重"言"与"行"、"善"与"不善"、"慎独"等主题，并有意追求内容的前后对比与齐整的句式。

关键词：安大简；《仲尼曰》；《论语》；儒家

2022年8月19日，《安徽大学藏战国竹简》第二辑正式发布，② 该辑包含两种文献，分别是《仲尼曰》与《曹沫之陈》。《仲尼曰》是一种体例与《论语》近似的孔子语录，由13支完简组成，共收录孔子言论25则，其中有的条目与《论语》《礼记》《大戴礼记》《孔丛子》等文献所记相合，还有的则不见于现存传世古书。原无篇题，因各条目多以"仲尼曰"引入，故整理者拟题为《仲尼曰》。在整理报告正式发布之前，徐在国、顾王乐两位学

---

① 作者简介：陈民镇，北京语言大学中华文化研究院副研究员（北京100083）。

② 安徽大学汉字发展与应用研究中心编，黄德宽、徐在国主编：《安徽大学藏战国竹简（二）》，上海：中西书局，2022年。

者所撰《安徽大学藏战国竹简〈仲尼〉篇初探》对《仲尼曰》已有介绍，[①] 在该文中，《仲尼曰》被称作《仲尼》。本文以正式整理报告为准，称之为《仲尼曰》。

《仲尼曰》至少有以下几点重要价值：其一，有助于重新认识《论语》等传世古书的训释，如对“造次”“颠沛”的理解；[②] 其二，有助于重新审视儒家思想观念，如对“慎独”及“劳”“役”关系、“心”“色”关系的理解；其三，有助于进一步认识《论语》的分章情况，如《论语·季氏》中的“见善如不及”节与“齐景公有马千驷”节，过去学者或分为二章，或合为一章，今据《仲尼曰》，当是一章；[③] 其四，有助于进一步认识《论语》《礼记》《孔丛子》等古书的形成与流传。本文试就《仲尼曰》的性质及编纂提出初步认识，以就正于方家。

一、《仲尼曰》的摘编性质与材料来源

《仲尼曰》共收录孔子言论 25 则，相当于《论语》中的 25 章。《仲尼曰》的内容或见于《论语》，或见于《礼记》《大戴礼记》《孔丛子》诸书，或不见于现存古书。以下在整理报告及学者研究的基础上，示列《仲尼曰》的宽式释文及传世文献中的相应内容：

---

① 徐在国、顾王乐：《安徽大学藏战国竹简〈仲尼〉篇初探》，《文物》2022 年第 3 期。

② 徐在国：《谈安大简〈仲尼〉的“造越”“蹎跋”》，安徽大学汉字发展与应用研究中心网站，2022 年 8 月 17 日。

③ 见简帛网简帛论坛《安大简〈仲尼曰〉初读》下的跟帖，第 44 楼，2022 年 8 月 22 日。

《仲尼曰》	传世文献的相应内容
1. 仲尼曰："华繁而实厚，天；言多而行不足，人。"	曾子曰："……夫华繁而实寡者，天也；言多而行寡者，人也……"（《大戴礼记·曾子疾病》） 曾子曰："……夫华多实少者，天也；言多行少者，人也。……"（《说苑·敬慎》）
2. 仲尼曰："今①人不信其所贵，而信其所贱。《诗》曰：'彼求我，若不我得。执我仇仇，亦不我力。'"	子曰："大人不亲其所贤，而信其所贱。民是以亲失，而教是以烦。《诗》云：'彼求我则，如不我得。执我仇仇，亦不我力。'……"（《礼记·缁衣》）
3. 仲尼曰："君子溺于言，小人溺于水。"	子曰："小人溺于水，君子溺于口……"（《礼记·缁衣》）②
4. 仲尼曰："去仁，恶乎成名？造次、颠沛必于此。"	子曰："富与贵是人之所欲也，不以其道得之，不处也；贫与贱是人之所恶也，不以其道得之，不去也。君子去仁，恶乎成名？君子无终食之间违仁，造次必于是，颠沛必于是。"（《论语·里仁》）
5. 仲尼曰："直哉，史鱼！邦有道，如矢；邦无道，如矢。"	子曰："直哉，史鱼！邦有道，如矢；邦无道，如矢。"（《论语·卫灵公》）
6. 仲尼曰："伊諿=，而禹謐=，③以治天下，未闻多言而仁者。"	
7. 仲尼曰："君子所慎，必在人之所不闻与人之所不见。"	是故君子戒慎乎其所不睹，恐惧乎其所不闻。（《礼记·中庸》）
8. 仲尼曰："君子之择人劳，其用之逸；小人之择人逸，其用之劳。"	孔子曰："……故佚诸取人，劳于治事；劳于取人，佚于治事。……"（《大戴礼记·子张问入官》）

---

① "今"，整理者释作"於"，有学者改释作"今"，见简帛网简帛论坛《安大简〈仲尼曰〉初读》下的跟帖，第13楼，2022年8月16日；第45楼，2022年8月23日。可从。

② 郭店简本及上博简本《缁衣》无此章。《仲尼曰》第2则与第3则的次序恰与《礼记·缁衣》中"大人不亲其所贤"章之后接"小人溺于水"章的次序相同，暗示战国时期的某个《缁衣》版本可能已经包含"小人溺于水"章。至少，"小人溺于水"章并非出自西汉时人的杜撰。

③ 整理者认为"諿="“謐="分别是"言咠"与"言丝"的合文。但此说仍有可疑之处。从下文的"多言"看，"諿=""謐="当表示少言或慎言。

9. 仲尼曰："回，汝幸，汝有过，人不隐①汝，汝能自改；赐，汝不幸，汝有过，人弗疾也。"	
10. 仲尼曰："弟子如出也，十手指汝，十目视汝，汝乌敢为不善乎？盖君子慎其独也。"	故君子必慎其独也。……曾子曰："十目所视，十手所指，其严乎？……"（《礼记·大学》）
11. 仲尼曰："仁而不惠于我，吾不隐其仁；不仁不〈而〉② 惠于我，吾不隐其不仁。"	
12. 仲尼曰："晏平仲善交哉！久狎而长敬。"	子曰："晏平仲善与人交，久而敬之。"（《论语·公冶长》）
13. 仲尼曰："古之学者自为，今之学者为人。"	子曰："古之学者为己，今之学者为人。"（《论语·宪问》）
14. 仲尼曰："古者恶盗而弗杀，今者弗恶而杀之。"	故古之于盗，恶之而不杀也。今不先其教，而一杀之。（《孔丛子·刑论》）
15. 仲尼曰："君子见善以思，见不善以戒。"	子曰："见贤思齐焉，见不贤而内自省也。"（《论语·里仁》）
16. 仲尼曰："喜怒不时，恒侮。"	
17. 仲尼曰："管仲善，善哉！老讫。"	
18. 仲尼曰："以同异难，以异易③。"	
19. 康子使人问政于仲尼。曰："丘之未闻也。"使者退。仲尼曰："视之君子，其言小人也。孰正而可使人闻？"	季康子问政于孔子。孔子对曰："政者，正也。子帅以正，孰敢不正？"（《论语·颜渊》）
20. 仲尼曰："一箪食，一勺浆，人不胜其忧，己不胜其乐，吾不如回也。"	子曰："贤哉回也！一箪食，一瓢饮，在陋巷，人不堪其忧，回也不改其乐。贤哉回也！"（《论语·雍也》） 颜子当乱世，居于陋巷，一箪食，一瓢饮，人不堪其忧，颜子不改其乐，孔子贤之。（《孟子·离娄下》）

① "隐"，简文作"堇"。关于《仲尼曰》4处"堇"的释读，学者多有异说。此从读"隐"之说，可参见陈民镇《安大简〈仲尼曰〉补说》，安徽大学汉字发展与应用研究中心网站，2022年9月5日。

② 侯乃峰先生认为"不仁"之后的"不"系"而"的误字，见氏撰《安大简（二）〈仲尼曰〉补札一则》，复旦大学出土文献与古文字研究中心网站，2022年8月20日。可从。

③ 整理者认为"易"下有重文号，单育辰先生指出所谓的重文号实际上为句读符号，见氏撰《安大简〈仲尼曰〉札记三则》，安徽大学汉字发展与应用研究中心网站，2022年8月19日。可从。

21. 仲尼曰："见善如弗及，见不善如及①。隐以避难，静居以成其志。② 伯夷、叔齐死于首阳，手足不掩，必夫人之谓乎？"	孔子曰："见善如不及，见不善如探汤。吾见其人矣，吾闻其语矣。隐居以求其志，行义以达其道。吾闻其语矣，未见其人也。齐景公有马千驷，死之日，民无德而称焉。伯夷叔齐饿于首阳之下，民到于今称之。其斯之谓与？"（《论语·季氏》） 君子祸之为患，辱之为畏，见善恐不得与焉，见不善恐其及己也，是故君子疑以终身。（《大戴礼记·曾子立事》）
22. 仲尼曰："小人乎！何以寿为？一日不能善。"	孔子曰："小人何以寿为？一日之不能善矣，久恶，恶之甚也。"（《中论·修本》）
23. 仲尼曰："颠于沟岸③，吾所不果援者，唯心弗知而色为知之者乎？"	
24. 仲尼曰："务言而惰行，虽言不听；务行〈而〉伐功，虽劳不闻。"	务言而缓行，虽辩必不听；多力而伐功，虽劳必不图。（《墨子·修身》）
25. 仲尼曰："敓不敓，恒＝侮人。"仲尼之耑訲也。仆快周恒。④	

《仲尼曰》所记孔子言论体现出如下特点：其一，与《论语》存在交集，与《论语》相近者 8 则（占 32%），其中见于《里仁》者 2 则，其他分别见于《卫灵公》《公冶长》《宪问》《颜渊》《雍

① "及"，简文写作"遻"，整理者提出读作"袭"和"及"两种说法。此暂从读"及"之说。

② 整理者释文作"仅以避难静居，以成其志"，侯乃峰等学者已指出当在"避难"之后断句，见简帛网简帛论坛《安大简〈仲尼曰〉初读》下的跟帖，第 33 楼，2022 年 8 月 21 日；第 43 楼，2022 年 8 月 22 日。可从。

③ 整理者原释作"钩产"，理解为攻城之器械和战马。单育辰、侯乃峰等学者改释，读作"沟岸"，见单育辰《安大简〈仲尼曰〉札记三则》，安徽大学汉字发展与应用研究中心网站，2022 年 8 月 19 日；侯乃峰《读安大简（二）〈仲尼曰〉札记》，复旦大学出土文献与古文字研究中心网站，2022 年 8 月 20 日。可从。

④ "耑訲"，整理者怀疑读作"论语"，另有学者提出"端语""短语"等说法。当以读作"短语"近是。"仆快周恒"，整理者引李家浩先生说，读作"朴慧周极"。正如一些学者指出的，"仆快周恒"四字与前文墨迹有别。其含义待考。

也》《季氏》，但更多的则不见于今本《论语》；其二，孔子言论的具体表述与传世文献不尽相同，① 不少较传世文献的相应记述简省；② 其三，发言主体不尽相同，《仲尼曰》中某些被视作孔子言论的内容，在传世文献中却被冠以曾子等发言主体。

关于第一点，徐在国、顾王乐两位学者根据《仲尼曰》与《论语》的交集指出，《仲尼曰》有可能是早期《论语》的一个摘抄本，《仲尼曰》源出的《论语》文本与今本《论语》有异，说明今本《论语》的篇章经后人增补删定。③ 黄德宽先生则指出，从收录条目分布和内容看，《仲尼曰》辑录的孔子言论三分之二以上不见于今本《论语》，见于《论语》的8条在文字上也有所不同，可见《仲尼曰》与今本《论语》虽有联系，但不大可能是《论语》的战国摘抄本。④ 目前尚未发现明确的先秦《论语》写本，西汉写本则主要有定州汉简、海昏侯墓汉简以及朝鲜平壤贞柏洞汉墓竹简。这三种西汉写本虽在分篇、分章及用字上有一定差异，但基本内容与今本《论语》出入不大。可见，至迟在西汉，《论语》已有相对稳定的文本。《论语》文本的稳定性，说明它在流传过程中经

---

① 《仲尼曰》中与传世文献互见的文句，除“直哉，史鱼！邦有道，如矢；邦无道，如矢”一句与《论语》所记相同，其他则均有出入。

② 如第4则，《仲尼曰》少《论语·里仁》的“富与贵是人之所欲也，不以其道得之，不处也；贫与贱是人之所恶也，不以其道得之，不去也”“君子无终食之间违仁”二句，《论语·里仁》的“造次必于是，颠沛必于是”在《仲尼曰》中作“造次、颠沛必于此”。《仲尼曰》与传世古书相比缺少某句，有可能是《仲尼曰》的摘编者有意简省，也有可能是固有的异文，如据《穀梁传》僖公二十三年范宁注引何休语，古本《论语》或本无“君子无终食之间违仁”一句。同样地，“造次、颠沛必于此”一句或是固有的异文，也可能自“造次必于是，颠沛必于是”省并而来。总的来说，《仲尼曰》的摘编者极惜笔墨，这种总体的倾向应非偶然。

③ 徐在国、顾王乐：《安徽大学藏战国竹简〈仲尼〉篇初探》，《文物》2022年第3期。

④ 黄德宽：《略说〈仲尼曰〉〈曹沫之陈〉的文献价值——在〈安徽大学藏战国竹简（二）〉发布会上的发言》，清华大学出土文献研究与保护中心网站，2022年8月20日。

过大规模增删的可能性并不大。无论是《仲尼曰》还是《孔子曰》，其内容都溢出了今本《论语》，应是与《论语》不同的孔子言论辑本。

关于第二点，徐在国、顾王乐两位学者根据《仲尼曰》与《论语》的差异指出，《论语》有的内容明显经过后人润色修饰，[①]亦即《仲尼曰》的一些表述之所以更为简省，是因为更原始的缘故。有学者提出类似的看法，认为《仲尼曰》与今本《论语》在文字上的出入，大概是由于不同的学生在记载时详略不同造成的，属于同一来源（皆源自孔子之语）的两种文本，这也可以从侧面证明，《仲尼曰》应当属于《论语》成书的前期材料。[②]《仲尼曰》与《论语》等古书的表述有出入，而往往更为简省，除了《仲尼曰》更原始、早于《论语》等古书的可能，同时也存在另一种可能，那便是《仲尼曰》是从其他古书摘录、改写而来。本文认为，后一种可能性更大。

关于第三点，徐在国、顾王乐两位学者指出《仲尼曰》中有一些最早应是孔子的言论，被误认为是他人的言论。[③]可见，当《仲尼曰》与传世文献的发言主体存在矛盾时，整理者显然倾向于《仲尼曰》的说法，认为这些言论最初源自孔子，后来才被他人所借用。然而，《仲尼曰》中所谓仲尼之语，是否果真出自孔子之口，实际上并非无可置疑。

一般认为，《论语》一书来自“弟子各有所记。夫子既卒，门人相与辑而论纂”[④]，反映了最可靠的孔子思想。除了《论语》，孔门七十子及其后学还记录了其他据称出自孔子的言论。这些孔子言

---

① 徐在国、顾王乐：《安徽大学藏战国竹简〈仲尼〉篇初探》，《文物》2022年第3期。

② 见简帛网简帛论坛《安大简〈仲尼曰〉初读》下的跟帖，第44楼，2022年8月22日。

③ 徐在国、顾王乐：《安徽大学藏战国竹简〈仲尼〉篇初探》，《文物》2022年第3期。

④ 班固：《汉书》卷三十，北京：中华书局，1962年，第1717页。

论有的可能出自后人杜撰，有的则是孔门弟子“闻诸夫子”（《论语·子张》）的转述。《仲尼曰》中所记孔子语在传世文献中却出自曾子等人之口，自然也可能是孔门弟子“闻诸夫子”的结果。但值得注意的是，有的所谓孔子言论与《论语》所见孔子思想并不相合，甚至不可能产生于孔子的时代，① 此类言论的可靠性便值得怀疑。

《仲尼曰》所记孔子言论极为简质，这便存在两种可能：其一，它更接近《论语》等古书的材料来源的原始形态，《论语》诸书应采用了类似于《仲尼曰》的材料；其二，《仲尼曰》的内容自其他文献摘抄、转录而来，同时对某些孔子言论加以简省。如果与《论语》所见孔子思想相比照，不难窥见《仲尼曰》摘编晚出儒家后学著述的蛛丝马迹。

首先是第2则。该条表述近于《礼记·缁衣》：

仲尼曰：“今人不信其所贵，而信其所贱。《诗》曰：‘彼求我，若不我得。执我仇仇，亦不我力。’”（《仲尼曰》）

子曰：“大人不亲其所贤，而信其所贱。民是以亲失，而教是以烦。《诗》云：‘彼求我则，如不我得。执我仇仇，亦不我力。’《君陈》曰：‘未见圣，若己弗克见；既见圣，亦不克由圣。’”（《礼记·缁衣》）

子曰：“大人不亲其所贤，而信其所贱。教此以失，民此以烦。《诗》云：‘彼求我则，如不我得。执我仇仇，亦不我力。’《君陈》云：‘未见圣，如其弗克见；我既见，我弗由

① 如《礼记》中《檀弓》《礼运》诸篇孔子言论的晚出性质，学者多有讨论，参见杜明德《〈礼记·檀弓〉中的孔子形象——兼论〈礼记·檀弓〉可能的成篇时代》，王志民主编：《齐鲁文化研究》第8辑，济南：泰山出版社，2009年，第122—132页；龚敏《〈礼记·礼运〉篇的作者问题》，《古籍整理研究学刊》2005年第1期，第46—50页。

圣。’”（郭店简及上博简《缁衣》，本文采用宽式释文）①

郭店简本与上博简本基本无别，唯用字有所差异。与《礼记·缁衣》相比，“教此以失，民此以烦”一句，“教”“民”的前后次序不同。总的来看，该章从战国竹书本到《礼记》本均无大的变动。《仲尼曰》与之相比，则存在较大差异。“大人”在《仲尼曰》中作“今人”，“亲其所贤”在《仲尼曰》中作“信其所贵”，《仲尼曰》无“教此以失，民此以烦”一语，且未引用《君陈》。可见，战国竹书本及《礼记》本《缁衣》的表述均较《仲尼曰》繁复，那么究竟《仲尼曰》是《缁衣》的材料来源，抑或《仲尼曰》由《缁衣》省改而来呢？

《仲尼曰》及《缁衣》所引《诗经·小雅·正月》的诗句是重要的突破口。从《论语》所记孔子言论看，孔子虽强调《诗》的作用，但在对话中直接引《诗》的场合并不多。且在《论语》中，孔子引《诗》均为直接引用，② 未称“《诗》云”“《诗》曰”或具体篇名。③ 而在孔子言论之后以“《诗》云”引入《诗》的句子作结的体例，正以《礼记》中《缁衣》《表记》《坊记》诸篇最为典型。这几篇的体例高度一致，南朝沈约认为均出自孔子之孙——子思的手笔。④《仲尼曰》第 2 则以“《诗》曰”作结，且在引文之

① 荆门市博物馆编：《郭店楚墓竹简》，北京：文物出版社，1998 年，第 130 页；马承源主编：《上海博物馆藏战国楚竹书（一）》，上海：上海古籍出版社，2001 年，第 184—186 页。

② 如《论语·八佾》记孔子语：“‘相维辟公，天子穆穆’，奚取于三家之堂？”《论语·子罕》记孔子语：“衣敝缊袍，与衣狐貉者立而不耻者，其由也与！‘不忮不求，何用不臧？’”《论语·颜渊》记孔子语：“主忠信，徙义，崇德也。爱之欲其生，恶之欲其死；既欲其生又欲其死，是惑也。‘诚不以富，亦祇以异。’”

③ 在《论语》中，子贡、曾子引《诗》曾称“《诗》云”，见于《学而》《泰伯》。在《论语》之外，则有《礼记》的《缁衣》《表记》《坊记》《檀弓》《礼运》诸篇，以及《吕氏春秋·求人》《大戴礼记·卫将军文子》《韩诗外传》《说苑·政理》等文献所见孔子以“《诗》云”或“《诗》曰”引入《诗》的记载。

④ 魏徵、令狐德棻：《隋书》卷一三，北京：中华书局，1973 年，第 288 页。

后无进一步发挥，正是《缁衣》诸篇的体例。过去王夫之、陈澧、程元敏等人均认为《缁衣》诸篇所引《诗》《书》均非孔子原语，而是孔子后学所增饰。① 虞万里先生与王夫之等人的看法有所不同，他强调如此整齐地以《诗》《书》证理，是战国中晚期才有的风气，同时也指出《缁衣》所引《诗》《书》大部分是纂辑和传授者所增饰，但不排除少量或个别为孔子本人所引。② 廖群女士的看法与此相近，她认为《缁衣》中"《诗》云"基本不是孔子原语，但不能完全否认有的可能是孔子所引，并强调引《诗》证说现象的强化始于《缁衣》。③ 虞万里先生与廖群女士的观点相对谨慎，末永高康先生则强调，《缁衣》各章语末引文为后人所加是毫无疑问的。④ 从《缁衣》全篇的体例和战国中晚期的风气看，《缁衣》中所引《诗》《书》后出的可能性无疑更大。果其如此，应是《仲尼曰》袭用了《缁衣》的语句，而非相反。若这一推断不误，那么《仲尼曰》的成篇应晚于《缁衣》。《缁衣》被不少学者视作子思的

---

① 王夫之：《礼记章句》卷三〇，《续修四库全书》第98册（经部·礼类），上海：上海古籍出版社，2002年，第467页；陈澧：《东塾读书记》卷九，《东塾读书记（外一种）》，上海：中西书局，2012年，第130页；程元敏：《〈礼记·中庸、坊记、缁衣〉非出于〈子思子〉考》，张以仁先生七秩寿庆论文集编辑委员会编：《张以仁先生七秩寿庆论文集》，台北：学生书局，1999年，第27页。

② 参见虞万里《上博馆藏楚竹书〈缁衣〉综合研究》，武汉：武汉大学出版社，2010年，第303—308页。

③ 廖群：《楚简〈缁衣〉、子思子与引〈诗〉证说》，《中国文化研究》2012年春之卷。

④［日］末永高康撰，［日］佐藤将之监译：《郭店〈缁衣〉的形式和思维中的子思思想之特质》，《科学·经济·社会》2021年第4期。

作品，子思的卒年有公元前400、[1] 前402、[2] 前406、[3] 前413、[4] 前413—前403、[5] 前412—前405年[6]诸说，假定《缁衣》在子思身后得到广泛传播，《仲尼曰》的成篇亦可得大致的时代定位。

其次是第8则。整理者称此句在传世文献中尚未找到相应的文字，[7] 实际上《大戴礼记·子张问入官》所记孔子之言与该句极为接近，类似的表述见于其他战国时代的文献。现将相关文献罗列如下：[8]

> 仲尼曰："君子之择人劳，其用之逸；小人之择人逸，其用之劳。"（《仲尼曰》）
>
> 孔子曰："……故佚诸取人，劳于治事；劳于取人，佚于治事。……"（《大戴礼记·子张问入官》）
>
> 故善为君者，劳于论人，而佚于治官。（《墨子·所染》）
>
> 论材量能，谋德而举之，上之道也。专意一心，守职而不劳，下之事也。（《管子·君臣上》）
>
> 君臣之道，臣有事而君无事也；君逸乐而臣任劳，臣尽智力，以善其事，而君无与焉，仰成而已。（《慎子》）
>
> 明主之治世也，急于求人，弗独为也……君道知人，臣术知事。（《鹖冠子·道端》）

---

① 孔德立：《〈孔丛子〉与子思生年问题》，《齐鲁学刊》2004年第2期。

② 钱穆：《先秦诸子系年》，《钱宾四先生全集（5）》，台北：联经出版事业公司，1998年，第199页。

③ 蒋伯潜：《诸子通考》，杭州：浙江古籍出版社，1985年，第285页。

④ 孙德华：《子思生卒年新考》，《长春师范学院学报》（人文社会科学版）2012年第8期。

⑤ 郭沂：《孟子车非孟子考：思孟关系考实》，《中国哲学史》2002年第3期。

⑥ 宋立林：《子思生卒及师承考述》，《人文论丛》2018年第1辑。

⑦ 安徽大学汉字发展与应用研究中心编，黄德宽、徐在国主编：《安徽大学藏战国竹简（二）》，第47页。

⑧ 已有学者做过总结，参见陈奇猷校释《吕氏春秋新校释》卷二，上海：上海古籍出版社，2002年，第109页；赵耿昊《从"劳于求人，佚于治事"看战国君道论的发展》，《新经济》2019年第5期。

故君人劳于索之，而休于使之。（《荀子·王霸》）①

桓公曰："吾闻君人者，劳于索人，佚于使人。"（《韩非子·难二》）

贤主劳于求人，而佚于治事。（《吕氏春秋·士节》）

此类表述除了见于《大戴礼记·子张问入官》这样的儒家著作，亦见于《墨子》这样的墨家著作，更多的则见于《管子》《慎子》《鹖冠子》《吕氏春秋》《荀子》《韩非子》这样与黄老学说或稷下之学关系密切的著作，应是战国时代的普遍流行的观念。尽管《论语》中有"无为而治者，其舜也与？夫何为哉？恭己正南面而已矣"（《卫灵公》）之说，但并未涉及"劳""逸"对立的观念。在君臣关系上，孔子强调的是"君使臣以礼，臣事君以忠"（《论语·八佾》）。"劳于求人，佚于治事"的观念，是战国时代官僚体制建立、君臣分职理论完善之后的产物。② 尤其在黄老文献中，君逸臣劳的观念体现得尤为明显。③ 值得注意的是，《大戴礼记·子张问入官》中长篇大论的孔子语，已有学者指出不可能出自孔子之口，而是形成于战国中期或者之后，并可能受到《缁衣》的影响。④ 此外，该篇虽被视作儒家文献，但文中的"察一"一词显然是有黄老色彩的，⑤ "故古者冕而前旒，所以蔽明也；统絖塞耳，

---

① 《荀子·君道》有类似的表述："故君人者，劳于索之，而休于使之。"

② 赵耿昊：《从"劳于求人，佚于治事"看战国君道论的发展》，《新经济》2019年第5期。

③ 陈鼓应：《管子四篇诠释：稷下道家代表作解析》，北京：商务印书馆，2006年，第4页。

④ 甘良勇：《〈大戴礼记〉研究》，浙江大学博士学位论文，2012年，第127—129页。也有学者相信《子张问入官》是春秋晚期孔子言论的实录，见朱赞赞《〈大戴礼记〉所见"孔子遗说"研究》，曲阜师范大学博士学位论文，2015年，第76—81页。

⑤ 参见王中江《〈凡物流形〉的"贵君"、"贵心"和"贵一"》，《清华大学学报》（哲学社会科学版）2010年第1期；丁四新《"察一"（"察道"）的工夫与功用——论楚竹书〈凡物流形〉第二部分文本的哲学思想》，《武汉大学学报》（人文科学版）2013年第1期。

所以弇聪也”等语所反映的观念也近于黄老之学，因此《大戴礼记·子张问入官》可能吸收了黄老思想的一些因素。① 《仲尼曰》或借鉴了类似于《大戴礼记·子张问入官》的文献，蕴含着黄老特色的君逸臣劳观念。黄老之学兴起于战国中期，② 具体而言是齐威王（前356—前320年在位）兴办稷下学宫的时期。准此，《仲尼曰》的成篇应不早于齐威王时期。

再看第23则。该则谓若有人在水渎之岸跌倒，如若自己不出手救援，那么便是“唯心弗知而色为知之”，其言下之意是心为主导，如若心能感知到这一切，势必不会坐视不理。《论语》中“心”字共出现6次，都是一般心理活动意义上的用法，尚无心性论意义上的含义。③ 正如有学者指出的，“在孔子的阶段，人格的问题虽已觉醒，但身心关系却尚未成为重要的哲学问题。所以孔子不仅少谈‘心’，更没有触及‘身’与‘心’的关联”。④ 《仲尼曰》此则将“心”与“色”对举，凸显“心”对道德及行为的控制，已有一定的心性论意义，当晚于孔子的时代。且“心”“色”对举见于儒家后学著述，如《礼记·礼运》“美恶皆在其心，不见其色也”、《礼记·祭义》“结诸心，形诸色”，说明该则可能反映了儒家后学的观念。《孟子·尽心上》云：“君子所性，仁义礼智根于心；其生色也，睟然见于面，盎于背，施于四体，四体不言而喻。”谓仁义礼智的德性根植于心，又反映于“色”，可与《仲尼

① 孔门后学的一些著述，不无其他学派的痕迹。如《大戴礼记·曾子天圆》融入了阴阳学说，参见陈荣捷《初期儒家》，《“中央研究院”历史语言研究所集刊》第47本第4分，1976年。有学者认为上博简《民之父母》融入道家学说，参见［日］西山尚志《上博楚简〈民之父母〉的儒道融合》，《汉籍与汉学》2019年第1期。另有学者指出《礼记·檀弓》有道家、法家的痕迹，《礼记·礼运》融入道家与阴阳学说，见前揭杜明德、龚敏之文。

② 陈丽桂：《黄老思想要论》，《文史哲》2016年第6期。

③ 杨少涵：《论孔子的“心学”》，《江淮论坛》2010年第4期。

④ 杨儒宾：《儒家身体观》，台北：“中央研究院”中国文哲研究所筹备处，1996年，第45页。

曰》相参看。

从以上三则看，《仲尼曰》应掺入了一些战国时代儒家后学的言论，所谓“仲尼曰”不必完全视作孔子语，也未必反映春秋时代的儒家观念。

值得注意的是，《仲尼曰》第1则在《大戴礼记·曾子疾病》中被视作曾子之言，第10则在《礼记·大学》中亦被视作曾子之言，第7则见于《礼记·中庸》，《中庸》通常被视作子思的作品。[①] 这些言论可能本出自孔子，后被儒家后学进一步发挥，也有可能只是儒家后学的言论，被冠以孔子的名号。事实上，战国秦汉时期依托孔子的文献大量存在。《仲尼曰》第7、10则均围绕“慎独”展开，过去通常认为“慎独”观念源自子思，因此这两句是否果真出自孔子之口也值得怀疑。

可见，《仲尼曰》应是一种借鉴了其他儒家典籍的孔子言论摘编。《仲尼曰》所借鉴的材料，当包括据称出自子思的《缁衣》，也可能包括同样据称出自子思的《中庸》，以及据称出自曾子或子思的《大学》；[②] 鉴于《论语》在安大简的时代当已编纂成书，[③]《仲尼曰》与《论语》体例相近，部分内容相关，《论语》很可能也是《仲尼曰》的重要资料来源；此外，《仲尼曰》的摘编者还参考了其他战国时代流传的孔子言论，《仲尼曰》之所以与《论语》《缁衣》《中庸》《大学》存在交集，未必是因为摘编者直接阅读了这些文献，也有可能是摘编者参考了当时收录同类语录的其他文献。战国时代的孔子言论通过不同的文献流传，并不断经过后人增

---

① 魏徵、令狐德棻：《隋书》卷一三，第288页。

② 郭沂：《子思书再探讨——兼论〈大学〉作于子思》，《中国哲学史》2003年第4期。

③ 因据称子思所作的《坊记》出现《论语》的书名，故学者多认为《论语》在子思生前业已成书。参见杨朝明《新出竹书与〈论语〉成书问题再认识》，《中国哲学史》2003年第3期；俞志慧《君子儒与诗教：先秦儒家文学思想考论》，北京：生活·读书·新知三联书店，2005年，第266—267页。

饰与改编。上博简中有十余篇孔子语录，① 或与《论语》《礼记》诸书存在交集，或是前所未知的佚篇，此类在楚地流传的孔子语录应该也是《仲尼曰》摘编者的借鉴对象。

二、《仲尼曰》的摘编取向

《仲尼曰》中有两个重要的现象，可说明《仲尼曰》的摘编取向：

其一为主题的相对集中。《仲尼曰》25 则看似内容驳杂，但仍有一定的主题偏好。《仲尼曰》中摘编者相对偏重且较为重要的主题有：(1)“言”与“行”，见于第 1、3、6、19、24 则，共 5 则，占《仲尼曰》全部内容的 20%；(2)“善”与“不善”，见于第 10、15、17、21、22 则，共 5 则，占《仲尼曰》全部内容的 20%；(3)“慎独”，见于第 7、10 则。② 前两个主题虽同样见于《论语》，但在《仲尼曰》中所占比例显然高于《论语》的相类论述，“慎独”的主题则不见于《论语》。而《论语》中最重要的两个关键词——“仁”和“礼”，前者在《仲尼曰》中仅出现在三句之中（第 4、6、11 则），后者则未见。可见，《仲尼曰》有自身的主题选择，其侧重点与《论语》并不相同。

其二为有意追求内容的前后对比与齐整的句式。《仲尼曰》所摘编的句子，往往蕴含前后对比的意味，如“华繁而实厚，天；言多而行不足，人”“君子溺于言，小人溺于水”“邦有道，如矢；邦无道，如矢”“君子之择人劳，其用之逸；小人之择人逸，其用之劳”“回，汝幸，汝有过，人不隐汝，汝能自改；赐，汝不幸，汝有过，人弗疾也”“仁而不惠于我，吾不隐其仁；不仁不〈而〉惠于我，吾不隐其不仁”“古之学者自为，今之学者为人”“古者恶盗而弗杀，今者弗恶而杀之”“务言而惰行，虽言不听；务行而伐功，虽劳不闻”“君子见善以思，见不善以戒”“见善如弗及，

① ［美］顾史考：《上博竹书孔子语录文献研究》，上海：中西书局，2021 年。

② 安大简未刊布的文献中，另有一种文献亦提及“慎独”，见黄德宽《安徽大学藏战国竹简概述》，《文物》2017 年第 9 期。

见不善如及”“以同异难，以异易”，等等，此类有前后对比、反差意味的句子，占《仲尼曰》全部内容的一半以上。对比的关系，涉及“君子”与“小人”的对比、① “古”与“今”的对比、②“善”与“不善”的对比、“仁”与“不仁”的对比③等。《仲尼曰》的摘编者似乎偏好句式齐整的语句，有的句子已然是严格意义上的对偶。

既然《仲尼曰》当自《论语》《缁衣》等早期儒家经典摘编而来，那么它与传世文献的差异便值得注意。《仲尼曰》较为简省，并不能说明《论语》诸书在此基础上加以润色修饰。更大的可能是，摘编者在摘录早期儒家经典的过程中，根据自己的偏好，如有意追求内容的前后对比与齐整的句式，对文本进行了改编。

如第 2 则。《礼记 · 缁衣》的“大人不亲其所贤，而信其所贱”在《仲尼曰》中作“今人不信其所贵，而信其所贱”，《缁衣》的“亲”与“信”（郭店简、上博简《缁衣》同），在《仲尼曰》中均作“信”。“贵”“贱”相对，谓语统一为“信”，当是刻意改编的结果。“大人”在《仲尼曰》中作“今人”，当与《仲尼曰》偏好“古”“今”对比有关。④《仲尼曰》无《缁衣》的“民是以亲失，而教是以烦”一句，抑或是摘编者更注重“今人不信其所贵，而信其所贱”这样前后对比、句式齐整的文句，从而将其他内容省略。

---

① 如“君子溺于言，小人溺于水”“君子之择人劳，其用之逸；小人之择人逸，其用之劳”“视之君子，其言小人也”等句。据《安徽大学藏战国竹简概述》介绍，安大简未刊布的文献中，有一种以君子与小人比较，论君子之行为规范，指出“君子日自新，而小人日自厌”等，亦可参看。

② 如“古之学者自为，今之学者为人”“古者恶盗而弗杀，今者弗恶而杀之”等句。《安徽大学藏战国竹简概述》披露另一种未刊文献，提及“古富今贫”“古治今乱”等。

③ 如“仁而不惠于我，吾不隐其仁；不仁不〈而〉惠于我，吾不隐其不仁”。

④ 另有学者指出，“今人”是更原始的表述，《缁衣》的“大人”则是改动的结果，见简帛网简帛论坛《安大简〈仲尼曰〉初读》下的跟帖，第 45 楼，2022 年 8 月 23 日。

再如第 12 则。今本《论语》的“晏平仲善与人交，久而敬之”，在《仲尼曰》中作“晏平仲善交哉！久狎而长敬”，“久狎”与“长敬”并举，对仗谨严，或出自摘编者的改编。

再如第 20 则。今本《论语》多出前后两句“贤哉回也”，“回也不改其乐”一句亦多出语气词“也”，较《仲尼曰》的表述更显口语化，而更接近真正的“语录”。《论语》的“人不堪其忧，回也不改其乐”、《孟子》的“人不堪其忧，颜子不改其乐”，在《仲尼曰》中作“人不胜其忧，己不胜其乐”。《论语》《孟子》的“不堪”“不改”，在《仲尼曰》中均作“不胜”，然“己不胜其乐”难以理解。徐在国、顾王乐两位学者指出，今本“回也不改其乐”之“乐”，应为颜回之所乐，而简本“己不胜其乐”是针对上文“人不胜其忧”而言的，意谓自己不能承受其“乐”，此“乐”应是指人之“乐”；《仲尼曰》的表述更为原始，《论语》的表述是经过润色的结果。[①] 笔者则倾向于认为，今本《论语》的表达更为顺畅，“己不胜其乐”则不辞。“己不胜其乐”的“己”明显与“人”相对，很难将“己”等同于“人”。整理报告便将“己”理解为颜回，[②] 但未作进一步解释。“不胜”即“不堪”，意为不能承受。“己不胜其乐”的字面意思指颜回自己不能承受快乐，但这在全句中难以说通。《仲尼曰》的摘编者可能为了句式、用词的齐整，将“不堪”“不改”一概统一为“不胜”（正如第 2 则将“不亲”统一为“不信”），从而导致了文义的混乱。这也是《仲尼曰》改编自其他古书的重要证明。

再如第 21 条，今本《论语》多出“吾见其人矣，吾闻其语矣”“吾闻其语矣，未见其人也。齐景公有马千驷，死之日，民无德而称焉”诸语，《仲尼曰》的其他表述亦较今本《论语》简省。在今本《论语》中，所举齐景公与伯夷、叔齐的例子与前文皆有呼

---

① 徐在国、顾王乐：《安徽大学藏战国竹简〈仲尼〉篇初探》，《文物》2022 年第 3 期。

② 安徽大学汉字发展与应用研究中心编，黄德宽、徐在国主编：《安徽大学藏战国竹简（二）》，第 50 页。

应，在行文逻辑上较《仲尼曰》更为严密。《论语》的“见善如不及，见不善如探汤”，在《仲尼曰》中“见善如弗及，见不善如遝”，二句均为五字句，“及”“遝（及/袭）”均为缉部字，句式齐整，韵律和谐。有学者指出简文用韵，因而更有可能当是这句话的原貌，① 但用韵也有可能是整齐化后的结果。关于“遝”，整理者提出两种意见，一是读作“袭”，二是读作“及”，并引《大戴礼记·曾子立事》的“见善恐不得与焉，见不善恐其及己也”为证。② 无论是读作“袭”还是读作“及”，③ 其宾语都应该是“己”，而《仲尼曰》此句缺乏宾语，文义不如《论语》及《曾子立事》的相应文句顺畅。

文句的整齐化，在《缁衣》等儒家后学著述中已有体现。如《论语·为政》的“道之以政，齐之以刑，民免而无耻。道之以德，齐之以礼，有耻且格”在《缁衣》中作“教之以德，齐之以礼，则民有格心；教之以政，齐之以刑，则民有遁心”，《缁衣》的句式更为整齐，有对偶的意味。已有学者指出，《缁衣》中的孔子之言，许多是“上位者应该保持的状态”以及“下位者应该保持的状态”并举的定型化句式。④ 因此，《仲尼曰》中的一些前后对比、句式齐整的内容，有的并不能肯定出自摘编者的改编，而可能是所摘编对象的固有表述。如“邦有道，如矢；邦无道，如矢”与《论语》相同，“君子溺于言，小人溺于水”的对偶关系也与《缁衣》相同。摘编者有意选择甚至有意改编此类语句，则可能受到《缁衣》等儒家后学著述文风的影响。

---

① 见简帛网简帛论坛《安大简〈仲尼曰〉初读》下的跟帖，第 26 楼，2022 年 8 月 21 日。

② 安徽大学汉字发展与应用研究中心编，黄德宽、徐在国主编：《安徽大学藏战国竹简（二）》，第 50 页。

③ “袭”亦可训为“及”，《广雅·释诂一》：“袭，及也。”《楚辞·九歌·少司命》“芳菲菲兮袭予”，李善注：“袭，及也。”

④ ［日］伊東倫厚：《「礼記」坊記·表記·緇衣篇について--いわゆる「子思子」残篇の再検討》，《東京支那学報》第 15 号，1969 年 6 月。

《仲尼曰》的材料来源虽然多元，却体现出追求文辞简省、用词一致、句式齐整以及前后对比的总体倾向，甚至因此出现文义不足的情况，恐怕并非偶然。《仲尼曰》虽是战国时代的写本，但该篇所记录的孔子言论，未必能反映更原始的面貌。与《仲尼曰》同出的《诗经·国风》，与今本《毛诗》相比，也表现出人为整齐、改编的迹象。[①]《仲尼曰》的摘编者主观改编的证据，还体现在第16则“喜怒不时，恒侮”与第25则“敓不敓，恒=侮人”的联系上。第25则的“敓”，整理者读作“夺”，训强取、夺取，[②]然文义难通。战国竹书中的“敓”多读作“说（悦）”，简文的“敓不敓”或可读作“悦，不悦”，“悦”与“不悦”很可能是分别对“喜”与“怒”的解释。[③]下半句的“恒侮”和“恒=侮人”又有对应关系。故第25则有可能是对第16则的解释或改编，这也是“敓不敓，恒=侮人”一句文义难通的原因。因此，《仲尼曰》所见“异文”，有的可能是摘编者诠释行为的产物。

文本在流传的过程中经传授者或抄写者主观改编的现象，并不罕见。如通过竹书本《缁衣》与传世本《缁衣》的比对，可知

---

① 李林芳：《〈毛诗〉较安大简〈诗经〉文本的存古之处——句式整齐性的视角》，《文史》2021年第1期。

② 安徽大学汉字发展与应用研究中心编，黄德宽、徐在国主编：《安徽大学藏战国竹简（二）》，第51页。

③ 王宁先生便将“敓”读作“说（悦）”，但他认为“悦不悦”指该高兴的不高兴，是侮辱人的表现，与本文的理解有所不同。王氏还指出，第16则的“柔（侮）”字下应该是脱漏了重文符号=，读为“侮人”；第25则“亘（恒）”下的重文符号本来应该点在“柔（侮）”下的，“柔（侮）=”也应该读为“侮人”，抄手发现写错了，所以又在下面补写了个“人”。此说颇有道理。见简帛网简帛论坛《安大简〈仲尼曰〉初读》下的跟帖，第50楼，2022年8月28日。

《缁衣》中一些语句因不同的语法理解而发生改易。①《周易》《尚书》等经典在抄写的过程中，也会经历再诠释所带来的改动。② 儒家后学在传述孔子言论时，本就存在改易措辞并加以发挥的倾向。③《仲尼曰》具有摘编性质，摘编者完全可能在摘编的过程中融入自身的主观因素。

《仲尼曰》作为一个摘编本，反映了摘编者在内容、形式等方面的偏好。基于此，目前有关《仲尼曰》释文的一些争议也可以得到更为合理的解释。如《仲尼曰》"己不胜其乐"等句的解释，如果承认《仲尼曰》存在改编的现象，可为理解文义的内在矛盾或缺漏提供新的视角。再如有学者对《仲尼曰》"华繁而实厚"中"厚"字的释读持怀疑态度，试图向传世文献靠拢而改读为"省"。④ 结合清华简《厚父》等文献所见字形，该字释作"厚"自然更优。如若明乎《仲尼曰》摘编者注重前后对比的旨趣（《仲尼曰》中只存在对比，不见明确的类比），那么"华繁而实厚"的天与"言多而行不足"的人形成对比无疑更符合《仲尼曰》摘编者的偏好。⑤ 再如"仁而不惠于我，吾不隐其仁；不仁不〈而〉惠

① 沈培：《从语法角度看〈缁衣〉在流传过程中的改动》，《古文字研究》第28辑，北京：中华书局，2010年，第409—418页；《再从语法角度看〈缁衣〉在流传过程中的改动》，《简帛》第7辑，上海：上海古籍出版社，2012年，第107—121页。

② [美]夏含夷：《重写儒家经典：谈谈在中国古代写本文化中抄写的诠释作用》，简帛网，2010年7月16日；《简论"阅读习惯"：以上博〈周易·莱卦〉为例》，《简帛》第4辑，上海：上海古籍出版社，2009年，第385—394页。

③ 李卓泓、陈剑：《〈礼运〉成篇时代刍议——兼说七十子及其后学著述风气》，《古籍整理研究学刊》2017年第2期。

④ 见简帛网简帛论坛《安大简〈仲尼曰〉初读》下的跟帖，第11楼，2022年5月2日。

⑤ 这里存在两种可能：其一，《仲尼曰》的"华繁而实厚"是更原始的说法，《大戴礼记·曾子疾病》中的"华繁而实寡"系曾子所改；其二，孔子所言也是"华繁而实寡"，但《仲尼曰》的摘编者为了追求"华繁而实厚"与"言多而行不足"的对比的关系而将"寡"改作"厚"。

于我，吾不隐其不仁”一句，学者的释读尚有分歧，如果了解《仲尼曰》摘编者对前后对比内容的偏好，该句的内在逻辑也可以得到更好的理解。

三、余论

通过以上讨论，可知安大简《仲尼曰》应是一种儒家典籍（如《缁衣》）的摘编本，并经过了摘编者的改编。摘编者可能借鉴了《论语》的内容，没有证据表明《仲尼曰》是《论语》的早期版本或《论语》的材料来源。由于《仲尼曰》出现了一些儒家后学的思想观念，表明《仲尼曰》文本的形成相对较迟，且一些语句并非真正意义上的孔子之言。同时，《仲尼曰》的摘编者在内容和形式上有自身的偏好，如侧重“言”与“行”、“善”与“不善”、“慎独”等主题，并有意追求内容的前后对比与齐整的句式。《仲尼曰》与传世文献之间的出入，亦当结合摘编者的摘编取向加以理解。

关于安大简的时代，整理者公布过“距今（1950 年）约 2280 年”① 和“公元前 400 至前 350 年之间”② 两种说法。根据完整的碳十四测年报告，③ “距今（1950 年）约 2280 年”只是碳十四年代，未经树轮校正，并非真正意义上的距 1950 年约 2280 年；公元前 400 至前 350 年之间则是经过树轮校正的、属于 68. 2% 置信度的其中一组数据。碳十四测年数据一般要采信 95. 4% 置信度的数据，并且要兼取多组 95. 4% 置信度数据的最大值与最小值。根据竹简的 95. 4% 置信度数据，其年代从战国早期、中期到晚期皆有可能。而根据竹筒所附漆皮的 95. 4% 置信度数据，安大简的埋藏不早于公元前 360 年。安大简各篇的抄写年代自然可能存在差异，但结合战国

---

① 黄德宽：《安徽大学藏战国竹简概述》，《文物》2017 年第 9 期。

② 《安徽大学所藏战国竹简专家鉴定与座谈会纪要》，《汉语言文字研究》第 2 辑，上海：上海古籍出版社，2018 年，第 1 页。

③ 该报告承徐在国先生惠示，谨致谢忱。对照之下，可知《安徽大学藏战国竹简概述》所附“加速器质谱（AMS）14C 测试年代表”的数据并不全。

中晚期的书籍随葬现象以及各批战国竹书的互见情况，安大简各篇的抄写年代早到战国早期的可能性不大，而更有可能是战国中期后段至战国晚期前段之间（大致在公元前340—前278年）的产物。前文对《仲尼曰》文本的分析可与此相验证——《仲尼曰》的成篇应不早于子思和齐威王，即在公元前356年齐威王在位之后。

无独有偶，2021年6月，湖北荆州王家咀M798楚墓出土了一批竹简，涉及《诗经·国风》《孔子曰》以及疑似乐谱这三种文献，其中前两种与安大简所见文献存在交集。王家咀楚简的材料尚未完全公布，目前仅有零星材料披露。① 从初步披露的内容看，《孔子曰》与《仲尼曰》在体例、内容及用字习惯上都极为相近。② 简文的部分章节见于今本《论语》，但内容不尽相同，发掘者认为不宜将《孔子曰》与《论语》视作同一书。少量章节不见于今本《论语》，而见于《礼记》《孟子》等其他典籍，此外也有未见于传世古书的内容。王家咀M798楚墓的时代属战国晚期前段。具体而言，由于荆州为楚王都之地，于楚顷襄王二十一年（前278）被秦

① 2022年5月10日，“江汉考古”微信公众号发布《湖北“六大”终评项目——荆州王家咀798号战国楚墓》一文，初步介绍了相关内容。2022年5月11日的2021年度“湖北六大考古新发现”终评会上，来自荆州博物馆的赵晓斌先生曾做题为“和而不同——湖北荆州王家咀798号战国楚墓”的汇报。2022年6月11日，“荆州博物馆”微信公众号发表《荆州王家咀楚墓出土竹简——孔子“吐槽”》一文，对《孔子曰》的内容有进一步介绍。

② 《仲尼曰》第20则“一箪食，一勺浆，人不胜其忧，己不胜其乐，吾不如回也”与《孔子曰》的表述如出一辙，王家咀楚简《国风·周南·汉广》的用字与今本《毛诗》不尽相同，但与安大简《汉广》相一致。安大简入藏于2015年，王家咀楚墓发掘于2021年。正如清华简《越公其事》可以得到后来发掘出土的枣纸简的验证，《仲尼曰》“一箪食，一勺浆，人不胜其忧，己不胜其乐，吾不如回也”与《论语》“一箪食，一瓢饮，在陋巷，人不堪其忧，回也不改其乐”的表述不同，却可得后出王家咀楚简的验证，安大简的可靠性自然可得进一步证明。

将白起攻陷，王家咀楚简的时代自然在此之前；[①] 而据发掘者判断，该楚墓已进入战国晚期，[②] 故大致在公元前 300 至前 278 年之间。

值得注意的是，安大简有《国风》，有《仲尼曰》，王家咀楚简同样有《国风》，有《孔子曰》，可见这是战国时代楚地儒家经典的一种组合形式。这种组合形式共见于两批竹简，暗示安大简的埋藏年代应与王家咀楚简相去不远。由于王家咀楚简有较明确的考古学年代，其内容又与安大简存在交集，安大简的时代有望随着王家咀楚简的公布而进一步明晰。《仲尼曰》的部分内容共见于王家咀楚简，则这些孔子言论的定型当不晚于战国晚期前段。至于《仲尼曰》与《孔子曰》的关系，有待进一步研究。

《仲尼曰》与《孔子曰》的发现表明，在战国时代，孔子言论的流传之多、之广都超出过去的认识。这两种文献皆书于楚简，它们是儒学在楚地流播的重要物证。它们保存了不少不见于传世文献的孔子言论，反映了战国时人对孔子的推崇，同时也说明当时流行的孔子言论极为丰富。楚地的知识分子在研习儒家典籍的过程中，对孔子言论加以摘录和整理，同时也可能注入自己的理解。郭店简除了出有《五行》《缁衣》《鲁穆公问子思》《忠信之道》等儒家典籍，还出有摘录前贤格言的《语丛》，其中便有与《论语·述而》"志于道，据于德，依于仁，游于艺"、《论语·子罕》"毋意、毋必、毋固、毋我"等语相近的句子，[③] 当自《论语》或其他儒家典籍摘录而来。这也可以侧面验证当时楚地知识分子研习、摘录儒

① 在公元前 278 年秦将白起拔郢，楚都东迁之后的战国晚期晚段，楚都纪南城附近地区虽然仍有少量承袭楚文化特色的楚遗民墓葬，但基本不再见有中等及以上级别的楚国贵族墓葬。参见徐少华《郭店一号楚墓年代析论》，《江汉考古》2005 年第 1 期。

② 楚墓的战国中、晚期分界大致在公元前 300 年，参见刘彬徽《楚系青铜器研究》，武汉：湖北教育出版社，1995 年，第 51 页。

③ 荆门市博物馆编：《郭店楚墓竹简》，第 211—212 页。

家典籍的风气。屈原赋以及上博简楚辞类文献皆可见儒学影响的痕迹，[①] 可反映战国中晚期楚地知识分子受儒家熏陶之深。白起拔郢之前的二三十年间，楚文化的核心区文风鼎盛，郭店简、王家咀楚简等皆为明证，可惜随着秦军兵戈东指，江汉平原不复昔日楚韵风流。

附记：

本文初稿曾提交2022年8月19日由北京师范大学文学院主办的“儒家语录类文献整理与研究”工作坊，得到与会学者的批评指正，谨致谢忱。

代生先生的未刊稿《安大简〈仲尼曰〉文本、主题与性质初探》指出《仲尼曰》的内容来自对其他文献的摘录，并存在君子与小人、善与不善、仁与不仁、言与行、古与今等主题，观点多与本文不谋而合。

贾连翔先生《明体与释读：安大简〈仲尼曰〉附记类文字综论》（提交“战国文字研究青年学者论坛”，2022年11月19—20日）一文指出，《仲尼曰》在抄写过程中进行了两次用简的增补，它极可能是本篇书手（亦即摘编者）所作的一个具有“原创性”的摘抄本，现存25条语录或有不同的抄录来源，在摘编的过程不断累增而成。该文的观点可与本文相参看。

另“子居”在《安大简二〈仲尼曰〉解析（上）》（中国先秦史网站，2022年9月7日）中指出《仲尼曰》是战国后期、末期儒家或倾向于儒家的人从各处抄录来的片言只语，多数非孔子之言。该文与本文观点有相近之处，但具体认识以及对《仲尼曰》成篇时代的判断与本文有所不同。该文指出《仲尼曰》涉及同异之辨，是《仲尼曰》晚出的一个证据，可以参看。

---

① 陈民镇等：《上博简楚辞类文献研究（上）》，新北：花木兰文化出版社，2014年，第11页。

从单疏残抄本看《礼记正义》的演变

郜同麟①

摘　要：将日本东洋文库藏《礼记正义》卷五残抄本与八行本、十行本《礼记正义》对比，可以总结出《礼记正义》演变的一些特征和规律。单疏本的分节与八行本一致，与十行本也有一定的相似性。十行本的分节是对单疏本分节的细化，与余仁仲本等经注本分节关系不大。单疏抄本将所释经注均以出文的形式引录出来，自单疏刻本起，各本均对出文做了大幅删减，这一方面使部分疏文文义不全，另一方面也使读者在阅读时不得不取经注本相对照。这可能正是经疏合刊本出现的原因之一。单疏抄本于每节疏的出文之后、节中小段出文之后、释注之疏的出文之后多加"正义曰"，八行本、十行本则多予删除，这对后世阅读经疏造成了一些困扰。单疏抄本在引录经文后往往重揭经字作释，后世版本多将这类重揭之字删除。单疏抄本在串讲经、注时，多用训诂字代经字，或用训诂字与经字合成双音词，八行本、十行本或对这部分内容做了删改。

关键词：《礼记正义》；单疏本；八行本；十行本；经疏合刊

日本东洋文库藏有一轴《礼记正义》残抄本，内容为《礼记正义》卷五，即《曲礼上》末尾和《曲礼下》开头的部分。该卷

① 作者简介：郜同麟，中国社会科学院文学研究所副研究员（北京 102488）。

很早就引起了学者的注意，杨守敬曾影抄该卷①，《嘉业堂丛书》据之刻印，《四部丛刊》三编曾影印该卷，不少学者曾写过“题跋”“解题”一类的文章②，此外，缪荃孙、吉川幸次郎、阮廷焯都曾做过详细校勘③，吉川幸次郎、华喆还曾就此卷所反映出的《礼记正义》演变问题做了探讨④。前贤时彦虽然已经做了很多工作，但该卷的学术价值似乎还未被完全揭橥出来。将该卷单疏残抄本与八行本、十行本《礼记正义》对勘，可以看出《礼记正义》在抄刻过程中发展演变的一些规律，下文即从分节、出文、“正义曰”和释义体例四个方面分别论述。

---

① 关于杨守敬影抄该卷的情况，可参韩悦《杨守敬题跋本诸经单疏四种的特殊价值》，《图书馆杂志》2019 年第 5 期，第 88—95 页。

② 如《嘉业堂丛书》本《礼记正义》卷末附有杨守敬跋语，《四部丛刊》三编本书末附有张元济跋语，《东洋文库善本丛书》收录《礼记正义》的这一册中附有石塚晴通、小助川贞次和会谷佳光等学者所做的解题，著录或提到该卷的论著还有很多，本文不再一一列举。下文所引单疏抄本《礼记正义》均引自《国宝毛诗　重要文化财礼记正义卷第五残卷》，《东洋文库善本丛书》第 5 册，东京：勉诚出版社，2015 年；所引单疏刻本均引自《礼记正义》，《四部丛刊》三编影印身延山久远寺旧藏本，商务印书馆，1935 年；所引八行本《礼记正义》均引自《影印南宋越刊八行本礼记正义》，北京：北京大学出版社，2014 年；所引十行本《礼记正义》均引自《十三经注疏》，《中华再造善本丛书》影印元刊明修本，北京：国家图书馆出版社，2006 年。因引用较多，文中不再一一标注页码。本文所引《礼记正义》，无特别说明的，一般引自八行本。

③ 缪荃孙《礼记正义校勘记》，载《嘉业堂丛书》本《礼记正义》卷末（该文末有刘承幹识语，但其实为缪荃孙所校，详参前引韩悦文）；［日］吉川幸次郎《礼记注疏曲礼篇校记》，《吉川幸次郎全集》第 21 卷，东京：筑摩书房昭和四十三年（1968），第 598—667 页；阮廷焯《古钞本礼记正义残卷校记》，《孔孟学报》第 17 期，1969 年 4 月，第 101—147 页。

④ ［日］吉川幸次郎：《舊鈔本〈禮記正义〉を校勘して——東方文化研究所第九回開所記念日講演》，《吉川幸次郎全集》第 10 卷，东京：筑摩书房昭和四十五年（1970），第 425—445 页；华喆：《北宋经疏校勘管窥——以旧钞本〈礼记疏〉和八行本〈礼记正义〉的比较为中心》，《文史》2013 年第 3 辑，第 85—99 页。

一、分节

（一）十行本的分节是对单疏本分节的细化

关于八行本与十行本《礼记正义》经疏合刊的过程，已有不少学者从版本对勘、卷次分合等角度做了论述。① 从单疏本、八行本、十行本及经注本的分节对照也能对这一问题提出新的看法。

现存单疏写本共保留八节疏文，首节开头残损，无法得知对应的经注起讫，其余七节八行本均与单疏本分节完全相同，只是将每节疏文开头标识经文起讫的出文删掉。此外，将南宋单疏刻本的分节与八行本对照，两者也大致相近。因此，基本可以将八行本的分节视为单疏本原有的分节。由此也可以看出八行本应即由单疏本插入经注做成。

十行本经注间有“○”形分隔标志，现在看到的宋代经注本，婺州本、抚州本无此分节标志，余仁仲本和纂图本的多数卷内有此标识。十行本的经注分节与余仁仲本、纂图本大致相同。另外，《丧大记》之后的篇目，余仁仲本和纂图本均无分节标志，十行本亦同。虽然十行本的经注未必来自余仁仲本和纂图本，但与此二本应有一定关系②。

但十行本疏文的分段并非完全按照经注分节，其疏文分节要细碎得多，如单疏本“‘外事以刚日’至‘践之’”一节，余仁仲本、纂图本分节均同，十行本分为“‘外事’至‘相袭’”“‘龟为’至‘践之’”两节；单疏本“‘君车将驾’终于篇末”一节，余仁仲本、纂图本分节同，十行本分为“‘君车’至‘于堂’”“‘故君’至‘有诛’”两节。十行本这样分的原因，乔秀岩认为是为了“经

---

① 可参乔秀岩：《〈礼记〉版本杂识》，《北京大学学报》（哲学社会科学版）2006 年第 5 期，第 107 页；李霖：《宋本群经义疏的编校与刊印》，北京：中华书局，2019 年，第 321—324 页；顾永新《正经注疏合刻早期进程蠡测——以题名更易和内容构成为中心》，《文史》2020 年第 2 辑，第 85—88 页。

② 参乔秀岩：《〈礼记〉版本杂识》，《北京大学学报》（哲学社会科学版）2006 年第 5 期，第 106 页。

注与义疏互见”[1]，或是。但值得注意的是，有些经注分节本来很短，但十行本会再做拆分。如余仁仲本、纂图本《曲礼下》中“君使士射”至“非礼也”为一节，单疏写本、八行本则分为“‘君使士射’至‘之忧’”“侍于君子，不顾望而对，非礼也”两节，十行本与之同。这两节经文均仅一句，不存在不易对照的问题，因此只可能是十行本在分节分段时更多地参考了单疏本的分节情况。此类之例并不鲜见，余仁仲本、纂图本《曲礼上》“道德仁义”至“则志不慑”为一大节，八行本则“大上贵德”以下另分一节，十行本与之同，且前有“○”。余仁仲本、纂图本《曲礼上》“为人子者，父母存”至“冠衣不纯采”为一大节，八行本则“孤子当室，冠衣不纯采”单独为一节，十行本与之同。此类之例至多，无须再举。

经注本分节还有小于单疏本的情况，余仁仲本、纂图本《曲礼上》“侍坐于君子”至“左右屏而待”为一节，“毋侧听”至“暑毋褰裳”为一节，八行本为一大节，十行本亦同。

除此之外，更说明问题是经注本分节与八行本分节无法通约的情况，十行本仍与八行本同。如余仁仲本、纂图本《曲礼上》“侍坐于长者”至“不出中间”为一节，“男女不杂坐”至“弗与为友”为一节；八行本则“侍坐于长者”至“俯而纳屦”为一节，“离坐离立”至“弗与为友”为一节；十行本虽然“离坐离立”和“男女不杂坐”之前均有“○”，但经疏分段仍与八行本完全相同。类似的情况又如余仁仲本、纂图本《玉藻》“朝玄端”至“帛为褶”为一节，“朝服之以缟也”至“弗敢充也”为一节；八行本细碎地分为十一节，十行本则分为十四节，值得注意的是“袭裘不入公门，纩为茧，缊为袍。禅为絅，帛为褶”几句，八行本与十行本均属下节，而经注本则属上节。实际上，此处“袭裘不入公门”与前“表裘不入公门”等文义相关，属上节更为合理，但十行本仍然与八行本一样属下节，可见十行本的分节更多的是受八行本（单疏

---

① 乔秀岩：《编后记》，《影印南宋越刊八行本礼记正义》，第1702页。

本）分节的影响，是对疏文原有分节的拆分，与经注本分节关系不大。

十行本对疏文原有分节的拆分所依据的可能仍是疏文中的小节分段。如前所述，"'外事以刚日'至'践之'"一节，十行本分为"'外事'至'相袭'""'龟为'至'践之'"两节，八行本疏中原有"'龟为'至'践之'"的出文，应即来源于单疏刻本。"'君车将驾'终于篇末"一节，十行本分为"'君车'至'于堂'""'故君'至'有诛'"两节，八行本虽无后一出文起讫，但于"故君子式黄发"后云"此以下明杂敬礼也"，则显然以此下为一小段。"'凡奉者当心'至'则袭'"一节，十行本分为五节，观八行本疏中有"'执天'至'提之'"和"'执主'至'曳踵'"的分段起讫，十行本恰据之将本段疏区隔为五段。可见，十行本细碎的分节是在疏文的基础上对原有分节的进一步细化，既非随意的分割，也不是受经注本的影响。

将单疏写本与八行本对照，两者节中小段的切分稍有差异。八行本反映的应是单疏刻本的样貌，十行本再细分的分节与八行本的分段也是一致的。《曲礼下》"立则磬折垂佩"，单疏写本疏："'立则声（磬）折垂佩'至'委'　正义曰：向明奉持及手足之仪，此明授受时礼也。"是单疏写本以"立则磬折垂佩，主佩倚则臣佩垂，主佩垂则臣佩委"为一小段，这与"此明授受时礼也"也是相合的。下"执玉"后疏："'执玉，其有藉者则裼，无藉者则袭'　正义曰：凡执玉之时，必有其藻，以承于玉。"另有"正义曰"，表明单疏写本以此为另一小段。八行本前段出文仅作"立则磬折垂佩"，无"至委"二字，则似无分段。因前有"'执主'至'曳踵'"的分段，十行本则直以"立则磬折垂佩"以下至节末为一节，出文作"'立则'至'则袭'"。

有一些地方，八行本的分节比十行本还要细，但这也有原因可寻。《儒行》首节，十行本自篇首至"其特立有如此者"为一节，八行本分为两节。查单疏刻本此处无分节起讫，无每节开头的"正义曰"。恐怕《礼记正义》因此篇经文分节明确，故无分节起讫。八行本和十行本又分别作了些省并。因此，这是单疏本本身造成的问题，并非十行本不遵单疏本的分节。以此例之，《仲尼燕居》《表记》篇八行本分节细于十行本，可能也与此有关。

身延本单疏《礼记正义》刻本的出文形式已与单疏写本有很大差异，应是宋人改动后的结果。将八行本、十行本的分节与单疏刻本分节的出文对照，后者与前二者又有较大不同。八行本《奔丧》“哭父之党于庙”至“壹袒”为一节，十行本同，且有出文“‘哭父’至‘壹袒’”，而单疏本分节出文作“‘哭父’至‘张帷’”。《问丧》，八行本、十行本均全篇为一节，单疏本篇首出“‘亲始’至‘实也’”。《服问》，八行本、十行本亦均全篇为一节，单疏本篇首出“‘传曰’至‘父母’”。《投壶》末节，八行本、十行本相同，单疏本则无标示起讫的出文。《大学》，八行本、十行本均以篇首至“与国人交止于信”为一节，其余为一节，单疏本篇首出“‘大学’至‘道矣’”，其余无起讫标识。这可能都是单疏刻本分节已被改动的痕迹。与此相对照的是，《间传》，八行本全篇为一节，十行本分为三节，单疏本篇首出“‘斩衰’至‘者也’”，即全篇；《深衣》，八行本、十行本均全篇为一节，单疏本篇首出“‘古者’至篇末”：单疏本于此两篇犹存旧貌。由此似可推知，八行本、十行本疏文的底本均非宋国子监刻单疏本。

（二）十行本细化的分节造成了疏文新的问题

十行本拆分疏文原有分节后又造成了新的问题。单疏本每节前均出经文起讫，接以“正义曰”，并总括一节大意，而后方逐句疏释。由于分节不同，十行本“正义曰”后的总括大意与前标志分节的出文起讫便不相合，这也造成了一些混乱，如：

《曲礼下》：“凡奉者当心，提者当带……执玉，其有藉者则裼，无藉者则袭。”单疏写本疏：“‘凡奉者当心’至‘则袭’　正义曰：此一节论臣所奉持及俯仰裼袭之节，依文解之。”八行本分节与“‘凡奉者当心’至‘则袭’”一致，但无此出文。十行本以“凡奉者当心，提者当带”单独为一节，出“‘凡奉’至‘当带’”，而后云“此一节论臣所奉持及俯仰裼袭之节”，这显然与前出文的范围是不一致的。故浦镗校谓“‘此一节’当作‘自此至则袭’五字”①，已注意到这一问题。但浦氏不知这是分节不同造成的混乱，其所改也不合于《礼记正义》体例。

《曲礼下》：“国君不名卿老、世妇……不敢与世子同名。”单疏写本疏：“‘国君不名卿老’至‘同名’　正义曰：此节总明称谓之事，各依文解之。”八行本分节与此一致，但无出文。十行本以“国君不名卿老”至“士不名家相长妾”为一节，出“‘国君’至‘长妾’”，后接以“此一节总明称谓之事”，亦与前出文不合。浦镗谓“‘此一节’当作‘自此至同名’五字”②，也注意到这一问题。

其他卷虽无写本对照，但从八行本与十行本的分节差异仍可发现此类问题：

《曲礼下》：“振书、端书于君前，有诛；倒策、侧龟于君前，有诛……公事不私议。君子将营宫室，宗庙为先，厩库为次，居室为后。”八行本此段为一节，疏云：“正义曰：此一节总明臣当预事，并明臣入公门当谨敬之礼也，各依文解之。”十行本以“振书、端书于君前，有诛；倒策、侧龟于君前，有诛”为单独一节，出“‘振书’至‘有诛’”，与“并明臣入公门当谨敬之礼”不合。浦镗校云“‘此一节’当作‘自此至私议’五字”③，也已注意到此问题。依写本例，“正义曰”前当有出文“‘振书、端书于君前，有诛’至‘某某’”④。

《曲礼下》：“凡家造，祭器为先……士寓祭器于士。”八行本

---

① 沈廷芳：《十三经注疏正字》卷四四，《景印文渊阁四库全书》第192册，台湾：商务印书馆，1986年，第584页下栏。

② 沈廷芳：《十三经注疏正字》卷四四，《景印文渊阁四库全书》第192册，第585页上栏。

③ 沈廷芳：《十三经注疏正字》卷四四，《景印文渊阁四库全书》第192册，第585页下栏。

④ 因“君子将营宫室，宗庙为先，厩库为次，居室为后”一段无疏，不确定单疏本出文至“私议”还是至“为后”。根据下文所论，无疏之经不体现在单疏本的分节起讫出文中，那么当作“至‘私议’”。

此段为一节，疏云："正义曰：此一节总论大夫所造祭器、衣服，并明祭器所寄之事，各依文解之。"十行本以"凡家造"至"为宫室，不斩于丘木"为一节，出"'凡家'至'丘木'"，但其中无"祭器所寄之事"，显然有问题。浦镗校云"'此一节'当作'自此至寓祭器于士'八字"①，即发现了这一问题。

《曲礼下》："大夫、士见于国君，君若劳之，则还辟，再拜稽首……男女相答拜也。"八行本此段为一节，疏云："正义曰：此一节论君臣、男女相答拜之法，各依文解之。"十行本以"大夫、士见于国君"至"不敢答拜"为一节，出"'大夫'至'答拜'"，完全无"男女相答拜之法"，与疏文不合，浦镗校云："'此一节'当作'自此至相答拜也'七字"②。

此类之例极多，不烦再举。

（三）八行本与十行本对无疏之经的处理不同

关于分节，还值得注意的是对无疏之经如何处理的问题。现存的单疏写本及刻本中均没有涉及无疏之经，无法借之观察写本时代无疏之经在分节起讫中的处理方式。八行本和十行本在这一问题上产生了一些差异。八行本中分节较长，节中无疏之经可无论，节间的无疏之经或附于前节之末，或附于后节之前。十行本的处理往往与八行本相异。

《曲礼上》"博闻强识而让，敦善行而不怠，谓之君子"一句无疏，八行本附于前"凡为君使者"一节后，十行本则置于后"君子不尽人之欢"一节之前，余仁仲本、纂图本将该句与"君子不尽人之欢"等合并为一节。

《曲礼上》"吊丧弗能赙"至"适墓不登垄"一段无疏，八行本附于前"知生者吊"者之后，十行本置于后"助葬必执绋"节前，余仁仲本、纂图本均将"适墓不登垄"以下为一节。

---

① 沈廷芳：《十三经注疏正字》卷四四，《景印文渊阁四库全书》第 192 册，第 586 页上栏。

② 沈廷芳：《十三经注疏正字》卷四四，《景印文渊阁四库全书》第 192 册，第 586 页下栏。

前引《曲礼下》“君子将营宫室，宗庙为先，厩库为次，居室为后”一段无疏，八行本附于前“振书、端书于君前”节后，十行本置于后“凡家造”节前，余仁仲本、纂图本均此段独立为一节。

《檀弓上》“读赗，曾子曰‘非古也，是再告也’”一段无疏，八行本置于后“成子高寝疾”之前，十行本则置于前“孟献子之丧”节后，余仁仲本、纂图本均独立为一节。

当然，八行本与十行本处理一致的情况也是存在的，如《檀弓上》“宾客至，无所馆”一节，八行本、十行本均置于“子夏问诸夫子曰，居君之母与妻之丧”之后，余仁仲本、纂图本均独立为一节。

由以上对比来看，在无疏之经的处理上，十行本仍未完全受经注本分节的影响。又如前论，十行本的分节主要是在单疏本分节基础上的拆分，但无疏之经的位置与八行本差异如此之大，说明单疏本分节出文应不包含节间的无疏之经，所以才造成了八行本与十行本的这种差异。

二、出文

在出文格式上，单疏写本和八行本、十行本有很大不同。单疏写本每节出文均较长，一般首句全部抄录。单疏写本共存八节疏，首节开头残损，次节开头出文作“‘外事以刚日’至‘践之’”，第三节作“‘君车将驾’终于篇末”，第四节作“‘凡奉者当心’至‘则袭’”，第五节作“‘国君不名卿老’至‘同名’”，第六节作“‘君使士射’至‘之忧’”，第七节作“侍于君子，不顾望而对，非礼也”全句，第八节作“‘君子行礼’至‘之法’”，首句均全部抄录。据此，孔疏每节疏前出文当均如此例。八行本插入经文后，将每节前的出文大部分删除。十行本虽保留了出文，但基本规整为起讫各为两字的“某某至某某”形式。从身延本《礼记正义》来看，单疏刻本就已完成了这种改动。①

但《礼记正义》每节的出文不仅起到了提示分节的作用，同时领起下文，故后疏逐句疏释时或不再重出出文中已引录过的首句。八行本和十行本删除或节略了分节前的出文，致使后疏文义有缺，如：

《曲礼下》“君使士射，不能，则辞以疾”，单疏写本疏：“‘君使士聘（射）’至‘之忧’　正义曰：射法，每两人相对，以决胜负，名之曰偶……是言士得预偶，故此有使士射也。”这段疏其实是解释“君使士射”一句，因前标示起讫的出文中已完整引录“君使士射”，故后不再引，八行本删除这一出文，十行本改作“‘君使’至‘之忧’”，都使疏文文义不全。

可能后世写、刻本在做删改时已注意到了这一问题，故会在每节开头总括经义的疏文后再引录首句，如《曲礼下》“凡奉者当心”节疏：

> 单疏写本：“凡奉者当心”至“则袭”　正义曰：此一节论臣所奉持及俯仰裼袭之节，依文解之。物有宜奉持之者，有宜提挈之者，各因其宜。
>
> 八行本：正义曰：此一节论臣所奉持及俯仰裼袭之节，各依文解之。　“凡奉者当心，提者当带”，物有宜奉持之者，有宜提挈之者，各因其宜。
>
> 十行本：“凡奉”至“当带”〇正义曰：此一节论臣所奉持及俯仰裼袭之节，各依文解之。〇“凡奉者当心，提者当带”，物有宜奉持之者，有宜提挈之者，各因其宜。

八行本和十行本均补充了经文首句“凡奉者当心，提者当带”，表明这应该也是单疏刻本时代即已完成的工作。做这种补充，正是因为删改出文后导致下经疏无对应出文。

① 黄彰健已发现“卷子本《礼记正义》标经文起止所用字之多，也与今传他经单疏本不同”，从而认为“孔颖达《礼记正义》原本”于经文、注文未省略。参黄彰健：《唐写本周易正义残卷跋》，《大陆杂志》1971 年第 42 卷第 9 期，第 296 页。

这一问题不仅涉及大节的起讫，小节起讫也有此问题，如：

《曲礼下》“执天子之器则上衡”，单疏写本疏：“‘执天子之器则上衡’至‘提之’　正义曰：向明常法，此以下明臣各为其君上提奉之礼也。执，持也。上犹高也。衡，平也……”自“执，持也”以下正释“执天子之器则上衡”一句，因前出文中已引全，故后不重出。八行本将出文改作“‘执天’至‘提之’”，十行本独立为一节，出文与八行本同，均使后疏无对应经文。浦镗谓“执持也”上“当脱○及‘执天子之器则上衡者’九字”①，已注意到这一问题。

《曲礼下》“执主器，操币、圭璧，则尚左手”，单疏写本疏：“‘执主器，操弊（币）、圭璧，尚左手’至‘曳踵’　正义曰：明提举用手足之仪也。圭璧，瑞玉也。尚，上也……”“圭璧”之下正释首句，因前出文中引全，故后不再出。八行本、十行本出文均改作“‘执主’至‘曳踵’”。

《曲礼下》“君大夫之子不敢自称曰‘余小子’”，单疏写本疏：“‘君大夫之子不敢自称余小子’至‘同名’　正义曰：此以下明孝子在丧，摈者接对宾客之辞也。君大夫，谓天子大夫有地者……”“君大夫谓”以下正释首句。八行本、十行本出文均改作“‘君大’至‘同名’”，使疏文前无经文照应。浦镗谓“之辞也”下“当脱○及‘君大夫之子不敢自称曰余小子者’一十四字”②，也已注意到此问题。

除了这种标示起讫的出文外，如果经文不长，单疏写本会直接出全句，后文据之释义，而八行本、十行本或改作“某某至某某”的形式，亦使引文不全，如《曲礼上》“逮事父母，则讳王父母”，单疏写本疏：“‘逮事父母则讳王父母’　正义曰：逮，及也。王父母，谓祖父母也。若及事父母，则讳祖也。”八行本、十行本出

① 沈廷芳：《十三经注疏正字》卷四四，《景印文渊阁四库全书》第 192 册，第 585 页上栏。

② 沈廷芳：《十三经注疏正字》卷四四，《景印文渊阁四库全书》第 192 册，第 585 页下栏。

文均作"'逮事'至'父母'"，使后文无对应经文。

如前所述，十行本的分节与八行本不同，八行本节间的小段会被十行本独立为一节，十行本将小节独立后会再删改出文，这就有八行本原通而十行本删改后不通的情况，如：

《曲礼下》"凡执主器，执轻如不克"，单疏写本疏："'凡执主之器，执轻如不克'　正义曰：向明持奉高下之节，此辨持奉之容仪也。主亦君也。礼，大夫称主……""主亦君也"以下正就前出文所引作释。八行本疏删除了"正义曰"，作："'凡执主器，执轻如不克'　向明持奉高下之节……"与单疏写本大致相近。十行本疏因独立为一节，其出文改作"'凡执'至'不克'"，使后文无对应经文。

《曲礼下》"立则磬折垂佩"，前文已提到八行本删单疏写本出文中表示迄止的"至委"二字，但"立则磬折垂佩"的出文仍保留，故后疏"立，倚也；佩，谓玉佩也"云云犹有经文可对应。十行本独立为一节，将出文改作"'立则'至'则袭'"，则使后文无经文可对照。浦镗谓"立倚也"上"脱〇及'立则磬折垂佩者'七字"①，其说虽不确，但由此亦可见十行本出文之节略使疏文不通。

《礼记正义》中还有一种特殊的标示小节起讫的方法，即仅引小节首句，多种情况下，八行本继承了单疏写本以来的这一形式，如《曲礼上》"入竟而问禁，入国而问俗，入门而问讳"，单疏写本疏："'入境而问禁'者，此以下并为敬主人也。"是以此三句为一小段。十行本与单疏写本同，八行本除"境"作"竟"外，亦与之同。

八行本对少数仅引小节首句的出文做了删改，删改后同样导致了后疏无对应经文，如《曲礼上》"龟为卜，策为筮"，单疏写本疏："'龟为卜'　正义曰：解卜筮所用也。龟处筮后，是龟覆于

---

① 沈廷芳：《十三经注疏正字》卷四四，《景印文渊阁四库全书》第192册，第585页上栏。

筮。‘策为筮’者，筮在龟前为决也。”八行本则将出文改作“‘龟为’至‘践之’”，删“正义曰”，十行本与之同，但独立为一节。后疏文“龟处筮后，是龟覆于筮”是释“龟为卜”一句，八行本改动出文，致此疏前无对应经文。浦镗谓“所用也”下脱圈及“龟为卜者”四字①，已注意到了这一问题。另外，从单疏写本看，“龟为卜”一句所领的仅“龟为卜，策为筮”两句，故称“解卜筮所用也”。下“卜筮者，先圣王之所以使民信时日”云云，孔疏另有“解所以须卜筮之义也”一句总括其义，表明其后为另一小段。今本《礼记正义》既错误地划分小段，又删除出文，远失孔疏原貌。

这种形式的出文，还有一些八行本继承原貌但十行本因独立成节而作删改的情况，如《曲礼上》“故君子式黄发”，单疏写本疏：“‘故君子式黄发’　正义曰：此以下明杂敬礼也。君子，谓人君也……”是以此句至篇末为一段。八行本与单疏写本同，唯删“正义曰”三字。十行本因将此句以下独立为一节，出文改作“‘故君’至‘有诛’”。这就使得“君子，谓人君也”以下的疏文无对应经文。

这一问题不仅影响了释经之疏，同样影响了释注之疏。如《曲礼上》“外事以刚日”，郑玄注：“顺其出为阳也。出郊为外事。《春秋传》曰：‘甲午祠兵。’”单疏写本疏：“注‘顺其出为阳’至‘甲午祠兵’　正义曰：以出在郊外，故顺之用刚日也。”“以出在郊外”之下正释“顺其出为阳”，因前已有出文，故“正义曰”后不需重出。八行本改作“‘顺其’至‘祠兵’”，使后文无对应注文。可相对比的是，若后疏文所释非本节经注的首句，则疏中需要出经注，如《曲礼上》“逮事父母，则讳王父母”，郑玄注：“此谓庶人。适士以上庙事祖，虽不逮事父母，犹讳祖。”单疏写本疏：“注‘此谓庶人也’至‘讳祖耳’　正义曰：云‘适士以上庙

① 沈廷芳：《十三经注疏正字》卷四四，《景印文渊阁四库全书》第192册，第583页下栏。

事祖’者，《祭法》云‘适士二庙’……”疏中所释非“此谓庶人”一句，故后需出“适士以上庙事祖”。

通过以上的分析，可以看出八行本、十行本（以及现在部分已佚的单疏刻本）对《礼记正义》出文改造的规律，并可将这些规律推广到没有单疏写本可以对照的篇卷，解决一些前人无法解决的问题。

（一）《礼记正义》每节疏前标识起讫的出文往往全引首句，后疏释首句时或不再引录。八行本大多删除节首出文，十行本全部改造为“某某至某某”的形式，这都致使后首句之疏无对应经文。有学者认为是疏中脱落了经文首句，非是。

《曲礼上》“帷薄之外不趋……授立不跪，授坐不立”，孔疏：“正义曰：此一节言趋步授受之仪。帷，幔也。薄，帘也。”依单疏写本体例，“正义曰”前应有“‘帷薄之外不趋’至‘不立’”，故后“帷，幔也”前无须重出经文。八行本“正义曰”前无文字，十行本前作“‘帷薄’至‘不立’”，这都使“帷，幔也”以下之疏缺少出文。浦镗校，谓“之仪”下“脱‘○’及‘帷薄之外不趋者’七字”①，非是。

《曲礼上》“侍坐于长者，屦不上于堂”，孔疏：“正义曰：此一节明解屦着屦之法。事异于上，故别言‘侍坐’也。　‘屦不上于堂’者……”按，“事异于上，故别言‘侍坐’”正释“侍坐于长者”一句。次句疏全引经文，首句疏不当无出文。十行本“正义曰”前有“‘侍坐’至‘纳屦’”，差可读通，但恐怕原当作“‘侍坐于长者’至‘纳屦’”。

《曲礼下》：“君子已孤不更名。已孤暴贵，不为父作谥。”孔疏：“正义曰：此一节论父没不可辄改为名、谥之事。‘已孤不更名’者……”依单疏写本体例，此节出文当作“‘君子已孤不更名’至‘作谥’”，因前文已出“君子已孤不更名”全句，故后重

① 沈廷芳：《十三经注疏正字》卷四四，《景印文渊阁四库全书》第 192 册，第 577 页下栏。

出仅称"'已孤不更名'者……"。八行本"正义曰"前无文字，十行本作"'君子'至'作谥'"，均泯灭了这一分节起讫的出文作用，从而使得后疏的出文缺少主语，句意不完整。浦镗校，谓"名谥之事"下"脱'〇'及'君子'二字"①，正是注意到十行本《礼记正义》此处不通之处。

《玉藻》"食枣、桃、李，弗致于核"，孔疏："正义曰：此一节明食果实及非君赐不贺之事。谓其怀核不置于地也。"按，"谓其怀核不置于地也"释"弗致于核"，八行本删除出文，使此疏无对应经文。十行本前有"'食枣'至'拥之'"出文，亦不通。浦镗以为"谓"字上脱"〇"及"食枣桃李弗致于核者"九字②，转失原貌。今疑节前出文当作"'食枣、桃、李，弗致于核'至'拥之'"。

此类之例极多，本文不再列举。

（二）八行本、十行本为了弥补因删改出文造成的混乱，或于后另出首句。这种情况大多无法指实，但有些地方所加位置稍有不当，暴露了这些引经之文为后加的事实，如：

《学记》"君子知至学之难易，而知其美恶，然后能博喻"，孔疏："正义曰：此一节明为师法。君子，谓师也。教人至极之美，可以为君长之事。'君子知至学之难易'者，三王四代所以敬师，随器与之，是至学之易；随失而救之，是至学之难。"按，此处"君子谓师也"以下已是释"君子知至学之难易"一句，但"教人至极之美，可以为君长之事"又与后经文"师也者，所以学为君也"相照应。"'君子知至学之难易'者"加在"三王四代所以敬师"一句之前显然是不可通的，因为此句与前文句意连贯，且与后经文"三王四代，唯其师"相照应。孔疏"正义曰"之前盖本有"'君子知至学之难易'至'谓乎'"的出文，后"'君子知至学之

① 沈廷芳：《十三经注疏正字》卷四四，《景印文渊阁四库全书》第192册，第585页下栏。

② 沈廷芳：《十三经注疏正字》卷五一，《景印文渊阁四库全书》第192册，第680页上栏。

难易’者”一句本来就不需要。此句若加在“君子谓师也”之前，或“三王四代所以敬师”之后都是勉强可通的。今本此句在“三王四代”之前，正说明这是后人不明孔疏体例而妄加。

（三）《礼记正义》标志每节中间小段的出文，或全引经文，或引全首句，八行本、十行本多改作“某某至某某”的形式，或作删节，也使得后疏无对应经文。如：

《曲礼上》“礼不逾节，不侵侮，不好狎”，疏：“‘礼不’至‘好狎’　礼者，所以辨尊卑、别等级，使上不逼下，下不僭上，故云礼不逾越节度也。‘不侵侮’者，礼主于敬，自卑而尊人，故戒之不得侵犯侮慢于人也。”按，“礼者”至“节度也”显释“礼不逾节”一句，后“不侵侮”出经文，此段不当无对应经文。疑孔疏当出“‘礼不逾节’至‘好狎’”，或仅作“礼不逾节”。

《曲礼上》“户外有二屦，言闻则入，言不闻则不入”，疏：“‘户外’至‘唯诺’　正义曰：此一节明谓室有两人，故户外有二屦。此谓两人体敌，故二屦在外……‘言闻则入，言不闻则不入’者……”按，“言闻则入”以下有出文，“此谓两人体敌，故二屦在外”显释“户外有二屦”，不应无出文，则“‘户外’至‘唯诺’”当本作“‘户外有二屦’至‘唯诺’”。

《曲礼下》“生曰父、曰母、曰妻，死曰考、曰妣、曰嫔”，孔疏：“‘生曰’至‘曰嫔’　生时所称也。不言祖及夫者，以生号无别称也。　‘死曰考、曰妣、曰嫔’者，嫔，妇人有法度之名也。”按，下释“死曰”有出文，释“生曰”却无出文，显然非是。今疑“‘生曰’至‘曰嫔’”当本作“‘生曰父、曰母、曰妻’至‘曰嫔’”。

《曾子问》“祭殇不举，无肵俎，无玄酒，不告利成”，孔疏：“‘祭殇’至‘利成’　谓祭此殇时不举肺，以其无尸，故不举肺脊。　‘无肵俎’者，肵是尸之所食归余之俎……”下释“无肵俎”有出文，释“祭殇不举”无出文，非是。今疑“‘祭殇’至‘利成’”当本作“‘祭殇不举’至‘利成’”。

《少仪》“犬则执緤，守犬、田犬则授摈者，既受乃问犬名”，孔疏：“‘犬则’至‘右之’　緤，牵犬绳也。若牵犬将命，则执系犬绳也。　‘守犬、田犬则授擯者，既受乃问犬名’者……”“绁，牵犬绳”以下释“犬则执绁”，但此句无出文。浦镗将“‘犬则’至‘右之’”校作“‘犬则执绁’者”，稍有未确①。疑“‘犬则’至‘右之’”当作“‘犬则执绁’至‘右之’”。

这种改动甚至还会增加新的错误，如：

《曲礼下》“大夫见于国君，国君拜其辱；士见于大夫，大夫拜其辱；同国始相见，主人拜其辱”，孔疏：“‘大夫’至‘其辱’。辱，谓见他国君也。故《聘礼》云公在门左拜，是拜其辱也。‘士见于大夫，大夫拜其辱’者，谓平常相答拜，非加敬也……‘同国始相见，主人拜其辱’者，前是异国，此明同国。”八行本此段在一节之中，十行本则以此句开头独立为一节，本节疏首出文为“‘大夫’至‘相答拜也’”，后有“正义曰”。浦镗校，谓“辱谓”之“辱”当为“君”字之误②。

按：浦氏之校盖据《仪礼经传通解》，彼文“辱”正作“君”③。但此处作“君”恐亦未必是。疏中被释字往往直接截取经文，经中有“国君”，并无单独的“君”字。根据前述单疏写本的体例，此处之疏当本作：“‘大夫见于国君，国君拜其辱’　正义曰：谓见他国君也。”卫湜《礼记集说》引孔疏作“‘大夫见于国君’，谓见他国君也”④，犹存半句经文，差可读通。但后世既改前出文为起讫形式，致使“谓见他国君也”一句没有主语，故或补“辱”字，或补“君”字，其实皆非。从下文“‘士见于大夫，大夫拜其辱’者，谓平常相答拜”及“‘同国始相见，主人拜其辱’

---

① 沈廷芳：《十三经注疏正字》卷五二，《景印文渊阁四库全书》第192册，第698页下栏。

② 沈廷芳：《十三经注疏正字》卷四四，《景印文渊阁四库全书》第192册，第586页下栏。

③ 朱熹著，黄榦编：《仪礼经传通解》卷六，《仪礼经传通解正续编》，北京：北京大学出版社，2012年，第180页下栏。

④ 卫湜：《礼记集说》卷一一，《通志堂经解》第12册，扬州：江苏广陵古籍刻印社，1996年，第402页下栏。

者，前是异国，此明同国”例之，亦可知“谓”前原无他字，其主语乃是整句经文。

（四）《礼记正义》标志每节中间小段的出文或仅引经文首句，无迄止文字。八行本、十行本多改造为“某某至某某”的形式，少数未改者，学者又或以为误。如：

《表记》“子曰‘先王谥以尊名……’”，孔疏：“‘子曰先王谥以尊名’ 以前经论君子求福不回，此一节广明君子名行相副、卑己尊人之义。”浦镗以为“尊名”下“当脱‘至尊敬之’四字”①。

《问丧》“或问曰：‘冠者不肉袒，何也’”，孔疏：“‘或问曰冠者不肉袒何也’者，此解冠必不袒，袒必不冠之意也，又明孝子身有病阙，其居丧所以礼矣。此冠不居肉袒者，谓心既悲哀……”浦镗谓“明孝子身有病阙，其居丧所以礼矣”十四字当下“秃者不免”节疏，“脱落未尽，今当为衍文也”②。

《大学》“《诗》云‘殷之未丧师，克配上帝’”，孔疏：“‘《诗》云殷之未丧师，克配上帝’，此一经明治国之道在贵德贱财。此《大雅·文王》之篇，美文王之诗，因以戒成王也。”浦镗谓“此一经”下十三字“系‘先慎乎德’节疏跳行也”③。

以上三条浦镗之校均非，孔疏引首句已兼包整段。

（五）释注之疏的出文也多引录全文，或引全首句，后疏中则不再引。八行本、十行本多改作“某某至某某”的形式。学者困惑于“正义曰”后或出经注或不出经注，而以不出经注者为脱文。如：

《曲礼下》“天子之六工，曰土工……”，郑玄注：“土工，陶、旊也……唯草工职亡，盖谓作萑苇之器。”孔疏：“［注］‘土工’

① 沈廷芳：《十三经注疏正字》卷五六，《景印文渊阁四库全书》第192册，第755页下栏。

② 沈廷芳：《十三经注疏正字》卷五七，《景印文渊阁四库全书》第192册，第762页上栏。

③ 沈廷芳：《十三经注疏正字》卷五八，《景印文渊阁四库全书》第192册，第772页上栏。

至‘之器’　正义曰：《考工记·陶人》：‘为甗，实二鬴；又甑，实二鬴，七穿。’……”浦镗谓“正义曰”下“当脱‘土工陶旊也者’六字”①。其实应当是出文作“‘土工，陶、旊也’至‘之器’”，非“正义曰”下有脱文。

《曲礼下》“天子当依而立”，郑玄注：“诸侯春见曰朝，受挚于朝，受享于庙，生气文也……《觐礼》今存，朝、宗、遇礼今亡。”孔疏：“［注］‘诸侯’至‘今亡’　正义曰：庭实受之于庙。‘生气文也’，阳生之时，其气文舒而布散，故分于两处受也……”浦镗谓“正义曰”下“当脱‘受贽于朝’四字”②。其实前出文当作“‘诸侯春见曰朝，受挚于朝，受享于庙’至‘今亡’”。

《曾子问》“摄主不厌祭”，郑玄注：“皆辟正主。厌，厌饫神也。厌有阴有阳……”孔疏：“［注］‘皆辟’至‘某氏’　正义曰：以其无尸，设馔欲神之歆飨而厌饫是也。　云‘厌有阴有阳’，谓一祭之中有此两厌……”浦镗谓“以其无尸”上“当脱‘云厌厌饫神也者’七字”③。其实前出文当作“‘皆辟正主，厌，厌饫神也’至‘某氏’”。

通过以上的分析可以看出，最初《礼记正义》的疏文均有对应的经注，因此读正义时无须取经注本对照。后世传抄过程中或将出文简省，至北宋所刻单疏本《礼记正义》又将出文固定为“某某至某某”的形式，这就为读者增加了许多不便，必须在读正义的同时参考经注本。正是这种不便催生了南宋经疏合刻本的产生。

可与《礼记正义》相对比的是，傅斯年图书馆藏唐写本《周

① 沈廷芳：《十三经注疏正字》卷四四，《景印文渊阁四库全书》第192册，第588页上栏。

② 沈廷芳：《十三经注疏正字》卷四四，《景印文渊阁四库全书》第192册，第589页上栏。

③ 沈廷芳：《十三经注疏正字》卷四八，《景印文渊阁四库全书》第192册，第639页下栏。

易正义》残卷的经注出文也较单疏本为繁①，八行本和十行本又在单疏本的基础上做了不少删改。但敦煌写卷中另外几种经疏，如S. 498《毛诗正义》残卷、P. 3634V+P. 3635V《春秋左传正义》残卷，其出文以朱笔抄出，且多为“某某至某某”的形式，与今本差异不大。东京国立博物馆藏《毛诗并毛诗正义大雅残卷》中的《毛诗正义》乃节钞本②，其出文也以朱笔钞出，其中有不少全部抄录传笺原文的内容，这与《毛诗正义》单疏本和十行本都有些差异，却与《礼记正义》单疏写本的情况有相似之处③。大约《五经正义》各书间的体例本不统一，宋人则在刊刻经疏时做了一些形式规整工作。通过对《礼记正义》出文演变规律的考察，可以为宋代经疏刊刻过程的研究提供一个新的视角。

三、“正义曰”

《五经正义》之例，或在出文后加“正义曰”标明疏文之始。将《礼记正义》单疏写本与八行本、十行本对比，前者比后两者多出许多“正义曰”。在这方面，八行本、十行本基本上是一致的，这说明对“正义曰”的删减在单疏刻本中就已完成了。

单疏写本虽与孔疏原本还有差距，但分析该本，可知《礼记正义》所加的“正义曰”有如下规律：

（一）每节疏，在标示分节起讫的出文后必加“正义曰”，这一部分在八行本、十行本中基本保留。如“‘外事以刚日’至‘践

---

① 参黄彰健：《唐写本周易正义残卷跋》，《大陆杂志》1971年第42卷第9期，第296—299页。

② 关于这件写卷的定名，本文参考了程苏东：《东京国立博物馆藏唐人〈毛诗并毛诗正义大雅残卷〉正名及考论》，《“中央研究院”历史语言研究所集刊》第88本第2分，第205—244页。

③ 程苏东认为：“钞卷在传笺疏文部分进行了大量删节，原有的标起止显然已经无法用来对应钞卷自身节录的疏文，因此，钞者改用径录原文的出文体例。”（程苏东《东京国立博物馆藏唐人〈毛诗并毛诗正义大雅残卷〉正名及考论》，《“中央研究院”历史语言研究所集刊》第88本第2分，第223页）其实很可能今天所见单疏本和十行本的出文形式是宋人改造过的，钞卷反而更近原貌。

之'""'君车将驾'终于篇末""'凡奉者当心'至'则袭'"等之下均有"正义曰"，八行本、十行本对出文多有删改，但都保留了原有的"正义曰"。

（二）释注之疏在出文后必加"正义曰"①，八行本基本保留，少量删除。如"注'此谓庶人也'至'讳祖耳'""注'顺其出为阳'至'甲午祠兵'""注'大事卜，小事筮'"等之后均有"正义曰"，八行本、十行本均同。"注'空神位也，祥车，葬之乘车也'"后之"正义曰"，八行本、十行本均予删除。

（三）在释注之疏后，第一段释经之疏在出文后必加"正义曰"，八行本基本删除。如单疏写本"注'此谓庶人也'至'讳祖耳'"之疏后，"大夫之所有公讳"出文后有"正义曰"，八行本无，十行本无"正义曰"且多一"者"字。"注'妇亲远，于宫中言避之耳'"后的"讳大功，小功不讳"节，"注'顺其出为阳'至'甲午祠兵'"后的"内事以柔日"节等，均是这种情况。

（四）一节经文文义可分若干段，每段首句出文或起讫出文后一般加"正义曰"②，八行本基本删除。如单疏写本"丧事先远日"后有"正义曰"，八行本无，十行本亦无，且多一"者"字。单疏写本"'曰为日'至'有常'"后有"正义曰"，八行本仅有一"曰"字，十行本同。

总之，除了每节开头和注之出文后的"正义曰"，八行本和十行本基本上都删除了，即便是郑注出文后的"正义曰"也有少量被删。这一般并不会影响对文意的理解，但在少数情况下也造成了一些问题，如：

《曲礼上》篇名疏："'礼记'者，一部之大名。'曲礼'者，当篇之小目。既题'曲礼'于上，故著'礼记'于下，以配注耳。

---

① 一个例外是，"注'妇亲远，于宫中言避之耳'"后无"正义曰"，八行本、十行本均同，则应在较早的写本中已呈现目前的样貌。值得注意的是，此段疏全文为陈铿与田琼的问答，无"正义曰"可能与此有关。

② 在单疏写本中也并非所有小段首句疏都有"正义曰"，但加"正义曰"的大多都是小段首句。

‘郑氏’者，姓郑，名玄……”浦镗谓“礼记者”上脱“礼记郑氏注”五字，云：“案疏云‘礼记者，一部之大名’云云，即疏此五字也，与《仪礼》例同。”①

按：浦镗说极是，疏“‘礼记’者”以下即疏“礼记郑氏注”五字。然据黄丕烈影抄单疏本《仪礼注疏》，并无“仪礼郑氏注”五字，而是分别于两段疏前有“仪礼”“郑氏注”出文，并且每段疏以“释曰”起首。《四部丛刊》影印《左传正义》单疏抄本亦有“杜氏”出文，后以“正义曰”引出释“杜氏”之疏。《四部丛刊》影印单疏本《尚书正义》亦出“虞书”“孔氏传”，并分别以“正义曰”引出疏文。以此例之，并参考前面的论述，《礼记正义》所脱的并非“礼记郑氏注”五字，而是“‘礼记’者”前当脱“‘礼记’　正义曰”，“‘郑氏’者”前当脱“‘郑氏’　正义曰”，或“者”字原作“正义曰”。

《檀弓上》“瓦不成味，木不成斫”，郑玄注：“‘味’当作‘沬’。沬，靧也。”孔疏：“‘瓦不成味’者，味犹黑光也。今世亦呼黑为沬也。瓦不善沬，谓瓦器无光泽也。　‘木不成斫’者，斫，雕饰也。木不善斫。郑注云‘味当作沬，沬，靧也’，靧谓靧面，证沬为光泽也。”浦镗谓“郑注云”至“光泽也”二十字“当续前‘瓦不成味’疏下”②。

按：浦校似非，今疑“郑注云”以下本为释注之疏，“靧也”下脱“正义曰”三字耳。单疏写本中释注之疏出文多称“注云……”，八行本则用阴文“注”字标识，但偶有误用阳文且保留“云”字者，如《曲礼上》“凡进食之礼，左殽右胾，食居人之左，羹居人之右”，郑玄注：“皆便食也。”八行本疏：“注云‘皆便’至‘在豆’　正义曰：‘皆便食也’者……”《王制》“岁二月，东巡守，至于岱宗”，郑玄注：“岱宗，东岳。”八行本疏：“注云

① 沈廷芳：《十三经注疏正字》卷四四，《景印文渊阁四库全书》第192册，第574页上栏。

② 沈廷芳：《十三经注疏正字》卷四五，《景印文渊阁四库全书》第192册，第599页上栏。

‘岱宗，东岳’　正义曰：岳者何？岳之为言桷也，桷功德也。”此类之例较多，不再举。

除删改“注云”之外，八行本还多删单疏本出文后的“正义曰”三字。如前所述八行本所删者以释经之疏为主，释注之疏出文后的“正义曰”一般保留，但亦或有误删者。如《曲礼上》“于其国则称名”，郑玄注：“君虽尊异之，自称犹若臣。”八行本疏：“［注］‘君虽尊异之，自称犹若臣’者，案《玉藻》云……”前揭《檀弓》疏八行本既前未空格，未将“注”改作阴文，保留了“云”字，又误删“正义曰”，则此处释注之疏似于经疏中随文作释者，故浦镗疑当续前“瓦不成味”疏之后。

这种将释注之疏误作随文作释的还有一些例子，如：

《王制》“用器不中度，不粥于市”，郑玄注：“用器，弓矢、耒耜、饮食器也。”孔疏：“‘用器，弓矢、耒耜、饮食器’者，《既夕礼》文。《既夕》敦、杅之属即饮食器也。”此处则并“注云”亦删，完全失去了释注之疏的形式。

《玉藻》“瓜祭上环，食中，弃所操”，郑玄注：“上环，头忖也。”孔疏：“‘弃所操’者，操谓手所持者，弃之不食。忖，切，谓切瓜头切去疐，此庶人法也。”浦镗谓“忖”上脱“○”及“注‘上环头忖也’者”七字①，其说或是，此则不但“正义曰”三字，连郑注出文一并删除了。

但应指出的是，孔疏确有在经疏中随文释注之例。孔疏释注有二式，一者引“注”或“注云”，后以“正义曰”领疏文；一则在串讲经文中随文作释，无正式的出文，或不先引郑注，或引郑注而稍有改动，前无“注”字，亦不空格，无“正义曰”字样。第一式前已举例。第二式中，或不先引郑注，后以类似“故郑云”的字样作结，如：

《曲礼上》“效驾”，郑玄注：“白已驾。”孔疏：“仆监视驾竟，

---

① 沈廷芳：《十三经注疏正字》卷五一，《景印文渊阁四库全书》第192册，第680页上栏。

而入白君，道驾毕，故郑云‘白已驾’也。”

这种形式一般不会引发问题，但今本较单疏写本或少“故郑云”字样，盖以经疏中不当释注，如：

《曲礼上》“则仆执策立于马前”，郑玄注：“监驾，且为马行。”单疏写本疏：“别有牵马驾车，而此仆既知车事，故监驾也。又恐马奔走，故自执马枝（杖）倚立当马前也。郑云执策是监［驾；立］马前，是恐马行也。”今本疏与之异文较多，其最显著者则是无“郑云”二字。

有些经疏中的释注之文则先引郑注，有些会稍作改动，如：

《曲礼上》“入国而问俗”，郑玄注：“国，城中也。”孔疏：“国，城中。城中，如今国门内也。”此即引郑注并进一步作释。

《曲礼上》“妇人不立乘”，郑玄注：“异于男子。”孔疏：“妇人质弱，不倚乘。异男子也。男子倚乘，而妇人坐乘，所以异也。”“异男子也”以下正引郑注并作释。单疏写本与今本略同，亦无“注云”“正义曰”等字。

后世或以此一形式不合全书体例而增入“注”“注云”等字样，如《曲礼上》“入国不驰”下疏：

> 单疏写本：驰，车驰。国中人多，若驰车则害人，故不驰，爱人也。若驰，善好蔺人也。善犹好也。蔺，雷刺也。若车驰，则行刺人也。何胤云：“蔺，躐也。”
>
> 八行本：国中人多，若驰车则害人，故不驰。注云“爱人也，驰，善蔺人也”，善犹好也。蔺，雷刺也。若车驰，则好行刺人也。何胤云：“蔺，躐也。”

“爱人也”以下显然引郑玄注并作疏释。如单疏写本之貌，则非引郑注原文，而是稍做改动，以求语势与上文相接。八行本则前加“注云”字样，并改从郑注原文，不再存孔疏随文释义的原貌。

又如《曲礼上》“国中以策彗恤勿驱，尘不出轨”，郑玄注：“入国不驰。彗，竹帚。恤勿，搔摩也。”孔疏：“前云‘入国不驰’，此为不驰，故为迟行法也。策，马杖。彗，竹帚也。［注］‘恤勿，搔摩也’，入国不驰，故不用鞭策，但取竹帚带叶者为杖。形如埽帚，故云‘策彗’。云‘恤勿’者，以策微近马体，不欲令疾也。但仆搔摩之时，其形状恤勿然。”单疏写本“恤勿”上无“注”字。按，此整段疏兼释经注，“彗，竹帚也；恤勿，搔摩也”均为郑注，不当于中间加一“注”字；其后“云‘恤勿’者”云云实释经文，不当在注疏之中。因此，今本有“注”字者显系后世妄加。

这一形式又会带来更多的问题，如：

《曲礼上》“仆御妇人则进左手，后右手；御国君则进右手，后左手而俯”，郑玄注：“敬也。”单疏写本疏：“‘而俯’者，既御，不得恒式，故但小俯俛，为敬也，并该两御。”“并该两御”正释郑注“敬也”，谓总括“御妇人”“御国君”两句，皆为敬也。八行本疏作“故但俯俛而为敬也，并两御也”，多“而”字，泯灭这一释注的形式，又删“该”字，致文义不明，这恐怕都是后世因不知孔疏这种释注形式而改。

又或有学者不知孔疏此例而误作校勘，如《曲礼上》“入里必式”，郑玄注：“不诬十室。”孔疏：“里必式，则门闾亦式，故门闾必步，不诬十室也。《论语》云：‘十室之邑，必有忠信如丘者焉。’是不诬十室也。”吉川幸次郎云：“‘不诬十室也’，案当作‘注不诬十室’五字，注上空一格。”① 按，此下确系释郑注，但此为随文释义，不必加“注”字。

四、释义体例

从单疏写本与八行本的对照中，也可以看出今本《礼记正义》在释义体例方面脱误的一些规律。

首先，孔疏在出经文后多或重揭一二字单独作释，如果重出之字与出文的末一两字重合，便很容易脱落。如：

《曲礼上》“车驱而驺，至于大门”，单疏写本疏：“‘至于太（大）门’者，大门，君最外门也，谓车行至外门时也。”八行本、十行本即脱“大门”二字，监本、毛本又从而将“君最外门”误

---

① 吉川幸次郎：《礼记注疏曲礼篇校记》，《吉川幸次郎全集》第21卷，第637页。

作“君至外门”。

《曲礼上》“入国不驰”，单疏写本疏：“‘入国不驰’者，驰，车驰。国中人多，若驰车则害人，故不驰。”八行本、十行本脱“驰，车驰”三字。

实际上，这一现象可能在写本时代就已比较普遍，如：

《曲礼上》“左右攘辟”，孔疏：“‘左右攘辟’者，左右，谓侍驾陪位诸臣也。”单疏写本脱“左右”二字。

《曲礼上》“车上不广咳”，孔疏：“‘车上不广咳’者。广，弘大也。咳，声咳也。”单疏写本脱“广”字。

《曲礼上》“顾不过毂”，孔疏：“‘顾不过毂’者，车毂也。”单疏写本同，据文义“车”上当有“毂”字。

《曲礼上》“尘不出轨”，孔疏：“‘尘不出轨’者，轨，车辙也。”单疏写本“车辙”上脱“轨”字。

找到这一规律，便可解决今本《礼记正义》中的许多问题，如：

《月令》仲冬“命奄尹申宫令”，孔疏：“‘命奄尹’者，谓正也，谓命奄官正长申重之政令，常察门闾之事，谨慎房室之处。”浦镗：“‘谓’上当脱‘尹’字。”① 其说是。

《曾子问》“不告利成”，孔疏：“‘不告利成’者，谓祭毕，今既无所可告，故不告利成。”今疑“谓”上脱“利成”二字。

《文王世子》“终之以仁也”，孔疏：“‘终之以仁也’者，谓仁恩。王家恒自养老，是仁恩也。”今疑“谓”上脱“仁”字。

《礼运》“列而之事”，孔疏：“‘列而之事’，谓五祀，即‘五祀，所以本事’是也。”今疑“谓”上脱“事”字。下“变而从时”疏云：“时，四时也。”此当与之同例。

《玉藻》“朝服以日视朝于内朝”，郑玄注：“天子、诸侯皆三朝。”孔疏：“云‘天子、诸侯皆三朝’者，《大仆》云‘掌燕朝之

---

① 沈廷芳：《十三经注疏正字》卷四七，《景印文渊阁四库全书》第 192 册，第 632 页上栏。

服位’，注云：‘燕朝，朝于路寝之庭。’是一也……是三也。诸侯三朝者，《文王世子》云‘公族朝于内朝’，路寝朝，是一也。”据下文“诸侯三朝者”，疑“大仆”上当脱“天子三朝者”五字。

《少仪》“工依于法”，孔疏：“‘工依于法’者，谓规矩尺寸之法或（式），言工巧皆当依附于法式。”疑“者”下当脱“法”字。

其次，《礼记正义》在串讲经文时多或将被释字与训诂字组合为一个双音词。但在流传过程中，这类双音词多被删改。孔疏用来组词的训诂字或来自郑注，如《礼器》“故君子乐其发也”，郑注“发犹见也”，孔疏：“既须外接，故所行事乐得其礼迹发见于外也。”以“发见”释经之“发”。或来自孔疏前文，如《曲礼上》“不践阈”，孔疏：“践，履也；阈，门限也。出入不得践履门限。”因前有“践，履也”，故后串讲经文时以“践履”代“践”字。有时这一“双音词”可能并不存在，但孔疏仍然这样用。如《曲礼上》“君子欠伸，撰杖屦”，郑注“撰犹持也”，孔疏：“若倦则自撰持之也。”《礼运》“后圣有作”，郑注“作，起”，孔疏：“谓上古之后，圣人作起。”其他文献中未见有“撰持”“作起”之词，但不嫌孔疏如此用。在流传过程中，这类双音词多已被删改，如：

《曲礼上》“卜筮不相袭”，单疏写本疏：“袭，因也。前卜不吉则止，不得因更筮也；若前筮不吉则止，不得因更卜：是不相因袭也。”八行本、十行本“因袭”皆作“袭”。按，因前有“袭，因也”之训，故后作“因袭”。今本误删“因”字。

《曲礼上》“君车将驾，则仆执策立于马前”，单疏写本疏：“又恐马奔走，故自执马枝（杖）倚立当马前也。”八行本、十行本皆无“倚”字。按，“立，倚”为经典常训，下“妇人不立乘”即有疏“立，倚也”。因此，此处疏作“倚立”，正以“倚”释“立”，非是衍文。

《曲礼上》“君抚仆之手，而顾命车右就车”，单疏写本疏：“顾，回头也……今车行既至大门，方出履险阻，恐有非常，故回顾命车右上车也。”八行本、十行本“回顾”作“回头”。按，前训“顾”为“回头”，此作“回顾”，正以训诂字与被训字组成双声词，更合于孔疏体例。

又有今本尚存此形式，而单疏写本已误者，如：

《曲礼上》“取贰绥”，孔疏：“贰，副也……故仆振衣毕，取副贰绥而升也。”单疏写本“副贰”仅作“副”。

这一情况不仅用于串讲经文，在引用他书时也或用此例，如：

《曲礼上》“旬之内‘近某日’”，单疏写本疏：“案《特牲》士礼，云‘不诹日’，注云：‘士贱职亵，时至事暇，可以祭，则筮其日。不如大夫先与有司于庙门外诹谋丁巳之日也。’”八行本、十行本及今本《仪礼》“诹谋”皆作“诹”。但《仪礼》郑注前文云：“诹，谋也。”《礼记正义》引作“诹谋”，正是以“谋”释“诹”。

了解这一规律，便可对其他无单疏本对照的篇卷做出合理校勘，如：

《曾子问》“望墓而为坛，以时祭”，孔疏：“庶子无爵，不得就宗子之庙而祭，惟可望近所祭者之墓而为坛，以四时致祭也。”疏称“望近所祭者之墓”，盖以“近”释经之“望”。《仪礼经传通解》删疏之“近”字①，使疏义反晦。

《玉藻》“礼已三爵而油油”，孔疏：“言侍君小燕之礼，唯已止三爵，颜色和说而油油说敬。”浦镗据《仪礼经传通解》删“已”字②。其实“止”正释“已”，“已止”组成双音词。

《乐记》“则此所与民同也”，孔疏：“言施于金石，越于声音，用于宗庙、社稷，事乎山川、鬼神，此等与民共同有也。”浦镗据卫湜《集说》校“共同”为“所同”③，其说当非。“共”释“同”字，“共同”组成双音词。

《杂记上》“君薨，大子号称‘子’，待犹君也”，孔疏：“‘待

① 朱熹著，黄榦编：《仪礼经传通解》卷五，《仪礼经传通解正续编》，第147页下栏。

② 沈廷芳：《十三经注疏正字》卷五一，《景印文渊阁四库全书》第192册，第676页上栏。

③ 沈廷芳：《十三经注疏正字》卷五三，《景印文渊阁四库全书》第192册，第707页上栏。

犹君也’者，谓与诸侯并列，共待之礼犹如正君。”浦镗据卫湜《集说》校“共”作“其”①，吕友仁亦云：“殿本、库本及卫氏《集说》皆作‘其’，是，可据改。”② 其实殿本很可能是据浦校改。此处即以“共（供）”释“待”，故称“共待之礼”。

《大传》“上治祖祢，尊尊也”，孔疏：“治犹正也，上正治祖祢，是尊其尊也。”按，前训“治”为“正”，故后称“正治”。浦镗据卫湜《集说》删“正”字③，非是。

若释义为二字，则孔疏亦或将释义与被释字合成三字词，如：

《曲礼上》“虽贱人，大夫士必自御之”，单疏写本：“君之使者虽假令是贱人为之。”即以“假令”与“虽”合并为一词。八行本“虽假令”作“假令”，当非。

他卷中尚保存不少此类之例，学者或误作校勘，如：

《月令》季秋“命百官贵贱无不务内”，孔疏：“内，谓收敛其物。言贵之与贱，无有一人不勤务收敛内物。”将“收敛”与“内”合并为一词。浦镗据卫湜《集说》改“内”为“其”④，非是。

《玉藻》“大夫有所往，必与公士为宾也”，孔疏：“往谓之适也。言大夫正聘者，有所往之适之时，必与公士为宾。”因前文训“往”为“之适”，故后云“有所往之适”。浦镗以为“之”字衍⑤，非是。

今本孔疏又或有因此例而误者，如：

---

① 沈廷芳：《十三经注疏正字》卷五四，《景印文渊阁四库全书》第192册，第716页下栏。

② 吕友仁：《校点本〈礼记正义〉诸多失误的自我批评》，《儒家典籍与思想研究》第6辑，北京：北京大学出版社，2014年，第130页。

③ 沈廷芳：《十三经注疏正字》卷五二，《景印文渊阁四库全书》第192册，第693页上栏。

④ 沈廷芳：《十三经注疏正字》卷四七，《景印文渊阁四库全书》第192册，第630页上栏。

⑤ 沈廷芳：《十三经注疏正字》卷五一，《景印文渊阁四库全书》第192册，第681页下栏。

《郊特牲》“草笠而至，尊野服也”，郑玄注：“《诗》云：‘彼都人士，台笠缁撮。’”孔疏：“《毛诗》笺云：‘台，夫须。都人以台夫须为笠，缁布为冠。’”今本《小雅·都人士》作“以台皮为笠”。孔疏作“台夫须”，可能因前“台，夫须”而误，也很有可能是因孔疏以经字、训诂字合并成词的体例而误。

再次，孔疏在串讲经文时可能会直接以训诂字代经字。如《曲礼上》“童子不衣裘裳”，孔疏：“衣犹着也。童子体热，不宜着裘。”前释“衣”为“着”，后即称“着裘”。此类之例极为常见，不烦再举。将单疏写本与今本对照，今本或有误改者。如：

《曲礼上》“车上不广咳”，单疏写本疏：“［广，］弘大也。咳，声咳也。车已高，若在上而大磬咳，似自骄矜，又惊众也。”今本“大磬咳”作“声大咳”。按，“大磬咳”，“大”字即代经之“广”字，“磬咳”即“声咳”，代“咳”字。“磬”“声”均为借字，本字作“謦”。后世盖既不知“声（磬）”字之义，又不知孔疏此例，故误作校勘。

《曲礼上》“步路马，必中道”，单疏写本疏：“步犹行也。若行君之马，必在中道正路，为敬。”今本“行君之马”作“牵行君之马”。按，孔疏前云“步犹行也”，故释经“步路马”为“行君之马”，单疏本当是。后世盖不知孔疏此例，以“行”字不通而妄补“牵”字。

这不仅适用于释经之疏，释注之疏中也存在这种情况，如：

《曲礼上》“入国不驰”，郑玄注：“驰，善蔺人也。”八行本疏：“善犹好也。蔺，雷刺也。若车驰，则好行刺人也。”前训“善”为“好”，故后以“好”代“善”。单疏写本“行”上无“好”字，当非。

从单疏写本与今本的对照看，孔疏中应有大量以训诂字代经字的内容被删改了，但在无古本对照的情况下很难察觉。不过，今本孔疏中仍存有不少这类内容，有学者或不识此例而误作校勘，如：

《曲礼下》“驰道不除”，孔疏：“除，治也。不治，谓不除于草莱也。”浦镗校次句作“不除，谓不治其草莱也”[1]。今按，孔疏既释“除”为“治”，故易经文“不除”作“不治”，今本不误，而浦氏误校。

《郊特牲》“祭有祈焉”，郑玄注：“祈犹求也，谓祈福祥，求永贞也。”孔疏：“有求者，谓求福祥也。”浦镗校“有求”作“有祈”[2]，阮本据之径作“祈”，恐均非。此盖因郑注“祈犹求也”改“有祈”作“有求”。又或前文脱“祈，求也”三字。

《乐记》“《武》坐，致右宪左，何也”，孔疏：“致，至也。轩，起也。问《武》人何忽有时而跪，以右膝至地，而左足仰起，何故也？”卫湜《集说》“至地”作“致地”，浦镗以为是[3]。其实此处因有前“致，至也”之训，故后改“致”作“至”，孔疏作“至”不误。

《祭义》“立敬自长始”，孔疏：“言起敬于天下，从长为始，言先自敬长。”浦镗据卫湜《集说》校“起”作“立”[4]。其实孔疏正以“起”释“立”，无须校改。

《祭统》：“悝拜稽首，曰：‘对扬以辟之，勤大命，施于烝彝鼎。’”孔疏：“此一节明孔悝拜受君恩，言己光扬先祖之德，行君之大命著于彝鼎。”浦镗谓“行”上当脱“勤”字[5]。按孔疏下文云：“勤，行也。”故此处串讲经义，以“行”代“勤”，未必有

---

① 沈廷芳：《十三经注疏正字》卷四四，《景印文渊阁四库全书》第192册，第586页下栏。

② 沈廷芳：《十三经注疏正字》卷五〇，《景印文渊阁四库全书》第192册，第667页下栏。

③ 沈廷芳：《十三经注疏正字》卷五三，《景印文渊阁四库全书》第192册，第711页下栏。

④ 沈廷芳：《十三经注疏正字》卷五五，《景印文渊阁四库全书》第192册，第736页上栏。《四库》本此处引疏原作“立敬自长始〇言敬于天下”，浦镗校“立误起”，似浦氏谓其底本出文“立”字误作“起”。但今所见各本无作此貌者，当是《四库》本“言敬”下误脱一“立”字。

⑤ 沈廷芳：《十三经注疏正字》卷五五，《景印文渊阁四库全书》第192册，第742页上栏。

脱文。

结论

以上将东洋文库藏《礼记正义》残抄本作为写本时代经疏的一个样本，与八行本、十行本做了对比，可以找出《礼记正义》在演变过程中的一些规律：

一、十行本《礼记正义》的分节是对单疏本分节的细化，与经注本关系不大。从分节情况看，十行本应是在细化分节后的单疏本中插入经注释文本做成的。

二、最初的《礼记正义》应是将所释经注以出文的形式全部引出的，后世将出文做了大量删减，使部分疏文无经注可对应。这可能是经疏合刊本产生的原因之一。

三、刊本删除了原本《礼记正义》中大量的“正义曰”，注疏中的部分讹脱可能与此有关。

四、原本《礼记正义》在引录经文后往往重揭经文一二字作释，这些重揭经字部分在抄刻过程中脱落。《礼记正义》在串讲经注时，往往以训诂字加经注字组成双音词或多音词，或直接以训诂字代经字，但后世刊本多对这类内容做了删改。

将以上规律应用于全书，对我们阅读、校勘《礼记正义》有很大帮助，并可合理地推测《礼记正义》原本的大致面貌。

（原载《文史》2021 年第 1 辑，收入本书时有修改）

从《五帝本纪》取裁看太史公之述作

李　霖①

摘　要：《史记》是太史公“述”“作”的结合体。探寻太史公的“作意”，可着眼于“述”，运用史源学的方法，综合考察《史记》对材料可能做出的取舍与裁断。《五帝本纪》作为《史记》首篇，尤富深意。通过对读《五帝本纪》及其史源《五帝德》《帝系》《国语》《尚书》等文献，可知《五帝本纪》凝结了太史公对王朝更迭问题的思考。《五帝本纪》的种种特异安排，或与太史公所持“易姓受命”理论有关。这一理论是理解《史记》全书的关键。

关键词：五帝本纪；易姓受命；五帝德；帝系

一、太史公的自我期许

《史记》原名《太史公》书，② 是司马谈、司马迁父子两人的作品。③《史记》不是一部合乎今日标准的“历史书”，虽然它在客观上为我们提供了史料，但太史公写作《史记》的目的不是叙述历史。《史记》“述往事”，是为了“思来者”，追寻某种意义，“述往事”是“思来者”的手段，也是载体。一如司马迁在《自序》中

① 作者简介：李霖，北京大学中国古代史研究中心（北京 100871）。

② 《太史公自序》谓“为太史公书”。《汉书·艺文志》著录为“太史公百三十篇”。两相参照，我们倾向于书名原作“太史公”。为了兼顾学界的习惯，本文统一标作“《太史公》书”。

③ 本文在不区分司马谈和司马迁时，统称作者为太史公。

引用董仲舒所说孔子作《春秋》的目的："我欲载之空言，不如见之于行事之深切著明也。"《春秋》表面上只是述"行事"，而孔子所作"空言"恰在其中。太史公的思想和主张（作），也蕴涵在《史记》对古今史事的叙述中（述）。

从司马谈到司马迁，都有一种"述作"的使命感。《自序》司马谈临终前执迁手而泣曰：

> 夫天下称诵周公，言其能论歌文武之德，宣周邵之风，达太王、王季之思虑，爰及公刘，以尊后稷也。幽厉之后，王道缺，礼乐衰，孔子修旧起废，论《诗》《书》，作《春秋》，则学者至今则之。

司马谈认为周公的伟大在于歌颂前人功德，孔子的伟大亦在于编修以旧闻为载体的"六经"。

司马迁当仁不让，自诩为继承周公、孔子的人：

> 先人有言："自周公卒五百岁而有孔子。孔子卒后至于今五百岁，有能绍明世，正《易传》，继《春秋》，本《诗》《书》《礼》《乐》之际?"意在斯乎！意在斯乎！小子何敢让焉。

而司马迁继承孔子的方式，是希望通过写作《太史公》书来继承孔子所作《春秋》，孔子编修的"六经"是其重要依据。可以说，继《春秋》，是太史公的自我期许。

就像孔子自称"述而不作"一样，司马迁也矢口否认自己要"作"一部类似《春秋》的书，称自己只是"述故事"，"非所谓作也"。然而实际上，《史记》全书引用和比附《春秋》之处比比皆是，① 何况《自序》下文立即自道《太史公》书记事的起讫：

> 于是卒述陶唐以来，至于麟止，自黄帝始。

"麟止"正是比附《春秋》绝笔。

有趣的是，对于《史记》记事的上限，司马迁为何不效法他认

① 另一方面，太史公的见解与《春秋》不尽相同，否则何必另作《太史公》书。

为是孔子所编纂的《尚书》，始自“陶唐”,[①] 而一定要“自黄帝始”？这是我们阅读《五帝本纪》时，需要始终思索的问题。

二、五帝人选的取材

《史记》的篇目次序往往有一番用意。太史公把《五帝本纪》置于首篇，把黄帝冠于五帝之首，其中的深意值得发掘。从其所“述”发掘其所“作”，是一件困难的事，必须兼具“好学”“深思”的品质，若“寡闻”“浅见”则不得“心知其意”。[②] 要理解太史公，必须好学博闻，掌握比《史记》更丰富的信息。本文正是通过史源学的方法，意即分析《史记》面对丰富而芜杂的“六经异传”和“百家杂语”（材料）,[③] 作了怎样的取舍和裁断（取、裁），从而发掘太史公的思想和主张（作）。

《五帝本纪》中的五帝是黄帝、颛顼、帝喾、唐尧、虞舜。这一组五帝人选，在太史公的时代并不是唯一的选择。比如收入《礼记》的《月令》，所载五帝是太昊（伏羲）、炎帝（神农）、黄帝、少昊（挚）和颛顼，《系辞》记载的五位上古圣王是伏羲、神农、黄帝、唐尧、虞舜。太史公为什么不选择《月令》或《系辞》的五帝版本，而选定了目前这一组五帝，他的文献依据是什么？

太史公在《五帝本纪》赞语中，对史源有明确表述：

> 太史公曰：学者多称五帝，尚矣。然《尚书》独载尧以来；而百家言黄帝，其文不雅驯，荐绅先生难言之。孔子所传《宰予问五帝德》及《帝系姓》，儒者或不传。余尝西至空峒，北过涿鹿，东渐于海，南浮江淮矣，至长老皆各往往称黄帝、尧、舜之处，风教固殊焉，总之不离古文者近是。予观《春秋》《国语》，其发明《五帝德》《帝系姓》章矣，顾弟弗深考，其所表见皆不虚。《书》缺有间矣，其轶乃时时见于他说。非好学深思，心知其意，固难为浅见寡闻道也。余并论次，择

① 据《五帝本纪》赞语，太史公应认为“《尚书》独载尧以来”是“《书》缺有间”造成的。

② 见下引《五帝本纪》赞语。

③ 《太史公自序》云：“厥协六经异传，整齐百家杂语。”

其言尤雅者，故著为本纪书首。

太史公指出除《尚书》以外，《五帝德》和《帝系》是《五帝本纪》最重要的史源。至于为什么相信后来收入《大戴礼记》的《五帝德》和《帝系》，太史公给出的理由有三：第一，认为这两篇文献是孔子所传。第二，实地考察相传为黄帝、尧、舜活动的区域，与这两篇文献有相合之处。第三，可与《春秋》《国语》相发明。

《史记》五帝取材于《五帝德》和《帝系》，然而太史公给出的解释并不能解决我们对于五帝人选的疑惑。如果说《五帝德》《帝系》与孔子有关，虽然这并非儒家的共识（“儒者或不传”），可是太史公同样认为《系辞》与孔子有关，[①] 为何不取《系辞》五帝？此其一。太史公实地考察了黄帝、尧、舜的遗迹，为什么不考察颛顼和帝喾的遗迹？[②] 而《史记》五帝人选的特殊之处，除了以黄帝为始，主要就在于颛顼和帝喾，黄帝、尧、舜作为五帝则争议不大。此其二。《史记》五帝并非《五帝德》和《帝系》专有，先秦文献如《国语·鲁语下》《吕氏春秋·尊师》《管子·封禅》也将黄帝、颛顼、帝喾、尧、舜并举，[③] 唐人所见《世本》五帝原亦如此，[④] 太史公为何重点谈《五帝德》《帝系》，《国语》只处于从

① 见《孔子世家》。

② 今本《五帝德》载有颛项的活动范围。

③ 《封禅书》“管仲曰”云云历举十二位曾事封禅的古代帝王，司马贞《索隐》云“今《管子》书其《封禅》篇亡”，意即《史记》此处取材于《管子·封禅》。孔颖达《礼记正义·礼器》引述《管子》云：“无怀氏封泰山，禅云云；伏犠氏封泰山，禅云云；神农、炎帝、黄帝、颛项、帝喾、尧、舜、禹、汤、周成王皆封泰山。”所引正与《封禅书》相近。

④ 唐张守节《史记正义》云“太史公依《世本》、《大戴礼》，以黄帝、颛项、帝喾、唐尧、虞舜为五帝”，又云孙氏注《世本》“以伏犠、神农、黄帝为三皇，少昊、颛项、高辛、唐、虞为五帝”。《世本》已佚，王谟等人辑本或将黄帝列入三皇，是从孙氏注，非《世本》原貌。

属地位，且未及《世本》《管子》？此其三。① 由此我们认为，太史公看重《五帝德》和《帝系》，不是因为它们提供了更可信的五帝人选，而是因为它们赋予了五帝某些特质。

三、对《帝系》的吸收

与《月令》《系辞》《吕氏春秋·尊师》等文献中的五帝相比，《五帝德》《帝系》最明显的特点是，以黄帝为始。更重要的是，在《五帝德》尤其是《帝系》中，五帝中的后四帝，乃至夏、商、周三代的始祖禹、契和后稷，全是黄帝的子孙。

建构远古帝王之间的血缘关系，并不是《五帝德》和《帝系》的独创。比如《国语·晋语四》即谈到“昔少典取于有蟜氏，生黄帝、炎帝”。但是《五帝德》尤其是《帝系》，首次建构了一整套由五帝至三代的血缘谱系，使五帝同源，三代一系，皆出于黄帝。比如舜的出身，《孟子》只说“舜发于畎亩之中”，本来是匹夫，父亲是瞽叟，并未指出瞽叟以上的血统。而《帝系》把舜的血统清清楚楚地追溯到颛顼乃至黄帝。《史记》全盘吸收了这套尚未成为共识的血缘系统，记载于《五帝本纪》和《夏本纪》《殷本纪》《周本纪》及《三代世表》等篇，深刻地影响了此后两千年的文明认同。尤其是作为十表之首的《三代世表》，所以将五帝、三代帝系集于一表，并巧妙地采用“旁行斜上”的体裁，正是出于对这一谱系的完整呈现。②

为了维护这一血缘谱系，《史记》对它可能引起的疑问加以解释甚至弥缝，在此聊举三处。帝喾是颛顼的侄子，何以继颛顼之后为帝，《五帝本纪》解释说帝喾的父祖蟜极、玄嚣“皆不得在位”。此其一。对于舜的出身，《五帝本纪》解释说舜的祖先从颛顼之子穷蝉以下，“皆微为庶人”。此其二。同为帝喾之子，尧何以成为五

---

① 更有甚者，《史记·历书》所言上古帝王无帝喾，有少皞，似与《五帝本纪》自相矛盾。究其原因，少皞乃沿袭《历书》此处的史源《国语·楚语》所述“绝地天通”事，与《五帝本纪》的五帝人选，并非同一系统。

② 《三代世表》的体裁，参赵益《〈史记·三代世表〉“斜上”考》，《文献》2012 年第 4 期。

帝之一，而挚不列入五帝。《五帝本纪》说：

帝喾崩，而挚代立。帝挚立，不善，崩，而弟放勋立，是为帝尧。

挚是尧的哥哥，理应继立为帝，[①] 此处却说他“代立”。“代立”一词在《史记》中多次出现，我们把它视为一种太史公“书法”，在这里指挚作为帝是“不善”的，[②] 不称其位，所以不能列入五帝。此其三。反观前两处“不得在位”和“微为庶人”，措辞也是有微意的。前者暗示帝喾有“在位”的合理性，后者告诉我们舜这一支早已是匹夫了，因而用语有别。我们认为以上三处细节，都是太史公对《帝系》五帝、三代血缘系统的辩护，而未必有史料上的依据。

《史记》坚持这一套宏大的血缘谱系，认为五帝、三代血缘出于黄帝，这无疑是《史记》记事以黄帝为始的重要原因。至于五帝人选是否有颛顼、帝喾，可能只是这一血缘谱系的副产品而已。

对古人而言，五帝人选相当于历史事实。然而太史公裁断这一史实所依据的，并非材料的客观性，而是自己心中的准则。太史公为何对五帝、三代的血缘谱系情有独钟？为了回答这一问题，我们需要关注五帝事迹乃至整部《史记》。

四、对《五帝德》的增删

《五帝本纪》记述黄帝、颛顼、帝喾的事迹（述），主要取材于《五帝德》（取）。但二者并不完全一致。太史公删削和增添的一些内容（裁），可能包含了他的思想和主张（作）。

需要说明的是，太史公看到的典籍内容与今本一定有所不同。我们利用现存典籍分析《史记》取裁，只能作有限度的讨论。然而当《史记》与今本典籍的若干差别都不约而同地指向同一问题时，应承认该问题确实在太史公的考虑之中。

---

① 《史记》全书流露一种倾向，认为嫡长子继承制是自古就有的制度。

② 《史记索隐》云：“古本作‘不著’，（中略）俗本作‘不善’，‘不善’谓微弱，‘不著’犹不著名。”

（一）人帝

今本《五帝德》记载黄帝“乘龙扆云”，[①] 颛顼“乘龙而至四海”，帝喾“春夏乘龙，秋冬乘马”，而这些神异的事迹都被《五帝本纪》删去。太史公似乎在向读者强调，黄帝、颛顼、帝喾等五帝，都是人帝。虽然《五帝德》本来就认为黄帝更近于人，[②] 太史公仍然删去了可能引起误会的内容。

与此相关，《五帝德》含混交代黄帝寿命大约是一百岁，而《五帝本纪》明确记载了黄帝的死，说“黄帝崩，葬桥山”，最终如其他常人一样死去，埋葬在了一个确定的地点。[③]

与《五帝本纪》塑造的黄帝形象形成强烈反差的，是《封禅书》方术之士口中的黄帝。前者是人，后者是仙，是不死的。[④] 汉武帝所以汲汲于封禅，其目的之一即在于长生不死。为了达成封禅的条件，武帝刻意营造太平盛世。而在这种虚假的繁荣背后，民生凋敝，盗贼蜂起。[⑤] 武帝太初改元诏更是直言“盖闻昔者黄帝合而不死”。[⑥] 似乎有鉴于此，太史公着意在全书首篇，塑造黄帝作为

---

① 《五帝本纪》不取《五帝德》黄帝“乘龙扆云”，而补入《左传》黄帝官名以云命、为云师的记载。学者解释《五帝德》的“扆云”，一说驾驭云，一说如《左传》以云纪事。

② 《大戴礼记·五帝德》宰我问孔子：“黄帝三百年，请问黄帝者人邪？抑非人邪？”孔子回答：“夫黄帝尚矣，女何以为？先生难言之。”孔子讲述黄帝事迹之后，说：“生而民得其利百年，死而民畏其神百年，亡而民用其教百年，故曰三百年。”

③ 本文此处参考阮芝生先生《三司马与汉武帝封禅》，《台大历史学报》第20期，1996年11月。

④ 参阮芝生《三司马与汉武帝封禅》。

⑤ 见《平准书》《酷吏列传》等。

⑥ 见《历书》。

人帝的形象。①

《五帝本纪》赞语说："百家言黄帝，其文不雅驯，荐绅先生难言之。"太史公写作《五帝本纪》时，面对五花八门的黄帝故事，如何取舍和裁断？其标准不可能是纯粹客观的，一定寄托了太史公的理想，而其理想正具有现实指向。司马迁所谓"上记轩辕，下至于兹"，② 所谓"通古今之变"，③《史记》中的"古"往往与"今"相呼应。此类微义，非"好学深思"的"圣人君子"不得"心知其意"。④ 在此意义上，《史记》与《春秋》一脉相承。

（二）战争

《五帝本纪》所载颛顼、帝喾事迹，主要来自《五帝德》。而黄帝事迹，有相当一部分内容不见于今本《五帝德》。最引人注目的，是开篇对战争的叙述：

> 轩辕之时，神农氏世衰。诸侯相侵伐，暴虐百姓，而神农氏弗能征。于是轩辕乃习用干戈，以征不享，诸侯咸来宾从。而蚩尤最为暴，莫能伐。炎帝欲侵陵诸侯，诸侯咸归轩辕。轩辕乃修德振兵，治五气，艺五种，抚万民，度四方，教熊罴貔貅貙虎，以与炎帝战于阪泉之野。三战，然后得其志。蚩尤作乱，不用帝命。于是黄帝乃征师诸侯，与蚩尤战于涿鹿之野，遂禽杀蚩尤。而诸侯咸尊轩辕为天子，代神农氏，是为黄帝。天下有不顺者，黄帝从而征之，平者去之，披山通道，未尝宁居。

除了"治五气"至"然后得其志"，其余均非今本《五帝德》所有。

---

① 2023年补记：与黄帝的人帝形象形成反差的，是《史记》采用了殷、周始祖契、后稷感天而生的神异事迹。这说明太史公对黄帝常人形象的强调，是有意为之的特笔。关于《史记》对契、后稷感生的处理，可参皮锡瑞《经学通论·诗经·论〈诗〉齐、鲁、韩说圣人皆无父感天而生，太史公、褚先生、郑君以为有父又感天，乃调停之说》。

② 见《太史公自序》。

③ 见《报任安书》。

④《太史公自序》云："藏之名山，副在京师，俟后世圣人君子。"

《史记》作为一部崇尚"六经"、自命继《春秋》的书，竟然以战争轰轰烈烈地拉开了全书的序幕。《五帝本纪》记述黄帝发动战争，达四处之多，只有第二处阪泉之战沿用了《五帝德》。综观全段，黄帝开战的次序值得玩味。先是针对不服从当今天子炎帝的诸侯用兵，致使诸侯宾从炎帝。需要注意的是，"神农氏世衰"中的"世"，指的是王朝、家族的衰落，而不单指炎帝这一任统治者。这次战争好比在王室衰微的东周，伯主作为诸侯之长，尊奉周天子，主持秩序。

其次对失去诸侯拥戴的炎帝发动阪泉之战，结束了业已衰落的神农氏的统治。此次战争，或可类比秦灭周。

接下来的涿鹿之战始针对蚩尤。上文说"蚩尤最为暴"，此处又说"蚩尤作乱，不用帝命"，并非赘余。阪泉之战以前，蚩尤不服从的是炎帝。阪泉之战以后，神农氏的统治告终，蚩尤作乱，轩辕责无旁贷。这里的"帝命"，应指黄帝，下文对轩辕的称谓即已变为"黄帝"。打败"不用帝命"的诸侯蚩尤之后，黄帝受到所有诸侯的拥戴，无论是实质上还是名义上，都成为独一无二的天子。此次战争，与楚汉战争有类似之处。

黄帝最终成为天子，建立新王朝（有熊），此后的战争，是为了征讨不服。类似汉高祖对异姓诸侯王的战争。

这些对战争的叙述，反复提及"诸侯"。根据今天的历史研究，诸侯"宾从"和贡"享"天子，是西周封建乃至秦汉大一统王朝的产物，炎黄时代的国家形态绝非如此。《史记》的类似记述，是将太史公当代的制度和文化套用在了古代，违背了历史事实。虽然太史公对古史的认识存在这样的局限，但并不妨碍我们解读太史公的意图。我们认为，用诸侯的归附和离散来表达民心所向甚至天命去就，① 是遍布《史记》全书的一种"书法"。在阪泉之战前，

---

① 对于诸侯的归附，《史记》的用语是诸侯"归""朝"等等；对于诸侯的离散，《史记》的用语是诸侯"去""叛""不至""不朝"等等。而在诸侯国内，则往往以国人共同的行为表达正当性。

“炎帝欲侵陵诸侯，诸侯咸归轩辕”，意味着天命已在轩辕而不在神农氏，“轩辕乃修德振兵”，这与《史记》记述桀、纣末年的情形如出一辙。① 涿鹿之战后，“诸侯咸尊轩辕为天子”，始践帝位。

《史记》对黄帝用兵、汤武革命直至秦崩楚亡的易代战争，相关叙述都带有天命论的色彩，即所谓“易姓受命”，甚至秦灭周、统一六国亦然。② 太史公认为得以结束旧王朝、创立新王朝的战争，是正义的，是顺应天命的。他在《律书》中指出：

> 兵者，圣人所以讨强暴，平乱世，夷险阻，救危殆（中略）。昔黄帝有涿鹿之战，以定火灾；颛顼有共工之陈，以平水害；③ 成汤有南巢之伐，以殄夏乱。递兴递废，胜者用事，所受于天也。

需注意此处的“胜者用事”，带有五德终始的色彩，并非“胜者为王”之意。

从《史记》战国秦汉部分看来，太史公抱持一种“逆取顺守”的理念，守成要用文治，但易姓换代，势必要通过轰轰烈烈的战争才能迎来新的时代，就像汉高祖所做的那样。

汤武革命、易代战争在《孟子》中已有很多讨论，到了太史公的时代，却成为一个敏感话题。原来在汉景帝时，儒家《诗》学宗师辕固生与道家黄生，④ 争论汤武是受命还是臣弑君。处于下风的

---

① 《夏本纪》云：“汤修德，诸侯皆归汤，汤遂率兵以伐夏桀。”《殷本纪》记纣时“百姓怨望而诸侯有畔者”，“诸侯以此益疏”，“西伯归，乃阴修德行善，诸侯多叛纣而往归西伯”等等。

② 《六国年表》序云：“论秦之德义不如鲁卫之暴戾者，量秦之兵不如三晋之强也，然卒并天下，非必险固便形势利也，盖若天所助焉。”又云：“秦取天下多暴，然世异变，成功大。”

③ 《律书》此处颛顼、共工之事，不见于《五帝本纪》，亦与《五帝本纪》的五帝系统不合。这种现象在《史记》中比较常见，我们认为太史公在不同的篇章使用了不尽相同的史源，没有强加整合和统一。

④ 《太史公自序》谓司马谈“习道论于黄子”，裴骃《史记集解》引徐广曰：“《儒林传》曰黄生，好黄老之术。”

辕固生最后抬出了高皇帝，惹得景帝禁言，“是后学者莫敢明受命放杀者”。① 太史公无疑是赞成辕固生的，辕固生所说：

> 夫桀纣虐乱，天下之心皆归汤武，汤武与天下之心而诛桀纣，桀纣之民不为之使而归汤武，汤武不得已而立，非受命为何？

与《孟子》一脉相承。太史公也将这种论调，具体地落实到全书的易代战争中。比《孟子》走得更远的是，《孟子·尽心下》说武王伐纣“以至仁伐至不仁，而何其血之流杵也”，认为《尚书·武成》的血腥记载于理不合。而《史记》完全不回避对武王斩纣的记述，后来招致极多非议。大约在太史公看来，从黄帝、汤武至刘邦这些受命帝王，不应以常人的道德伦理来衡量。《五帝本纪》开篇即不满足于《五帝德》等文献中既有的黄帝形象，着意通过繁复而周密的战争叙述，重塑黄帝的伟大形象，突出易代战争的正当性。

然而与其他朝代鼎革不同的是，舜、禹之间易代，乃是通过禅让而非战争，我们应如何认识夏的建立？同时，五帝易代，均为和平过渡，也不是通过战争，② 是否意味着太史公将五帝视为同一王朝？要回答这些问题，应先厘清“易姓受命”在《史记》中的意涵。下面我们通过《五帝本纪》对姓和国号的论述，推测“姓”在王朝更迭中可能具有的意义；再通过《史记》对《尚书》《孟子》禅让故事的取裁，观察太史公的“受命”理论。

五、对《国语》的化用

（一）同姓则同德

《五帝本纪》末尾有一段关于姓和国号的论述：

> 自黄帝至舜、禹，皆同姓而异其国号，以章明德。故黄帝为有熊，帝颛顼为高阳，帝喾为高辛，帝尧为陶唐，帝舜为有虞。帝禹为夏后而别氏，姓姒氏。契为商，姓子氏。弃为周，

---

① 事见《儒林列传》。

② 在此以《五帝本纪》所述历史为讨论对象。

姓姬氏。

此处将夏后、商、周三代与五帝的有熊、高阳、高辛、陶唐、有虞一样，都视为“国号”，可知在太史公看来，五帝像三代一样，是五代王朝。同时，太史公认为五帝和禹皆为同姓（公孙），禹建立夏朝后改姓，三代异姓。

本文无意根据今天学界对姓氏的研究，纠正太史公在对历史事实的叙述中存在的偏差，我们关注的是太史公为姓赋予的意涵。一个有趣的现象是，太史公对五帝及禹的姓及国号的特殊看法，与《五帝本纪》叙述这六代王朝更迭时均未发生易代战争冥合。我们大胆推测，太史公认为只有在“易姓”受命的改朝换代中，战争才是必要的。而这一理论的来源，似乎是《国语》。

《五帝本纪》中有一句著名的话，学者常常用来讨论姓的起源：

> 黄帝二十五子，其得姓者十四人。

这句话出自《国语·晋语四》。今本《国语》原文作：

> 司空季子曰：“同姓为兄弟。黄帝之子二十五人，其同姓者二人而已，唯青阳与夷鼓皆为己姓。青阳，方雷氏之甥也。夷鼓，彤鱼氏之甥也。其同生而异姓者，四母之子别为十二姓。凡黄帝之子二十五宗，其得姓者十四人为十二姓，姬、酉、祁、己、滕、箴、任、荀、僖、姞、儇、依是也。唯青阳与苍林氏同于黄帝，故皆为姬姓。同德之难也如是。昔少典取于有蟜氏，生黄帝、炎帝。黄帝以姬水成，炎帝以姜水成。成而异德，故黄帝为姬，炎帝为姜。二帝用师以相济也，异德之故也。异姓则异德，异德则异类。异类虽近，男女相及，以生民也。同姓则同德，同德则同心，同心则同志。同志虽远，男女不相及，畏黩敬也（下略）。”

司空季子这番话的落脚点是同姓不婚、异姓则可以通婚，以此来说服晋公子重耳娶晋怀公的前妻、秦宗室女怀嬴。对比《五帝本纪》对姓的论述，实与司空季子的言论有很多出入。差别较大的如司空季子说黄帝和炎帝是亲兄弟，黄帝是姬姓。而《五帝本纪》黄帝姓公孙，“神农氏世衰”，意味着炎帝与黄帝属于不同的家族，不可能是兄弟。

小有异同的，比如司空季子说黄帝之子只有青阳和苍林氏两人与黄帝同姓。关于黄帝之子，《五帝本纪》承袭《五帝德》和《帝系》，只提到了玄嚣和昌意两人，后四帝及三代始祖，全是玄嚣、昌意这两支的子孙。《五帝德》和《帝系》未明言五帝的姓，《五帝本纪》既然说从黄帝到舜、禹同姓，那么玄嚣和昌意也应该与黄帝同姓。《五帝本纪》又说玄嚣就是青阳，正好与《国语》相合，而昌意则与《国语》苍林有所不同。①

《五帝本纪》跟《国语》的相同之处，看起来只有“黄帝二十五子，其得姓者十四人”是完全一致的。然而如果我们暂时搁置黄帝姓什么、黄帝的儿子姓什么这类事实判断，思考太史公和司空季子认为“姓”意味着什么，那么二者似乎尚有更深层的共通之处。司空季子说“同姓则同德，同德则同心，同心则同志”，“异姓则异德，异德则异类”，并认为炎、黄开战与异姓异德有很大关系，“姓”可以对现实产生如此重要的影响。《史记》全书记载的“易姓受命”，无一例外地伴随着战争，正与“异姓则异德”相合；而从黄帝至禹，按照太史公对其国号和姓的论述，属于同姓易代，则是和平交接，正与“同姓则同德”相合。

《五帝本纪》赞语说《国语》“发明《五帝德》《帝系姓》章矣，顾弟弗深考，其所表见皆不虚”。“弗深考”者，大约是指黄帝姓什么、黄帝与炎帝有无血缘关系这类具体的事实判断，与太史公的判断不符。能够“发明”《五帝德》《帝系》和“表见不虚”的，除了《鲁语下》提及的五帝人选，以及《国语》中其他一些关于上古帝系、族姓的论述与太史公的判断相符者，② “同姓则同德”“异姓则异德”的理论，亦当在太史公的考虑之中。

（二）旁证：易姓受命与改正朔

我们还可以从正朔的角度，为“同姓则同德”提供一个有力的

---

① 上古“昌”“苍”同音，“意”和“林”差别较大。

② 参李零《帝系、族姓的历史还原——读徐旭生〈中国古史的传说时代〉》，《文史》2017年第3辑。

旁证。《历书》说：

> 王者易姓受命，必慎始初，改正朔，易服色，推本天元，顺承厥意。

似乎在说只有“易姓”的王朝更迭，才改正朔。

《史记》全书确实贯彻了这一理论。《五帝本纪》记载黄帝“迎日推策”，《历书》说“昔自在古，历建正作于孟春”，又说“神农以前尚矣，盖黄帝考定星历，建立五行，起消息，正闰余，于是（中略）各司其序，不相乱也”。太史公可以追溯的最早的历法是黄帝建立的，宜以孟春一月为岁首，即所谓夏正。《五帝本纪》备载帝尧“敬授民时”，亦与历法有关，而在《历书》的叙述中，颛顼命重黎、尧立羲和两事，都是对黄帝所建秩序的恢复，而非改历。《历书》又说尧禅舜、舜禅禹，皆申诫“天之历数在尔躬”，乃是强调历法。玩《历书》文意，“历数”应是尧传给舜，舜传给禹的，并未新建，《五帝本纪》《夏本纪》亦未载舜、禹修历之事。① 所以《历书》提出：

> 夏正以正月，殷正以十二月，周正以十一月。盖三王之正若循环，穷则反本。

中华文明只应交替使用三正。太史公大约认为，黄帝至夏六代均建寅，商、周则因易姓受命而改正朔，秦、汉易姓受命，亦当改用三正之一。②

太史公的这一理论，背后有经学家对于五帝是否改正的分歧。一说认为：“惟殷周改正，易民视听，自夏已上皆以建寅为正。”③一说认为：“帝王易代，莫不改正。尧正建丑，舜正建子。此时未

---

① 仅《夏本纪》赞语提及“夏小正”，但未明言夏朝所建。

② 对于建亥的秦历，太史公每有讥评。《历书》下文说秦“自以为获水德之瑞（中略），而正以十月（中略），然历度闰余，未能睹其真也”，对秦历不以为然。同样的语气，在《封禅书》和《张丞相列传》中也有所流露。

③ 《尚书·舜典》“正月上日”传《正义》引“先儒王肃等”说，《正义》并谓“孔意亦然”，伪孔传也持这种见解。

改尧正，故云‘正月上日’；即位乃改尧正，故云‘月正元日’。”[①] 虽然这里引用的两说都晚于太史公，但《历书》所述与前说若合符节，而《五帝本纪》删去其史源《尚书》尧死后“月正元日，舜格于文祖”的记述，又恰与后说针锋相对，由此可以判定，这两种经说由来已久，[②] 是太史公“厥协六经异传”的内容之一。

值得注意的是，较之可能是《历书》史源的《诰志》和《国语》“绝地天通”条，《历书》改《大戴礼记·诰志》“虞夏之历”为“昔自在古”，并新增“盖黄帝考定星历”云云，从而令《诰志》“历建正作于孟春”和《国语·楚语》颛顼命重黎“绝地天通”，得以巧妙地上溯至黄帝。《历书》对《诰志》和《国语·楚语》的缀合与加工，似乎正是太史公对黄帝至夏均建寅的辩护。

至此，我们发现了《史记》中易姓受命与改正朔的相关性。其逻辑正与易姓受命和战争的相关性一致。意即易姓受命，必然伴随着流血战争；异姓王朝建立之初，一定要改正朔，才能顺承天意。同姓受命，则是和平交接；同姓王朝建立，当沿袭前朝正朔。这正与《国语》“同姓则同德”“异姓则异德”相合。

（三）五帝、三代帝系建构的深意

《史记》五帝三代的帝系、血缘、国号、姓、历法，共同营造了一个互相联系的理论体系。《史记》所以坚持五帝三代同出黄帝，所以认为黄帝至禹皆同姓而异其国号，所以认为易姓受命始改正朔，这些看似怪异的论调，其深意可能在于，太史公试图对黄帝以降的所有王朝更迭，获得一以贯之的认识。

---

① 同上引郑玄说。亦见《五帝本纪》“正月上日”张守节《正义》引。

② 2023 年补记：董仲舒《春秋繁露·三代改制质文》说：“王者必改正朔，易服色，制礼乐，一统于天下，所以明易姓非继仁，通以己受之于天也。”强调“易姓”与“继仁（人）”之别，易姓受命必改正朔，太史公的理论与之一致。但董仲舒《天人三策》认为舜“改正朔，易服色，以顺天命”，盖不以五帝同姓，太史公与之不同。较之前引两说，董仲舒的结论应更接近后说。

既有的五帝史料诚然划定了叙事的界限，使太史公不得无中生有、信口雌黄，但太史公仍然拥有相当程度的自主性，对文献施以有倾向、有目的的取裁①。明乎此，我们有望对《史记》的记载获得更丰富的理解。比如《五帝本纪》谓禹本来与五帝同姓，建立夏朝后改姓，或可视为太史公针对各项“史实”与诸条“理论”可能引起的矛盾，而使夏姓这一“史实”迁就“理论”和其他“史实”的弥缝工作。

鄙见容易引发的一个质疑是：舜、禹和平交接乃是由于禅让，与同姓异姓无涉。然而我们回到《史记》自身的脉络，会发现：政权能否成功交接，决定因素并非禅让还是世袭，而在于是否得天命。禅让应在受命的框架下加以认识。下面，我们主要通过《五帝本纪》及《夏本纪》中尧舜、舜禹以及禹启的政权交接，观察太史公的受命理论。

六、对《尚书》和《孟子》的拼接

关于历史上的“舜禹之事”，太史公一定看过很多“百家杂语”，例如《韩非子》“舜逼尧，禹逼舜”及“启与支党攻益而夺之天下”一类的记载，但《史记》全未采信。

《五帝本纪》尧、舜事迹主要取材于《尚书·尧典》和《孟子·万章上》。《史记》记载尧在位时，舜得到四岳的举荐，并完美地通过了各种考验，尧对舜说“女登帝位”，欲禅于舜，这时舜是推让的，“让于德不怿”。② 《史记》的这些叙述全部本自《尚书》。此后“正月上日，舜受终于文祖”，舜的身份发生了什么变化呢？《史记》加入了《尚书》原文没有的内容：

> 于是帝尧老，命舜摄行天子之政，以观天命。

这句话有两层意涵。首先，舜还不是真天子，是暂时做代理天子。其次，舜是不是可以继位为真天子，不是尧个人能决定的，要

---

① 尤其能说明问题的是，《史记》春秋部分对《左传》和《公羊》的取裁。

② 据裴骃《集解》和司马贞《索隐》，《史记》的“不怿”采用了《今文尚书》“不怡”，《古文尚书》作“不嗣”。

看天命。

这两点在《史记》中非常重要，不仅在尧舜禅让、舜禹禅让、禹禅益而启继这三个事件中一以贯之，还影响到太史公对其他一些重大问题的叙述。① 其实这两点都本自《孟子·万章上》：

> 咸丘蒙问曰："（中略）舜南面而立，尧帅诸侯北面而朝之（中略）。"孟子曰："否，此非君子之言，齐东野人之语也。尧老而舜摄也。（中略）孔子曰：'天无二日，民无二王。'"
>
> 万章曰："尧以天下与舜，有诸？"孟子曰："否。天子不能以天下与人。""然则舜有天下也，孰与之？"曰："天与之。（中略）天子能荐人于天，不能使天与之天下。（中略）使之主祭而百神享之，是天受之。使之主事而事治，百姓安之，是民受之也。（中略）舜相尧，二十有八载，非人之所能为也，天也。尧崩，三年之丧毕，舜避尧之子于南河之南，天下诸侯朝觐者不之尧之子而之舜，讼狱者不之尧之子而之舜，讴歌者不讴歌尧之子而讴歌舜。故曰天也。夫然后之中国，践天子位焉。"

尤其是"万章曰"这一段，基本全为《五帝本纪》吸收。而在《尚书》经文中并不具备这些内容，② 可以说是孟子的《尚书》学说。

《孟子》说"天子不能以天下与人"，《史记》虽未出现这句话，实际上秉承了这一精神。尧虽然属意于舜，但最后使舜践祚为天子的不是尧，是天。天意又从何得知呢？这是贯穿《史记》始终的一个问题。《五帝本纪》在此与《孟子》完全一致，是通过诸侯的归附等现象来体现天命所属的。舜得天命，所以才能践天子位。舜禹禅让亦与此如出一辙。

---

① 比如周公是否称王的问题。对此《尚书》家有相反的学说，太史公则认为周公摄政未称王。

② 伪孔传亦认为舜摄位。

可是后来禹禅益未成，启继禹为天子。这说明人类历史从“公天下”堕落为“家天下”了吗？《史记》中完全没有这种论调。①《夏本纪》用“诸侯皆去益而朝启”来体现天命在启不在益，此即《孟子》所谓“天与贤则与贤，天与子则与子”。启继禹，与尧舜、舜禹禅让的机理并无二致，起决定作用的是天命。

启得天命，还可以从太史公对《尚书·甘誓》的述作中得到印证。《夏本纪》叙述启即位后：

> 有扈氏不服，启伐之，大战于甘。将战，作《甘誓》，乃召六卿申之。启曰：“嗟！六事之人，予誓告女：有扈氏威侮五行，怠弃三正，天用剿绝其命。今予维共行天之罚（中略）。用命，赏于祖；不用命，僇于社，予则帑僇女。”遂灭有扈氏。天下咸朝。

从“大战于甘”到“予则帑僇女”与《甘誓》内容相同。然而《甘誓》本文并未交代是谁向有扈氏开战。《墨子》《庄子》《吕氏春秋》以及刘向《说苑》认为《甘誓》是禹所作。《史记》认为是启作，与《尚书序》一致。《尚书序》今作“启与有扈战于甘之野，作《甘誓》”。《史记》承袭此说，并进一步认为开战的原因就是“有扈氏不服”，质疑启的王位合法性。那么《甘誓》“天用剿绝其命”“今予维共行天之罚”，在这一语境下就成为有扈氏违背天意，启要代天去惩罚他。如果说这还只是启的一面之词，那么最后《史记》新增的“天下咸朝”，恰恰表明在太史公看来，启是得民心、得天命的。

对于禅让和世袭的优劣，《孟子·万章上》讲得非常明白：

> 孔子曰：“唐、虞禅，夏后、殷、周继，其义一也。”

《史记》秉承了这一精神，并不鼓吹禅让。无论是禅让还是世袭，都不能脱离天命孤立看待。

一个明显的例证是，在孟子的时代，燕国上演了活生生的禅

① 以禅让为公天下的论调，与《史记》尧、舜、禹皆是黄帝子孙的血缘谱系相矛盾。

让，燕王哙把王位禅让给相国子之。《燕世家》记述当时的情景：

> 子之南面行王事，而哙老不听政，顾为臣，国事皆决于子之。

《六国年表》说“君让其臣子之国，顾为臣”。其他很多世家、列传也有类似的叙述，强调君臣纲纪的颠覆。《燕世家》更是把燕哙禅让的动机说成是受了苏代和鹿毛寿的蛊惑。甚至还说：

> 孟轲谓齐王曰：“今伐燕，此文、武之时，不可失也。”

太史公对燕哙禅让的完全否定，溢于言表。

《史记》对此的记述诚然与《孟子·公孙丑下》有不少出入，其思想和主张却是相通的。《史记》批评燕国昔日的国君变为臣下，正是前引《孟子·万章上》中“齐东野人”对尧、舜禅让的认识水平。更重要的是，《孟子》说“天子不能以天下与人”，同理，国君也不能仅凭个人意愿把君位指派给人。王位、君位不是任何个人的私产。

那么继体之君应如何确定？《史记》全书推崇嫡长子继承制，①似乎就是把血统视为一种天意。倘若太子缺席，诸侯或国人的意向则变得更加重要。

结　语

通过观察《五帝本纪》对《五帝德》《帝系》《国语》《尚书》等主要史源的取舍和裁断，可知《五帝本纪》凝结了太史公对一些重大问题的思考，这些思考或多或少指向一个问题：王朝更迭。这也是贯穿《史记》全书的问题。旧王朝何以失天命，新王朝何以得天命，新王朝的历史定位是什么。这是太史公究天人、通古今，竭力思考的问题。

---

① 我们的理由有二。第一，太史公崇尚父死子继，否定兄终弟及。《史记》全书叙述父死子继和兄终弟及，措辞有明显区别，并暗示兄终弟及会导致衰乱，这在《殷本纪》中尤其明显。第二，因废嫡立庶而导致衰乱，在《史记》中不胜枚举。如《鲁世家》襄仲杀嫡立庶，哀姜哭市，鲁由此公室卑，三桓强。

《史记》记事始于黄帝，既非唐尧，[1] 也非三皇。[2] 太史公追求的既不是现成的信史，也不是单纯的古老。太史公看重的应是黄帝的典范意义。黄帝凭人力获天命，用战争创立异姓王朝，继而衍生五帝、三代。黄帝是太史公及后世的“圣人君子”，认识汉家从何而来时，沿秦、周而上，能追溯到的最悠久、最具典范意义的王朝开创者。

（原载《文史》2020 年第 1 辑，此为简体版，并增补两条注释）

---

① 《汉书·司马迁传》赞云“唐、虞以前，虽有遗文，其语不经，故言黄帝、颛顼之事未可明也”，批评《史记》尧以前非信史。

② 张衡批评《史记》：“史迁独载五帝，不记三皇。”见《后汉书》本传注引《衡集》。后来司马贞《史记索隐》即为《史记》补作《三皇本纪》，记太皞伏羲、女娲、炎帝神农之事。

原则与例外：武德中后期“伪乱地”废省寺僧之实施

李　猛①

摘　要： 武德四年平定王世充、窦建德之后不久，李渊即以“伪乱地僧，是非难识”为由，下敕在“伪乱地”采取“州别一寺，留三十僧，余者从俗”的严厉废省措施。此后，该敕成为“关东旧格”，相继在“伪郑”“伪梁”“伪夏/汉东”“伪宋”等原割据政权辖区实施。根据史传、僧传、寺院碑志以及传统石刻等不同类别与性质的文献记载，在相当数量的个案研究的基础之上，可以大致梳理这项废省政策在“伪乱地”的实施情况（包括废省的范围与力度、每州寺院与僧尼的废省数量、每州所保留的寺与僧、寺院财产处置等情况）。陷伪诸州在入唐伊始，即着手废省事宜，经过约半年至一年的准备之后，开始具体执行废省敕。除了那些在唐军平定“伪乱地”的过程中曾为唐军立过军功的寺院和僧人之外，其他寺院和僧尼都要严格按“关东旧格”实施废省。即每州只保留一寺三十僧（尼），其余僧尼还俗、寺产被没。与此前历代沙汰僧尼不同的是，此次废省几乎以“伪乱地”全部寺院与僧尼为对象。而就保留僧、寺的数量来看，此次“伪乱地”废省的严酷程度，几乎可以与唐武宗会昌灭佛相比。如此，李唐武德中后期在“伪乱地”施行的废省寺僧之政策，就有惩罚和废省佛教的双重性质，影响深远。

① 作者简介：李猛，复旦大学中文系副教授。本文原刊《“中央研究院”历史语言研究所集刊》第90本第3分，2019年，第399—448页。

关键词： 李渊；武德中后期；伪乱地；废省寺僧；惩罚与废省

前言

武德四年（621）李唐大军平定王世充、窦建德之后不久，李渊即以“伪乱地僧，是非难识”为由，下敕在“伪乱地”采取严厉的废省寺、僧措施：“州别一寺，留三十僧，余者从俗。”[①] 随着李唐大军统一全国的进程，该政策作为国家既定律令的“关东旧格”[②]，相继在“伪郑”“伪梁”“伪汉东”“伪宋”等原割据政权辖区实施。学界目前对于此事的讨论，多集中在废省的原因、下敕废省的人物（高祖李渊或秦王李世民）以及所体现的李唐抑佛态度等方面。[③] 笔者也曾撰文讨论这一问题，特别关注大业末至武德初三次沙门参与甚至领导的谋反案（昙晟拥斋众杀县令、镇将谋反称帝案，太原沙门志觉“妖言”煽动并州总管李仲文谋反案以及安州释慧暠僧团“异术”谋反案），认为此事导火索是长安大总持寺都

① 《续高僧传》卷二五《唐京师胜光寺慧乘传》，释道宣撰，郭绍林点校，北京：中华书局，2014 年，第 940 页。

② 《续高僧传》卷二一《唐润州牛头沙门释法融传》，第 801 页。

③ 汤用彤：《唐太宗与佛教》，原载《学衡》1931 年第 75 期，后收入氏著《往日杂稿 康复札记》，北京：生活·读书·新知三联书店，2011 年，第 15 页。芮沃寿：《唐太宗和佛教》[“T’ ang T’ ai-tsung and Buddhism,” in *Perspectives on the T’ ang.* eds. Arthur F. Wright and Denis Twitchett (Yale University Press, 1973), pp. 239—263.] 中译本见陶晋生等译《唐史论文选集》，台北：幼狮文化事业公司，1990 年，第 23 页。[美] 斯坦利·威斯坦因：《唐代佛教》，张煜译，上海：上海古籍出版社，2015 年，第 13 页。李金水：《隋唐前期诸帝佛道政策的沿革及其原因》，《中国佛教学术论典》第 49 册，高雄：佛光山文教基金会，2001 年，第 228—229 页。郑显文：《唐代僧侣与皇权关系研究》，《中国佛教学术论典》第 49 册，第 111—112 页。赖永海主编：《中国佛教通史》第五卷，南京：江苏人民出版社，2010 年，第 174—175 页。

维那法该等人私度王世充儿孙案①，虽然有一定推进，但仍是废省原因层面的讨论。对于这次废省的具体落实与执行等情况，限于材料，则较少有具体深入的讨论，② 以至于长期以来学界对李渊武德中后期在“伪乱地”废省寺、僧的性质与影响，并没有比较清楚的认识。

实际上，关于李渊在“伪乱地”废省寺僧的各类文献记载，不仅数量少，而且在地域分布上也很不均衡。在目前的研究条件下，只能综合利用史传、僧传、寺院碑志以及传统石刻等文献记载，在相当数量的个案研究的基础之上，展开综合的讨论。鉴于此，本文将按照各“伪乱地”开展废省的时间顺序，依次讨论李唐在“郑”“梁”“夏/汉东”“宋”等四个最主要的割据政权旧地，施行废省敕的具体情况。当然，本文所要讨论的废省情况，不仅包括寺院与僧尼废省的情况，而且还包括每州保留之寺与僧的情况。由于材料的选择性书写，后者往往是讨论的中心，在此基础上再来讨论废省的范围、方式和力度。

第一节　“伪郑”故地：河南地区

开元十六年（728）建立的嵩岳少林寺碑，为这一讨论提供了

① 其他三案，学界此前都有过讨论，长安大总持寺都维那法该等人私度王世充儿孙一案，尚无讨论，事见《法苑珠林》卷二八引《续高僧传·唐西京化度寺释转明传》，《法苑珠林校注》卷二八《神异篇第二十·唐西京化度寺释转明》，释道世著，周叔迦、苏晋仁校注，北京：中华书局，2003 年，第 880 页。详细论述见拙文《唐高祖李渊武德中后期于“伪乱地”废省寺僧及其原因》，《世界宗教研究》待刊。

② 诸户立雄曾对“伪郑”“伪梁”“伪宋”等地废省情况做过简要梳理，诸户立雄《唐高祖朝の仏教沙汰政策について》，《秋大史学》（14），1967 年，第 20—26 页；《唐高祖朝の佛教政策》，《历史》（35），1967 年，第 4—16 页；收入氏著《中国仏教制度史の研究》，东京：平河出版社，1990 年，第 513—551 页。

绝佳的例子，此碑的碑阳和碑阴分别保存了《秦王告少林寺教书》[①]（碑阳上半部分）、裴漼《少林寺碑》（碑阳下半部分）；《少林寺柏坞庄碑》（碑阴上半部分），《少林寺准敕改正赐田牒》以及《少林寺百谷庄立功僧名》（碑阴下半部分）。对于此碑，王昶等金石学者早有关注，近代以来，中外学者常盘大定、仁井田陞、砺波护、中村裕一等人[②]做了比较深入的讨论，尤其是砺波护利用此碑，作了很精彩的讨论[③]。夏维明（Meir Shahar）也曾据以讨论少林寺僧兵以及李世民对他们的封赏。[④] 然而其中涉及武德时期少林寺被废省以及因功再立的问题，此前诸家措意未多，还有很多可以进一步讨论之处。尤其是武德四年的《秦王告少林寺教书》、贞观六年（632）的《少林寺准敕改正赐田牒》（以下简称《改正赐田

---

① 按：《金石录》题作“唐太宗赐少林寺教书”，王昶《金石萃编》、顾炎武《金石文字记》均题作“秦王告少林寺主教”。文中明确说“……秦王世民告柏谷坞、少林寺上座寺主以下徒众，及军民首领士庶等”，可知秦王所告之对象并不止“少林寺上座寺主以下徒众”，还包括参与“翻城归国”的“军民首领士庶”。因少林寺功劳最大，所以少林寺在前，文中秦王赞许诸人亦谓“法师等并能……”。且寺主虽亦为三纲，位次于上座，故题作“秦王告少林寺主教”并不符合原文要旨。仁井田陞题作“秦王告少林寺书”，砺波护认为此文乃是开元十一年玄宗命僧一行赐给少林寺“太宗文皇帝教书”中的一个，故题作“秦王告少林寺教书”。按此教书，乃李世民手书，故有“御书碑记”之谓。

② 常盘大定、关野贞：《支那文化史迹・解说》第二卷，京都：法藏馆，1939年，第55—59页。仁井田陞：《唐宋法律文书の研究》，东京：东京大学出版会，1983年，第833—838页。鞠清远：《唐宋元寺领庄园研究》，《中国经济》第2卷，第9期，1934年，第56—62页。西嶋定生：《碾硙寻踪》，韩昇译，刘俊文主编《日本学者研究中国史论著选译》（六朝隋唐卷），北京：中华书局，1992年。中村裕一：《唐代官文书研究》，京都：中文出版社，1991年，第83—88页。崔耕：《唐〈秦王告少林寺教碑〉考》，《中原文物》1983年第3期，第88—90页。

③ 砺波护：《嵩岳少林寺碑考》，收入砺波护著，韩昇编，韩昇、刘建英译，《隋唐佛教文化》，上海：上海古籍出版社，2004年，第117—146页。

④ 夏维明（Meir Shahar），*The Shaolin Monastery：History，Religion and the Chinese Martial Arts*，Honolulu：University of Hawaii Press，2008。

牒》)，详细记载了武德四年少林寺因僧人立功赐田、武德五年（622）因地处“伪乱”而强遭废省、武德七年（624）寺“依旧置立”、武德八年（625）还田、武德九年（626）注田等具体过程，因为是第一手官文书，所以研究价值极高。

一、少林寺僧人“翻城归国”之殊勋

武德中后期，位于“伪乱地”的少林寺，经废而得以依旧置立，实缘于武德四年寺中僧人所立之功勋。所以理清其功勋就显得很有必要。少林寺僧人之功勋，各种文献侧重各有不同，故须逐一分析，然后综合比较各方之记载。首先，秦王李世民在《秦王告少林寺教书》中，就曾点出少林寺僧人所建之功：

> 法师等并能深悟机变，早识妙因，克建嘉猷，同归福地，擒彼凶孽，廓兹净土。奉顺输忠之效，方著阙庭；证果修真之道，更宏像观。闻以欣尚，不可思议，供养优赏，理殊恒数。①

其中，“擒彼凶孽，廓兹净土”最为关键。因为此勋，李世民还特意下教褒奖少林寺，并“遣上柱国、德广郡开国公（李）安远，往彼指宣所怀，可令一二首领立功者，来此相见”②。但所擒之“凶孽”是谁，所廓之“净土”是哪里，教书并未明确交代。裴漼《少林寺碑》对此有详细记载：

> 太宗文皇帝龙跃太原，军次广武，大开幕府，躬践戎行。僧志操、惠玚、昙宗等审灵眷之所往，辨讴歌之有属，率众以拒伪师，抗表以明大顺，执充侄仁则，以归本朝。太宗嘉其义烈，频降玺书宣慰。既奉优教，兼承宠锡，赐地卌顷、水碾一具，即柏谷庄是也。③

从中可知，所擒之“凶孽”，乃是王世充侄王仁则。王仁则乃

---

① 《金石萃编》卷四一，《石刻史料新编》第1辑第1册，台北：新文丰出版公司，1977年，第698页上栏。个别录文据常盘大定、关野贞《支那佛教史迹》第2册图版80，以及唐雪康兄提供的拓片图版，有所改动。

② 《金石萃编》卷四一，《石刻史料新编》第1辑第2册，第698页。

③ 裴漼：《少林寺碑》，《金石萃编》卷七七，《石刻史料新编》第1辑第2册，第1317页上栏。另参砺波护著《隋唐佛教文化》，第137页。

世充兄世恽之子，“伪郑”开明元年，被王世充封为唐王，被执之时，具体职务不明。至于所廓之“净土”，还是不甚清楚，但肯定跟王仁则有关。与此不同的是，详细记载少林寺僧人功劳的《改正赐田牒》多次提及翻城之功，却只字未提所擒之“凶孽”。同记少林寺僧人所立功勋，前者（裴漼《少林寺碑》）强调所擒之将，后者（《改正赐田牒》）只强调所献之城池，可见所擒之将就是守城主帅。《改正赐田牒》中三次提到“翻城归国”“翻城有勋”“翻城之功”，文后再次提及，则谓“为其有功，翻柏谷坞”，可见所翻之城即柏谷坞。柏谷坞，应该就是裴漼《少林寺碑》所谓的柏谷墅，位于少林寺西北五十里，地理位置险要，故西晋、北齐乃至“伪郑”都曾于此设治：

居晋成坞，在齐为郡。王充僭号，署曰辕州。乘其地险，以立烽戍，拥兵洛邑，将图梵宫。①

可知，王世充在柏谷坞设置辕州。翦俊伟认为柏谷坞即辕州州城，但辕州领县不明。② 武德四年，少林寺僧人翻辕州城，并执刺史“伪唐王”王仁则归国。实际上，据《改正赐田牒》，除了少林寺僧外，参与翻城的还有辕州官员。贞观六年，洛州嵩阳县③丞万寿、佐董师、史吉海在“谨量审”“复申论”少林寺之功时，曾勘问少林寺僧僧彦，参与翻城诸人及其具体情况，以确认僧彦所述是否属实：

其翻城之时，是谁知委者？伪轘州司马赵孝宰、伪罗川县

① 《金石萃编》卷七七，《石刻史料新编》第1辑第2册，第1317页上栏。“辕州”，贞观六年之《少林寺准敕改正赐田牒》作“轘州”，当以“轘州”为是。

② 翦俊伟：《隋唐之际王世充郑国政区管窥》，《黑龙江史志》2014年第11期。他认为少林寺僧志操等率众与王世充对抗，说明少林寺并没有归顺王世充，亦不在辕州辖区之内，并推断罗川县隶属于辕州。

③ 砺波护谓洛州管辖下的县，并未明确指出哪一个县。中村裕一则明确为登封县（中村裕一：《唐代官文书研究》，第88页）。笔者按：据《旧唐书》卷三八《地理志一》，嵩山少林寺时属洛州嵩阳县，至登封元年十二月方改嵩阳县为登封县。《旧唐书》，北京：中华书局，1992年，第1423页。

令刘翁重，及李昌运、王少逸等，并具委者。依问僧彦，孝宰等所在，款称：“其人属游仙乡，任饶州弋阳县令，无身；刘翁重住在偃师县；李昌运、王少逸等二人属当县见在者。”①

于是，又牒偃师，勘问原任“伪”罗川县令的刘翁重，并追问李昌运：

> 依状，牒偃师，勘问翁重。得报称：“依追刘翁重勘问，得（刘翁重）报称：‘少林寺去武德四年四月内，众僧等翻轘州归国是实。当翻城之时，重见在城所悉者。’”又追李昌运等问。得款，与翁重牒状扶同者。②

据僧彦、刘翁重、李昌运所报，翻城之时，除了少林寺僧外，时任“伪”轘州司马的赵孝宰、“伪”罗川县令的刘翁重以及李昌运、王少逸等人也参与其中。事后，僧昙宗、赵孝宰、李昌运等人还被授以勋官。据此可知，少林寺僧所翻之城乃当时“伪郑”所置之“轘州”。

裴漼《少林寺碑》又谓王世充“将图梵宫”，暗示王世充有意侵占少林寺而未成功，但这恐怕是裴漼的美饰之辞。一方面，《改正赐田牒》所谓“翻城归国”，是当时官方的定位，此语在当时的语境中有特定的政治意涵。所谓“翻城归国”，崔耕认为就是少林寺僧志操、惠玚等十三人，于武德四年四月二十七日率众攻洛阳，翻城拎世充侄王仁则以归③，大误。砺波护则认为少林寺僧志操、惠玚、昙宗等人，审时势潮流，率众抵抗王世充伪兵。④ 诸户立雄则认为少林寺僧与王世充任命的赵孝宰、王少逸等人协力翻城⑤，

① 《金石萃编》卷七四，《石刻史料新编》第1辑第2册，第1261页下栏—1262页上栏。“时”字，原作“人”，据砺波护《隋唐佛教文化》以及拓片改。

② 《金石萃编》卷七四，《石刻史料新编》第1辑第2册，第1262页上栏。

③ 崔耕：《唐〈秦王告少林寺教碑〉考》，《中原文物》1983年第3期，第88—90页。

④ 砺波护：《隋唐佛教文化》，第140页。

⑤ 诸户立雄：《中国仏教制度史の研究》，第482—483页。

其说颇有识力，但仍没有对“翻城”作出解释。“翻城”，就是守城之人绕过或控制守城主将以城降。先于王仁则被擒的“伪郑”郑州刺史、荆王王行本，就是很好的例证。王行本被擒，即缘自其属下郑州司兵参军沈悦“以武牢降”，沈悦主动与唐军取得联系，请求“翻城”，最终双方里应外合，取得成功，事见《旧唐书·李勣传》：

> （武德）四年，从太宗伐王世充于东都，累战大捷。又东略地至武牢，伪郑州司兵沈悦请翻武牢，勣夜潜兵应接，克之，擒其伪刺史荆王行本。①

而《旧唐书》卷二《太宗纪上》将此事系于武德四年二月，对此的表述则是：

> 伪郑州司马沈悦以武牢降，将军王君廓应之，擒其伪荆王王行本。②

由此可知，武牢被围之际，伪郑州司兵参军沈悦派人联系李勣，请求作为内应“翻城”，李勣遂派王君廓夜袭武牢，沈悦、王君廓里应外合，获其郑州刺史王行本及其长史戴胄。③ 这里“请翻武牢”，即“以武牢降”。李密旧将郑颋被王世充擒，也缘于属下翻城，事见《隋书·李密传》：

> 世充夜潜济师，诘朝而阵，密方觉之，狼狈出战，于是败

---

① 《旧唐书》卷六七《李勣传》，第2484页。据《册府元龟》卷四二〇《将帅部·掩袭》载：“王君廓为左将军，时王世充郑州司马沈悦遣使诣左武大将军李世勣请以城降。君廓夜袭武牢，悦为内应，遂克之，获其荆王行本、长史戴胄。”《册府元龟》，北京：中华书局，1960年，第5007页。《旧唐书》卷二《太宗纪上》亦谓“将军王君廓应之”（第26页）。夜袭武牢的是王君廓，此役李勣为主将，命王君廓夜袭之。《册府元龟》与《旧唐书·太宗纪》均载沈悦为“郑州司马”，而《旧唐书·李勣传》则为“郑州司兵”，《册府元龟》所载最详，从之。

② 《旧唐书》卷二《太宗纪上》，第26页。

③ 戴胄被俘事，见《册府元龟》卷四二〇《将帅部·掩袭》，第5007页；《资治通鉴》卷一八八《唐纪四》亦从之，见《资治通鉴》，北京：中华书局，1956年，第5905页。

绩，与万余人驰向洛口。世充夜围偃师，守将郑颋为其部下所翻，以城降世充。①

这里更是将翻城与以城降对举。其实，对于唐王朝而言，少林寺僧“翻城归国”，就意味着他们在翻城之前并未归唐，而属于“伪地”。事实上，少林寺在武德五年，确实因为“地处伪地”而遭到废省。据此两点可以大致推断，在武德四年四月“翻城归国”之前，少林寺已属轘州。据《少林寺碑》碑阴下半部分所刻《少林寺百谷庄立功僧名》，参与“翻城”的少林寺僧人只有十三人，他们如何能与轘州城中的“伪”轘州司马赵孝宰、“伪”罗川县令刘翁重以及李昌运、王少逸等人里应外合，攻下轘州城、生擒王仁则！而且，从“伪”罗川县令刘翁重投奔轘州城来看，轘州即便不是孤城，也已处在唐军的包围之下。

结合“翻城”的意涵，应该是少林寺僧人利用接近王仁则的机会，联合“伪”轘州司马赵孝宰、“伪”罗川县令刘翁重等人，将王仁则控制，并以城降唐。而从李世民事后的封赏来看，似以少林寺僧功劳最大，故僧昙宗蒙授大将军，而赵孝宰只授上开府、李昌运授仪同。僧昙宗所授勋官（大将军）的秩级最高，赵孝宰（上

① 《隋书》卷七〇《李密传》，北京：中华书局，1973年，第1632页。

开府）稍次之，李昌运（仪同）则相去稍远。① 参与翻城的少林寺僧，仅昙宗蒙授勋官，颇不合理，故嵩阳县丞万寿等人又问僧彦："既称少林僧等，为归国有功勋，未知寺僧得何官？"僧彦谓："当时即授僧等官职，但僧等止愿出家，行道礼拜，仰报国恩，不取官位。"② 李世民确曾赐诸僧官位，只是诸僧不愿受，从昙宗所授大将军之勋官来看③，其他人所授亦当为勋官。

赐勋之外，少林寺因翻城之功，合格应赐田一百顷。故《改正赐田牒》谓少林寺"翻城归国，有大殊勋，据格合得良田一百顷"，且其功与武牢之功同，而"武牢勋赏，合地一百顷"。只是未能足数，田只赐四十顷，"计勋仍少六十顷"，故僧彦谓"准格合得者，未被酬赉之间"，《改正赐田牒》亦云"自余合赏物，及阙地数，不敢重论"④。除了赐勋官、赐田之外，少林寺还应"蒙赏物千段"。少林寺所得封赏，依据所谓的"格"，即军功格。值得一提的是，《改正赐田牒》中有"若论少林功绩，与武牢不殊"

---

① 《旧唐书》卷四二《职官志一》："武德初，杂用隋制，至七年颁令，定用上柱国、柱国、上大将军、大将军、上轻车都尉、轻车都尉、上骑都尉、骑都尉、骁骑尉、飞骑尉、云骑尉、武骑尉，凡十二等，起正二品，至从七品。"（第1808页）另据同书，唐武德七年后以及隋炀帝时期的勋官体系中，都没有赵孝宰和刘翁重蒙授的勋官。可知武德四年的勋官制度，主采隋文之制，其顺序为：上柱国、柱国、上大将军、大将军、上开府仪同三司、开府仪同三司、上仪同三司、仪同三司、上大都督、大都督、帅都督、都督，起正二品，至七品，总十二等，用赏勋劳。则昙宗、赵孝宰、李昌运三人所授勋官分别为正三品、从三品和正五品。陈苏镇认为武德元年恢复了隋前期上柱国至都督等名号，成为"勋官"，见陈苏镇《北周隋唐的散官与勋官》，《北京大学学报》（哲学社会科学版）1991年第2期。另按："伪"罗川县令刘翁重亦参与翻城，事后理当亦蒙授勋官，若授当在赵、刘之间，非正四品的开府仪同三司，即从四品的上仪同三司。

② 《金石萃编》卷七四，《石刻史料新编》第1辑第2册，第1262页上栏。

③ 夏维明认为昙宗是十三位立功僧人的领袖，故有大将军之封号，未注意到其他僧人不愿接受，参氏著（Meir Shahar），*The Shaolin Monastery: History, Religion and the Chinese Martial Arts*, Honolulu: University of Hawaii Press, 2008。

④ 《金石萃编》卷七四，《石刻史料新编》第1辑第2册，第1261页下栏。

之句，这就意味着翻武牢与翻轘州功劳大致同等，说明在当时“伪郑”所置轘州城与荆州州治武牢城地位相类。事实上，少林寺僧等人所擒之“伪”唐王仁则，与“伪”荆王行本，同为王世充侄。

据裴漼《少林寺碑》，开皇中，隋文帝曾将“柏谷屯地一百顷”赐少林寺，可知少林寺有充足的粮食。此寺在大业末“为山贼所劫”，赖少林寺僧徒齐力抗拒，未能得手，但也遭“贼遂纵火焚塔院”。但少林寺僧众虽多，能拒得了山贼，却抗拒不了王世充的大军，拥有百顷土地和数百僧众的少林寺①，显然是粮食极度紧缺的“伪郑”觊觎的对象。裴漼记述少林寺沿革，对此避而不书，着重强调少林寺僧人对抗王世充以及献城、擒王之功劳，而且将翻城之功全归于少林寺僧名下，对其他参与之人只字未提。但这些并不能掩盖少林寺“伪地”的身份，即便少林寺有“翻城归国”之“殊勋”，在武德五年，也未能逃过被强制废省、寺僧被迫还俗的命运。但毕竟有功，经少林寺僧人诣阙上诉，寺得以于武德七年“依旧置立”。

二、从少林寺被废与再置看“伪郑”地区废省寺僧的实施

前文已述，武德五年，少林寺因“寺居伪地，总被废省，僧徒还俗，各从徭役”②。少林寺被废省，说明武德四年在“伪乱地”废省僧寺的措施，被执行得相当彻底。《少林寺柏坞庄碑》于《秦王告少林寺教书》下所刻秦王李世民另一“教”明确指出，武德四年赐给少林寺的肆拾顷地和水碾，在武德五年寺废之日，被“国司取以置庄”，其庄即“柏谷庄”。少林寺强遭废省，该寺僧人“以有翻城之功，不伏减省，上表申诉。至七年七月，蒙别敕，少林寺听依旧置立”。僧彦并没有交代“上表申诉”者为何人，以何种方式向谁申诉。据裴漼《少林寺碑》，这个“上表申诉”者为该

① 李邕《嵩岳寺碑》载：“隋开皇五年，隶僧三（一作二）百人。仁寿一（一作二）载，改题嵩岳寺。又度僧一百五十人。”《文苑英华》卷八五八，北京：中华书局，1966年，第4530页下。

② 《金石萃编》卷七四，《石刻史料新编》第1辑第2册，第1261页下栏。

寺上座僧善护：

> 追海□既平，宪章云始，伪主寺观，尽令废除。僧善护洞晓二门，远该三行，诣阙进表，特蒙置立。①

裴漼这里特意表彰僧善护之功劳，当有所据。而据《少林寺百谷庄立功僧名》，僧善护在武德五年为少林寺上座，在寺院遭废省、僧徒被迫还俗的紧要关头，挺身而出“诣阙进表”，亲自前往长安进表陈情。然而，此事竟然迁延了将近两年时间，其间释善护在长安如何运作，有什么样的遭际，有没有向秦王世民以及京师诸权贵、大德求助等等，都不得而知。至武德七年七月，少林寺才蒙别敕“听依旧置立”。这里的“别敕”，是太宗之敕，还是高祖之“敕”，也需要说明。一般情况之下，公文书之中称敕，应该是当时皇帝所下无疑。但《改正赐田牒》在叙述此“别敕”之后，还记载了另一个“别敕”：

> 至七年七月，蒙别敕，少林寺听依旧置立。至八年二月，又蒙别敕：“少林寺赐地肆拾顷、水碾硙一具。前寺废之日，国司取以置庄，寺今既立，地等并宜还寺。”②

据《少林寺柏坞庄碑》所载秦王武德八年二月所下之教书及相关牒文，此“别敕”显然是秦王教的内容。《改正赐田牒》写于贞观六年，昔日秦王已然是当今皇帝，所以武德时期秦王所下之教，在贞观时期也被称作“敕”。这种情况在此《改正赐田牒》中比比皆是，不仅僧彦如此③，嵩阳县丞万寿等人在官文书中也如此称

---

① 《金石萃编》卷七七，《石刻史料新编》第1辑第2册，第1317页上栏。

② 《金石萃编》卷七四，《石刻史料新编》第1辑第2册，第1261页下栏。

③ 比如僧彦在回答“既称少林僧等，为归国有功勋，未知寺僧得何官”之问时，即答称：“僧等去武德四年四月二十七日，翻城归国，其月卅日，即蒙敕书慰劳，敕书今并见在。又至武德八年二月，奉敕还僧地肆拾顷，敕书今并见在。”这里将李世民武德四年、八年所下之教，均称作“敕书”。

呼①。只是，万寿等人在牒文中对秦王武德四年、武德八年所下教书似有所区别：

> 其教、敕案②，今并在府县。少林若无功勋，即是雷同废限。以有勋绩，别敕更听存立。……其寺僧昙宗蒙授大将军，赵孝宰蒙授上开府，李昌运蒙授仪同，身并见在者。并追在手敕、教及还僧地符等，勘验有实者。③

这里，两次将教与敕并提，尤其是第二段文字将手敕、教、还僧地符等不同性质的官文书并提，而这三种文书，正是官方据以勘验僧彦、刘翁重等人的供词是否真实的最重要的依据。“手敕”，中村裕一认为是皇帝所下慰劳制书、论事敕书、手诏的别称，多由皇帝本人书写④。前文已述，武德四年《秦王告少林寺教书》乃秦王李世民慰劳柏谷坞、少林寺立功之手书，并非严格意义上的官文书“教书”，而且并不是经由陕东道大行台尚书省发出，而是由李世民所派李安远前往少林寺传达（“往彼指宣所怀”）。另外，此书主要是慰劳诸立功之人，因而并没有具体提及赐田、碾之事，故僧彦谓之“蒙敕书慰劳”，亦未提赏赐之事。而武德八年之教、贞观六年之《改正赐田牒》，都明确说武德四年秦王赐田四十顷、水碾一具，僧彦还自谓少林寺曾“蒙赏物千段”。故颇疑李世民在四月三十日《秦王告少林寺教书》之外，还下过赐田四十顷、水碾一具、物千段之教，只是相关文书未能保留下来。而保留下来的这篇《秦王告少林寺教书》，乃是李世民手书，此后又被称为“太宗御书”，在

---

① 在《赐田牒》开头即谓：“去武德八年二月，蒙敕赐寺前件地”，中又谓“以有勋绩，别敕更听存立。其地既张顷数，恩敕还僧”，这显然都是将秦王武德八年之教称作“敕”。

② “案”，是指作为档案留存府县的教、敕副本。黄正建：《唐代“官文书”辨析——以〈唐律疏议〉为基础》，《魏晋南北朝隋唐史资料》第三十三辑，上海：上海古籍出版社，2016年。

③ 《金石萃编》卷七四，《石刻史料新编》第1辑第2册，第1261页下栏—1262页上栏。

④ 中村裕一《隋唐王言の研究》第五章《惯用の王言》第五节《手敕》，东京：汲古书院，2003年，第343—346页。

贞观六年则已被称作“手敕”。而与“手敕”并提的“教及还僧地符”，应当分别指武德八年秦王所下还少林寺田碾之教和陕东道大行台尚书省所下洛州的符①。

以上几件官文书，是贞观六年嵩阳县丞万寿等人据以判断柏谷庄四十顷田和碾是否属于少林寺的重要依据。而贞观六年嵩阳县丞万寿等人所上《改正赐田牒》的缘起，乃是武德九年少林寺都维那惠义将秦王所赐四十顷常住僧田妄注为口分田。嵩阳县在“改正”口分田的过程中，重点勘查了少林寺武德四年何以赐田、武德八年何以还田，而武德五年“国司”何以夺田置庄、武德七年少林寺何以“依旧置立”并非他们调查的主要内容，也不须摆出相应官文书作为依凭。武德五年少林寺被废省，乃是“国司”严格遵照李渊武德四年之敕而执行的，所以即便是身为陕东道大行台的秦王李世民想要少林寺更立，也得经过李渊的同意。

所以，《改正赐田牒》中所提到教、敕，除了武德七年“少林寺听依旧置立”之敕是李渊所下，其余教、敕均是秦王李世民于武德时期所下教书，这些秦王教书，在李世民登基后，也被称作敕。而《改正赐田牒》中的“别敕”，或指秦王李世民武德八年还少林寺田、碾之教（“至八年二月，又蒙别敕：‘少林寺赐地肆拾顷、水碾碨一具。前寺废之日，国司取以置庄，寺今既立，地等并宜还寺。’”②）；或指李渊之敕（“至七年七月，蒙别敕，少林寺听依旧置立”“以有勋绩，别敕更听存立”）。这样看来，“别”并不是为了特意区分李渊与李世民，而只是为了区分不同的教与敕而已。

武德五年至七年七月，少林寺处于被废省状态，秦王所赐四十顷田也被国司强行收走置为柏谷庄。除了上座善护入长安“诣阙进表”之外，其他僧人应该都被迫还俗，返回桑梓，“各从徭役”。少林寺于武德五年被废省，也就意味着，至迟到这一年，“伪郑”

---

① 武德八年的教及其相关牒文的详细流程，可参中村裕一《唐代官文书研究》第一章《令书と教》第二节《教》，第 83—88 页。另参仁井田陞《唐宋法律文书の研究》，东京大学出版会，1983 年，第 833—838 页。

② 《金石萃编》卷七四，《石刻史料新编》第 1 辑第 2 册，第 1261 页下栏。

故地废省僧尼的政策已经进入具体执行阶段。而在此之前，中央和地方州府的相关部门和僧司须初步拟定废省僧寺的详细方案，至少每州所要保留的一所寺院和三十名僧徒的名单应该已基本敲定，而这是一个艰难的筛选过程。单是武德八年秦王下教还少林寺赐田，就牵涉到了陕东道大行台尚书省、洛州、嵩阳县等诸多部门，由此可以大致逆推出参与没收寺院田产的相关曹司。除了田庄之外，僧徒的安排最为棘手，每州千百僧尼籍变为户籍，涉及的曹司（至少有户、田、兵三曹）更多，更为繁杂。

三、嵩岳寺“明敕洊及，不依废省”

前文已根据李邕《嵩岳寺碑》，推测嵩岳寺应该是嵩州敕留之寺。至于为何嵩岳寺能得以逃过废省，与该寺在李世民率大军平洛之前的一系列立功举动有关。对此，李邕《嵩岳寺碑》有相关记载：

> 且王充西拒，蚁聚洛师，文武东迁，凤翔岩邑。风承羽檄，先应义旗，挽粟供军，悉心事主。及傅奕进计，以元嵩为师，凡曰僧坊，尽为除削，独兹宝地，尤见褒崇，实典殊科，明敕洊及，不依废省。有录勲庸，特赐田碾四所。①

嵩岳寺的主要功劳是：接应唐军的招慰，并为唐军提供军粮，并因此得到了四所田碾的赏赐。虽然嵩岳寺是否赐田、赐田多少并不清楚，但获赐田碾的数量要远多于少林寺（一所），这样看来嵩岳寺的功劳似乎要高于少林寺，这恐怕也是嵩岳寺得以逃过废省的重要原因。按照李渊所下每州止留一寺之敕，嵩岳寺即嵩州所留之寺，这当然是该寺的殊荣，而李邕所谓“凡曰僧坊，尽为除削”，显然是为了突出该寺之殊荣，有意将当时废省寺院的范围和力度都放大了。从“明敕洊及”之语来看，似乎“伪乱”诸州所留之寺院名单，须上呈李渊，李渊同意之后，即以诏敕的形式下达。

---

① 《文苑英华》卷八五八，第4530页下。“风”字，《全唐文》卷二六三作“夙”。

四、“伪郑”其他地区废省寺僧的情况

（一）嵩阳县永泰寺

嵩山永泰寺，据傅梅所编《嵩书》，在登封县西北二十里太室山之右（西）。[①]《嵩书》对永泰寺的沿革有很清楚的介绍，所据当为释靖彰于天宝十一年所写之《大唐中岳永泰寺碑颂并序》：

> 粤兹宝界，创自后魏正光二载，即孝明帝之贤妹也，乃居宠若惊，克修雅志，確乎出俗，入道为尼，以诚信有征，敕为置明练之寺，兼度士庶女等，百有人矣。顷遇周武不敏，正教陵夷。至隋氏开皇，重加修复，又度尼廿一人，以崇景福。暨有唐贞观三载，议将尼寺居山虑恐非人侵扰，敕令移额于偃师县下置，此因废焉。[②]

此寺始建于北魏孝明帝正光二年（521），初名明练寺，乃敕修之尼寺，尼众有百人之多，考虑到此寺在山中，还是颇具规模。北周武帝灭佛，遭到废毁，隋文帝开皇时期重修，又度尼二十一人，规模已大减。至贞观三年，此寺才因尼众的安全问题，移额于偃师县，寺遂因而废弃。至神龙二年（706）由嵩岳寺都维那释道莹奏为永泰公主追福，请改为永泰寺，得到唐中宗敕许。在贞观三年移额之前，明练寺尚有一定数量的尼众，且寺额尚在。据此可知武德时期，明练寺及其尼众似乎并未遭到官方之废省。明练寺与少林寺同在嵩山，相去不远，少林寺以翻城之功尚且于武德五年遭到废省，僧尼被强制还俗，寺院、田产也都被国司夺去；而明练寺仅仅二十余尼众的小寺，却幸运地逃过了废省，尼众与僧众分开驻锡，每州只保留一寺三十僧/尼，嵩州所留嵩岳寺为僧寺，尼众就须调配他州，故废省进度要慢，迁延至玄武门之变后，废省之事已停。

---

① 傅梅《嵩书》卷三《卜营篇》，《续修四库全书》收上海图书馆藏明万历刻本，上海古籍出版社，2002 年，第 75 页上。

② 《金石萃编》卷八九，《石刻史料新编》第 1 辑第 2 册，第 1500 页上栏。拓片见常盘大定、关野贞《支那佛教史迹》2—117；《北京图书馆藏中国历代石刻拓本汇编》第 26 册，第 61 页。

颇疑正是明练寺尼寺的特殊“身份”，使得该寺暂时得以逃过废省。当然，这只是一种解释，也有可能是释靖彰在撰写碑颂之时，刻意略去了该寺武德中被废省之事。

（二）齐州

齐州，隋之齐郡，大业七年（611），王薄拥众据齐州长白山，后逐渐控制齐州，① 后王薄以齐州先后归降于李密之“伪魏”（大业十三年）、宇文化及之“伪许”（武德元年）、窦建德之“伪夏”（武德二年），以及王世充之“伪郑”（武德三年）。其间（武德二年三月），王薄还曾以齐州归唐。② 至武德四年，唐平王世充，齐州归唐，复设总管府，七年改总管府为都督府，贞观元年（627）废都督府，贞观七年（633）复置。③ 齐州虽然曾于武德四年之前降唐，但长期陷伪，而且所陷之“伪”政权非一，其地显然属于“伪乱地”，故在废省之列。而据《大唐齐州神宝寺之碣》，齐州神宝寺确有废省之遭际。此碑立于开元二十四年（736），由□子寰④撰并书，碑高 2.56 米，宽 1.28 米，厚 0.28 米，隶书阴刻 35 行，行 54 字。碑现存基本完好，1965 年移至岱庙炳灵门内，1983 年又移置岱庙东碑廊。《山左金石志》《全唐文》均载其文，《泰山石刻大全》仅据原碑录文，未参考纸本。这里参考集本、石本与此前录文，谨录出相关文字如下：

---

① 《资治通鉴》卷一八一《隋纪五》，第 5656 页。

② 《新唐书》卷一《高祖纪》，系于武德二年三月甲戌，第 9 页。《资治通鉴》系于三月庚辰，第 5848 页。

③ 《旧唐书》卷三八《地理志一·河南道》，第 1451 页。关于齐州的沿革，详参周振鹤主编，郭声波著：《中国行政区划通史·唐代卷》，上海：复旦大学出版社，2012 年，第 350 页。

④ 关于此碑之撰并书者，《山左金石志》谓“字寰”，孙星衍《寰宇访碑录》卷三谓“李寰”，常盘大定、关野贞《支那佛教史迹》第 1 册《评解》（东京：佛教史迹研究会，1925 年，第 154 页）以及《泰山石刻大全》录作“□子寰”。《北京图书馆藏中国历代石刻拓本汇编》第 24 册，亦录作“李寰”撰，第 16—17 页。（道光）《长清县志》卷一五录作“于寰”，舒化民等修，徐德城等纂，南京：凤凰出版社，2004 年。

> 神宝寺者，宝山南面，岱宗北阴。冈峦隐嶙，而石壁万寻；林薮蒙茏，而涧壑千仞。……粤有沙门讳明，……遂表请国主，驱策人神，立此伽蓝，以静默[①]为号。自梁齐已来，不易题榜。属隋季经纶，生人板荡，革鼎推变，真俗盈虚，今之所存，殆将半矣。至我大唐御宇，重迁九鼎，再补二仪，四海廓清，万邦一统。用光正道，建三宝以传灯；化洽垂衣，统群生于寿域。乃格命天下，有固废伽蓝先有额者，并使申修。于时有乡人王即应答，州县申闻。以此寺北有宝山，东有神谷，因改为神宝寺。[②]

据碑文，隋末战乱，大部分寺院遭到破坏，静默寺也不例外，好在“今之所存，殆将半矣”，并未完全毁于战乱，所存尚多，且寺额似亦尚在。需要指出的是，撰碑之人并未详细交代静默寺之沿革。据《续高僧传》卷一八《隋西京禅定道场释昙迁传》，静默寺在北周武帝灭佛之时被毁，至开皇十四年（594）十二月，隋文帝车驾东巡，致祭泰山。[③] 经昙迁建议，隋文帝下敕“率土之内，但有山寺，一僧已上皆听给额”，还下敕以河南王杨昭、齐王杨暕、华阳王杨楷三王分别为朗公、静默、宝山三寺之檀越。[④]

碑文之中所谓“乃格命天下，有固废伽蓝先有额者，并使申

---

① 《全唐文》作“静然”，《山左金石志》，常盘大定、关野贞以及《泰山石刻大全》均录作“静□”，笔者细核拓片，更像“默”字。常盘大定据《续高僧传·释昙迁传》，认为神宝寺乃“旧静默寺”。

② 《全唐文》卷九五九、《山左金石志》卷一二。“王即”，《山左金石志》作“王卩”，《泰山石刻大全》作“王部”；“申修”，《泰山石刻大全》作“屯修”。

③ “车驾东巡”，即《续高僧传·释昙迁传》所谓之“柴燎岱宗”，见《资治通鉴》卷一七八《隋纪二》，第5547页。

④ 《续高僧传》卷一八《隋西京禅定道场释昙迁传》，第665页。常盘大定、关野贞已经注意到此，但“再兴”之山寺并不只是他们所提的神通、神宝、灵岩三寺，而是有一僧以上的山寺，道宣之所以单独提及这三所寺院，当是因为这三所寺院原规模和影响都较大，且隋文帝命三王分别为三寺之檀越。

修”一事，当是指贞观十年（636），李世民为长孙皇后重病祈福而下诏修复废寺之事（详下），并改寺额为神宝寺。在此之前（武德中至贞观十年），静默寺则属“废伽蓝先有额者”，可知此寺一直处于废弃状态。而此寺至隋末尚存将近一半的建筑，在武德至贞观十年期间，则从隋皇室供养的寺院，沦落为废寺。武德九年李世民下令取消废省寺观措施以后，便没有再采取过类似的极端措施。故此寺之所以被废省，当是武德四年以后，以地居“伪地”而遭唐王朝废省。

第二节　“伪梁”故地：荆、湘地区

义宁元年（617）十月甲申，萧铣于巴陵自称梁王，改元鸣凤。次年四月，称皇帝，署置百官，一准南朝萧梁故事。至武德元年（618），萧铣已拥有“东自九江，西抵三峡，南尽交趾，北距汉川”① 的广大地区，胜兵四十余万，实力甚强。武德四年，平萧铣之后，因地处“伪乱”而遭到废省。前引《续高僧传》卷二七《唐荆州开圣寺释慧因传》以证李渊确曾在“伪乱地”采取废省寺僧的措施，这里据以讨论“伪梁”地区废省寺僧政策的实施情况：

> 释慧因，姓张，清河武城人。昔依贤法师，后以雅志卓然，众所推伏，欲屈知寺任，遂巡于蜀川，询求禅律，访无夷险，必往参请。唐运大通，自蜀而返。于时州别一寺，但三十僧，因即其一，持维志节，终始无忘。后为开圣本寺，去荆五十余里，山薮旷迥，阻绝风烟，乃独止此山，草庵兰若，二十余载，四远咸依。……年七十五卒于本寺。②

慧因自蜀返回荆州时，正好赶上其地废省寺僧，即“州别一寺，但三十僧”，慧因即是三十僧中之一。但《续高僧传·释慧因

① 参《资治通鉴》卷一八四《隋纪八》、卷一八五《唐纪一》，第 5760—5761 页，第 5791 页；《旧唐书》卷五六《萧铣传》，第 2264—2265 页。

② 《续高僧传》卷二七《唐荆州开圣寺释慧因传》，第 1065 页。

传》中并未明确交代慧因入蜀之前驻锡之寺以及该寺所在之州，慧因入蜀前所依之贤法师，亦事迹未详，所以这里记载的废省寺僧的地方就很难判定。据《续高僧传·释慧因传》，慧因乃清河武城人。清河，乃隋之清河郡，武德四年平窦建德，改为贝州。考虑到隋文帝之时[①]，僧人出家多在本州岛或临近诸州，所以《续高僧传·释慧因传》所载"州别一寺，但三十僧"的废省寺僧之事，可能发生在贝州或者临近某州，即在"伪夏"河北境内。然而《续高僧传·释慧因传》中，两次强调开圣寺为慧因的"本寺"，且慧因又卒于（开圣）"本寺"，似乎开圣寺就是慧因依贤法师出家之寺，或者是入蜀前驻锡之寺。武德九年，废省寺僧措施结束后，慧因又返回开圣本寺驻锡。如果这个猜测不错的话，《续高僧传·释慧因传》所载废省寺僧之地就应当是"伪梁"之荆州。

而荆州所保留之寺，当非开圣寺，此寺在九望山中，"去荆五十余里"[②]，更何况该寺与"伪梁"皇帝萧铣以及"伪梁"宋王杨道生关系颇为密切[③]。而据《大慈恩寺三藏法师传》，荆州保留的寺院或许是天皇寺：

> 法师年满二十，即以武德五年于成都受具，坐夏学律，五篇七聚之宗，一遍斯得。益部经论研综既穷，更思入京询问殊旨。条式有碍，又为兄所留，不能遂意，乃私与商人结侣，泛舟三峡，沿江而遁，到荆州天皇寺。彼之道俗承风斯久，既属来仪，咸请敷说。法师为讲《摄论》《毗昙》，自夏及冬，各得三遍。时汉阳王以盛德懿亲，作镇于彼，闻法师至，甚欢，躬

---

① 《续高僧传·释慧因传》载慧因贞观十九年尚在，而卒年七十五，若以贞观十九年为卒年，二十岁受戒，则受戒之年当在隋文帝开皇十年（590）。实际上，其时僧人出家往往早于受戒。这样，慧因出家依贤法师，当在隋文帝时期。

② 关于荆州开圣寺的位置，可参大内文雄《南北朝隋唐期仏教史研究》，京都：法藏馆，2013 年，第 258—260 页。

③ 《续高僧传》卷二七《唐初荆州开圣寺释法运传》，第 1067—1068 页。

申礼谒。发题之日，王率群僚及道俗一艺之士，咸集荣观。①

玄奘于武德五年受具戒，坐夏学律之后，从成都与商人结伴沿江东下。至迟于武德六年夏到达荆州天皇寺，这一年汉阳王李瓌代其兄赵郡王李孝恭任荆州都督不久②。其时距萧铣降唐（武德四年十月）已将近两年，废省寺僧的工作已经深入展开，然而天皇寺并未遭到废省，似乎该寺也留有一些僧人，至于僧人数量，并不清楚。玄奘到该寺，即受邀在该寺开讲《摄论》和《毗昙》各三遍，自夏至冬，此后还受到荆州都督汉阳郡王李瓌的礼敬③。值得注意的是，玄奘其时年仅二十，且刚受具戒④，即便他“益部经论研综既穷”，但毕竟年轻。他在荆州天皇寺受邀讲法，而且受到如此高规格的礼遇，这可能与玄奘蜀地僧人的身份有关（巴蜀之地非“伪乱地”），却也从侧面反映出荆州遭废省之后，法师凋零的局面。而从荆州都督汉阳郡王李瓌率群僚听玄奘讲法来看，天皇寺可能就是荆州保留的那所寺院。天皇寺，旧为导因寺，位于荆州州治江陵城中，寺中有柏殿五间⑤，经后梁明帝萧岿修置，内有柏堂，梁张僧繇画庐舍那佛像及仲尼十哲，因寺中有宣尼像而逃过北周武帝灭佛，寺院独得保存。⑥

---

① 《大慈恩寺三藏法师传》卷一，北京：中华书局，2000 年，第 8 页。

② 《旧唐书》卷六十《李瓌传》载李瓌武德中“代兄孝恭为荆州都督”，未言具体时间；而同卷《河间王孝恭传》载李孝恭武德四年平萧铣，授荆州大总管，六年，迁襄州道行台尚书左仆射。以上两处分别见《旧唐书》卷六十，第 2350、2348 页。又据《旧唐书·地理志》，武德五年荆州置大总管，七年改大总管为大都督，贞观二年降为都督府，《旧唐书》卷三九《地理志二》，第 1551—1552 页。

③ 受汉阳王礼敬并为开讲事，《大唐故三藏玄奘法师行状》未载。《大唐故三藏玄奘法师行状》卷一，《大正新修大藏经》第 50 册，第 214 页中。

④ 道宣《续高僧传·释玄奘传》与冥祥《大唐故三藏玄奘法师行状》，均载武德五年，玄奘年二十一，受具戒。《续高僧传》卷四《唐京师大慈恩寺释玄奘传》，第 534 页。《大唐故三藏玄奘法师行状》卷一，第 214 页中。

⑤ 《续高僧传》卷二七《隋荆州内华寺释慧耀传》，第 1064 页。

⑥ 张彦远：《历代名画记》卷七，北京：人民美术出版社，2016 年，第 120 页。

第三节　“伪夏/汉东”故地：河北、山东地区

武德四年四月，秦王李世民在汜水大败窦建德援郑大军，并生擒窦建德。五月，齐善行、曹旦、裴矩等人以洺、相、魏等州降唐，河北初平。其时，因河北地处“伪地”，废省僧尼的措施例当提上日程。此后不久，刘黑闼等人就起兵复叛，半年之后，河北之地悉为刘黑闼所有。所以，这时期废省寺僧措施实际上并未施行。武德六年正月，刘黑闼被杀，河北地区彻底平定，废省寺僧一事遂开始施行。相州因是东魏、北齐都城所在地，是当时北方最大的佛教中心，寺院众多、僧徒云集，而且关于相州废省寺僧的文献记载也最多。所以，下面先以相州为例，讨论河北地区在武德中后期废省僧尼实施的情况。

一、相州释慧休为唐军供应军实之功与相州之“特宜依定”

据《续高僧传·释慧休传》，相州慈润寺释慧休曾主动为李勣大军提供军粮，为此李勣还特意上奏慧休之功：

> 暨武德年内，刘闼贼兴，魏、相诸州，并遭残戮。忽一日警急，官民小大，弃城逃隐。休在云门，闻有斯事，乃率学士二十余人东赴相州，了无人物，便牢城自固。四远道俗，承休城内，方来归附。当斯时也，人各藏身，而休挺节存国，守城引众，可谓乱世知人者矣。其年不久，天策陈兵远临贼境，军实无委，并出当机。休既处僧端，预明利害，集众告曰：“官军静乱，须有逢迎。僧食众物，义当先送。”再和大众，并无从者。休惧被后罚，必可乘权，独诣军门，具陈来意。于时曹公徐世勣引劳赏悦，仍令部从随休至寺，任付粮粒。及平殄后，曹公为奏，具述休功，登即下敕：“入贼诸州见有僧尼止留三十，相州一境特宜依定。”以事验人，休量难准。①

武德四年七月窦建德被杀后，刘黑闼等人以为窦建德复仇之

① 《续高僧传》卷一五《唐相州慈润寺释慧休传》，第534页。

名，于漳南起兵，半年间席卷河北，复建德旧地。唐王朝平刘黑闼的战争，有两次，第一次由秦王李世民为主帅，第二次以太子李建成为主帅，而《续高僧传·释慧休传》谓慧休受到曹公徐世勣“引劳赏悦”，后曹公又为慧休请功。而李勣只参与了第一次平刘黑闼之乱，至武德五年十一月太子建成奉诏出讨刘黑闼之时[①]，李勣正受命讨徐圆朗[②]，所以《续高僧传·释慧休传》所谓慧休独自拜谒李勣军门之事，当发生在秦王挂帅讨刘黑闼之时。事发在相州，其时间范围还可以进一步缩小。据《资治通鉴》所引《革命记》，刘黑闼于武德四年十二月丙寅之后，攻陷相州，执刺史房晃。[③] 至武德五年正月“秦王世民军至获嘉，刘黑闼弃相州，退保洺州。丙申，世民复取相州”[④]。《续高僧传·释慧休传》所谓“魏、相诸州，并遭残戮。忽一日警急，官民小大，弃城逃隐”[⑤] 之事，当在此期间。

从慧休“便牢城自固。四远道俗，承休城内，方来归附”以及慧休可以“独诣军门”而不受限制等情况来看，似乎城内并没有守城之军。慧休因自处“僧端”，大集僧众讨论是否迎接唐军，并以僧食为唐军供应军粮之事。反映的应该是武德五年刘黑闼为避李世民兵锋，主动弃相州、退保洺州的情况，而非道宣有意强调的相州初陷之际，慧休力排众议，“独诣军门，具陈来意”，并带领李勣部

① 《资治通鉴》卷一九〇《唐纪六》，第 5960 页。

② 刘黑闼第一次败后，北逃突厥，李世民复领兵讨徐圆朗，至武德五年七月“下十余城，声震淮、泗”，“世民以淮、济之间略定，使淮安王神通、行军总管任瓌、李世勣攻圆朗；乙酉，班师”，而至武德六年二月丙寅，“徐圆朗穷蹙，与数骑弃城走，为野人所杀，其地悉平”，这期间李勣领兵讨徐圆朗。

③ 《资治通鉴》卷一八九《唐纪五》载武德四年十二月：“丙寅，洺州土豪翻城应黑闼。黑闼于城东南告天及祭窦建德而后入；后旬日，引兵攻拔相州，《考异》曰：《实录》，黑闼陷相州在来年正月乙酉，盖奏到之日也。今从《革命记》。”第 5940—5941 页。

④ 《资治通鉴》卷一九〇《唐纪六》，第 5943 页。

⑤ 《续高僧传》卷一五《唐相州慈润寺释慧休传》，第 534 页。

从“随休至寺，任付粮粒”。可见慧休之功，并不只是为唐军提供军粮，还在于在唐军未进入相州城之前，迎接唐军并导引唐军入城。根据道宣的记载，李世民所率大军“军实无委，并出当机”，即随军并未携带太多军粮，所以慧休引大军至慈润寺“任付粮粒”，就很及时。缘此李勣才会上奏其功，也是因为此功，李渊才“登即下敕：‘入贼诸州见有僧尼止留三十，相州一境特宜依定。’”

当然，《释慧休传》提到之“敕”仅有“入贼诸州见有僧尼止留三十”的内容，未提每州止留一寺之事。而“相州一境，特宜依定”一句，意在表彰相州因慧休之功，相州之废省依慧休意见而定。对于慧休之功，神清《北山录》又进一步放大：

> 国初徐世勣讨河北，馈餫不给，王师且羸，贷粮于寺。而僧曰：“常住不可。”慧休闻而告之曰：“若此举无功，则国之虞矣；国虞而寺存，未之能也。”召其徒沮众告师（慧宝注：召僧众散告兵师，而给散也），发廪赈食。神尧初欲罢释教，唯河北不被诏，以英公表闻故也。[①]

可以看出，神清的叙述，大致从道宣而来，但是关于慧休之功却明显有放大之嫌：其一，有意歪曲李勣入相州之形势，《释慧休传》只是说李世民大军“军实无委，并出当机”，并未说“馈餫不给，王师且羸”，亦未言唐军“贷粮于寺”之事；其二，将逃过废省的区域有意放大至整个河北地区。这些显然都是神清的夸大之辞，不足为信。事实上，贞观二十年（646）慧休去世后，越王李贞命宋宝所撰之《慈润寺故大论师慧休法师刻石记德文》[②]中，对慧休建功之事，完全没有提及。故而对于道宣尤其是神清所记慧休因功而使相州甚至河北寺与僧逃过废省之记载，须抱以谨慎之态度。

武德六年冬，玄奘从荆州天皇寺讲罢之后，“复北游，询求先

---

① 神清《北山录》卷三，《大正新修大藏经》第52册，第594页上。

② 周绍良、赵超主编：《唐代墓志汇编续集》贞观〇四九，上海：上海古籍出版社，2001年，第36—38页。另参大内文雄：《宝山灵泉寺石窟塔铭の研究》，《东方学报》六九卷，1997年，第287—355页。

德。至相州，造休法师，质难问疑”①。玄奘到达相州的时候，已是武德七年，其时相州废省寺僧也已经开展一年有余，玄奘造访慈润寺慧休并与其质难问疑，这说明其时慧休及其所在的慈润寺还未废省；据前引《慈润寺故大论师慧休法师刻石记德文》以及《慈润寺故大慧休法师灰身塔颂》②，贞观二十年慧休去世，于次年立碑、建灰身塔，据此可明慈润寺并未废省。除此之外，相州著名律师法砺及其所在日光寺似乎也未遭废省，《续高僧传·唐相州日光寺释法砺传》载：

初归灵裕法师，即度为弟子。……唐运初基，法门重辟。会临漳令裴师远夙承清训，预展法筵，请砺在县，敷弘相续，绵积累载，开悟极多。四方怀道，宵兴命驾，解契升堂，行敦入室。砺以初学旧习，委访莫归，若不流于文记，是则通心无路，乃开拓素业，更委异闻，旁讯经论，为之本疏。时慧休法师道声远被，见重世猷，赞击神理，文义相接。故得符彩相照，律观高邈，休有功焉。以贞观九年十月卒于故邺日光住寺，春秋六十有七。前后讲律四十余遍，制《四分疏》十卷、《羯磨疏》三卷，《舍忏仪轻重叙》等，各施卷部，见重于时。③

法砺从灵裕受具戒，慧休早年亦从灵裕学，二人又均从静洪律师学律，经常“文义相接”，关系甚为密切。慧休暮年还曾听法砺讲律，考虑到慧休的年腊及其在相州的地位，则此举除了慧休自谓“出家之始，从虎口中来，即奉投戒法。岂以老朽而可斯须离耶？恨吾不得常闻耳”④ 之外，恐怕也有声援法砺之意。道宣亦特别强调法砺“律观高邈”，慧休实“有功焉”。道宣贞观九年游学至相

① 《大慈恩寺三藏法师传》卷一，第9页。

② 周绍良、赵超主编：《唐代墓志汇编续集》，第36页。

③ 《续高僧传》卷二三《唐相州日光寺释法砺传》，第860页。

④ 《续高僧传》卷一五《唐相州慈润寺释慧休传》，第533—534页。

州，从法砺学律月余，并经历了他的临终①，他的记述应该可靠。法砺在讲律过程中发现“初学旧习，委访莫归，若不流于文记，是则通心无路”，故欲撰《四分疏》，始于武德元年，成于武德九年②。这期间，法砺除了“累载”讲律之外，还一直撰写《四分疏》，这也就意味着法砺的讲律与著述活动都相当活跃，而且并未中断，故法砺及其所在的日光寺似乎并未遭到废省。

由于慧休与慈润寺为唐军提供军粮等功劳，“相州一境，特宜依定”，故与慧休关系紧密的寺院，如慧休所住之慈润寺与慧休法友、律学大师法砺所住之日光寺似均未遭到废省，慧休、法砺等大德因而得以在相州弘扬四分律，相州律学重镇的地位亦得以维系，并且一直延续到唐初。而相州其他寺院和僧尼则没有这么幸运，在武德六年平定刘黑闼之乱后，也遭到了严厉的废省。

二、相州其他寺院废省情况——以邺县修定寺为中心

开元七年（719），玄昉撰《大唐邺县修定寺传记》，明确记载修定寺在武德七年曾遭到废省：

> 开皇三年十月十五日下敕修理，度人配住，改名为修定寺，封疆赐给，一同齐日。皇朝武德七年，又被省废。至贞观十年四月，敕为皇后虚风日久，未善痊除，修复废寺，以布福力。天下三百九十二所佛事院宇，并好山水形胜，有七塔者，并依旧名置立。相州六所，同时得额。均人配住，名修定寺，故

---

① 道宣《四分律含注戒本疏行宗记》自谓：“贞观初年，周游讲肆，寻逐名师，若山若世。……贞观四年，远观化表，北游并晋，东达魏土。有厉〔砺〕律师，当时峰岫，远依寻读，始得一月，遂即物故。抚心之痛，何可言之?”《卍续藏经》第40册，第714下—715上页。另参池丽梅《道宣の前半生と〈续高僧传〉初稿本の成立》，《日本古写经研究所研究纪要》（创刊号），2016年，第64—94页。

② 释圆照《大唐贞元续开元释教录》卷中，《大正新修大藏经》第55册，第76页中。释赞宁，范祥雍点校《宋高僧传》卷一五，北京：中华书局，1987年，第377页。而景霄则谓法砺《四分疏》于武德六年完成，释景霄纂《四分律行事钞简正记》卷四，《卍续藏经》第68册，第71上页。不管成于哪一年，都说明法砺的撰述活动并未中断。

今则因其号也。开元七年岁次己未，律师僧玄昉建。①

李裕群曾利用此文对邺县修定寺的设置、沿革有很详细的介绍②，季爱民、孙英刚等人则敏锐地注意到贞观十年长孙皇后“虚风日久，未善痊除”，唐太宗曾在全国范围内“依旧名置立”了三百九十二所“废寺”，为其祈福③。除了以上诸人所关注的相州修定寺之外，益州德阳县善寂寺也有类似的经历，应当是三百九十二所“废寺”中的一所，事见王勃《益州德阳县善寂寺碑》：

> 善寂者，盖旧寺之余趾，梁武帝之所建也。……洎苍鹅上去，铜马交驰。祇园兴板荡之悲，沙界积沦胥之痛。火炎昆岳，高台与雁塔俱平；水浸天街，曲岸与猴池共尽。……先皇帝统业，贞观御宸，奉文物于三天，布声名于十地。参罗上下，充橐籥于襟怀；八部神祇，荐图书于掌握。皇宝降，地符升，含生无昏垫之虞，法众有来苏之望。俄而后庭遘厉，椒房穆卜，六宫震恐，三灵愕眙。驰瑶展币，有事于群宗；碧剂玄针，无征于众术。帝乃降鉴回虑，屏璧与珪。追胜迹于灵关，事良缘于福地。爰纡圣綍，重启禅宫。峙璇刹于将倾，镇银绳于已绝。丝纶既洽，栋宇行周。坤德用宁，阴仪再朗。④

善寂寺本是南朝梁武帝萧衍所建，在武德之前就已毁于水火。碑文虽未明确说明善寂寺得以重新修复，缘于贞观十年太宗李世民

① 北京图书馆金石组编：《北京图书馆藏中国历代石刻拓本汇编》第21册，郑州：中州古籍出版社，1989年，第115—116页。此拓片乃缪荃孙艺风堂旧藏，拓本为碑身部分，此碑仅存上半部分。《唐文拾遗》卷五〇，第10937页；《全唐文补遗》第3辑，第304页。

② 李裕群：《安阳修定寺塔丛考》，《宿白先生八秩华诞纪念文集》下册，北京：文物出版社，2002年，第436—440页。

③ 季爱民：《初唐长安宗教宣传与国家寺观命名的儒家化趋向》，《古代文明》2012年第3期。孙英刚：《李承乾与普光寺僧团》，童岭主编《皇帝·单于·士人——中古中国与周边世界》，上海：中西书局，2014年，第244—246页。

④ 《王子安集注》卷一七《益州德阳县善寂寺碑》，上海：上海古籍出版社，1995年，第489—491页。

为长孙皇后病危祈福，但将此碑文中与前引《大唐邺县修定寺传记》对读，完全可以得出以上结论："后庭遘厉，椒房穆卜，六宫震恐，三灵愕眙"以及"碧剂玄针，无征于众术"均是长孙皇后重病之状，而"降鉴回虑，屏璧与珪，追胜迹于灵关，事良缘于福地。爰纡圣綍，重启禅宫"则是太宗所采取的对策，"爰纡圣綍，重启禅宫"和"丝纶既洽，栋宇行周"，都说明重修善寂寺乃是唐太宗所下之敕。

当然，相州修定寺和益州善寂寺，只是这三百九十二所寺院中的两所，但这已经足以说明太宗确曾下诏为长孙皇后修复废寺祈福。前引诸位先生也都未注意到包括修定寺在内的三百九十二所寺院被废的细节。日本学者松浦典弘对此文重新作了录文和日文训读，他还注意到修定寺武德七年被废一事，认为这是武德末年佛、道抗争激烈化之后，唐王朝对佛教教团的整理。[①] 从玄昉此文中可知，这三百九十二所"依旧名置立"的"废寺"，是经过精心挑选的：须满足"好山水形胜，有七塔"的条件。"有七塔"，殊难理解，指数量（七个塔）或高度（七层塔），都不甚妥当，故可能是用阿育王取七塔分舍利建塔之典，暗指隋文帝仁寿时期分舍利所建之塔。这些寺塔在仁寿分舍利之时多有感应[②]，李世民修复废寺本就是为长孙皇后祈福，这些有灵应的寺院，显然更受关注，故在三百九十二所废寺中，当有不少这类寺院。

这种对于规制和环境的要求，也从侧面充分印证了在这些精心挑选出来的三百九十二所废寺之外，当时在全国范围内应该还有更多被废省寺院，相州一地就有六所，除了修定寺之外，还有其他五

---

① 松浦典弘：《「大唐邺県修定寺伝记」訳注稿》，《大手前大学人文科学部论集》第3卷，2002年，第13—22页。

② 分舍利建塔时之祥瑞，见王劭《舍利感应记》以及杨雄等人所上《庆舍利感应表》，《广弘明集》卷一七，《大正新修大藏经》第52册，第213页中—220页下。《续高僧传》相关传记，也有详细记载。李四龙对此现象有专门论述，参李四龙《论仁寿舍利的"感应"现象》，《佛学研究》2008年，第115—125页。

所寺院。在这些被废省的寺院中，肯定存在个别因天灾而致废弃者，也会有一部分毁于隋末战乱，但恐怕更多是官方废省。贞观十年之前，官方大规模废省寺院，主要有四次：一次是北周武帝废佛；一次是平陈之后，下敕在陈故地“一州之内，止置佛寺二所，数外伽蓝，皆从屏废”①；一次是隋炀帝大业时期融并寺塔；最近一次则是唐高祖李渊武德中后期至武德九年先后在“伪乱地”和全国废省寺与僧。北周武帝灭佛，几乎废毁了全国所有的寺院，隋文帝杨坚执政尤其是受禅之后，这些被废寺院大部分被重修或者重置。② 开皇十年（590），江南爆发大规模武装反抗，僧尼也有牵涉其中者，故隋文帝下严敕肃正江南佛教，但此政策虽在下敕之初施行过一段时间，最终并没有坚定地推行下去。③ 况且，隋文帝之敕施行的范围是陈朝故地，相州并不在废省之列。隋炀帝大业时期省并的寺院，则是僧众不满五十的小寺④，且被省并寺院之僧尼多改配其他大寺，并未遭到废省，也就是说隋炀帝只是省并寺院，故道世谓之“融并寺塔”⑤。况且，被炀帝省并的寺院规制甚小，当不在“三百九十二所”之列。这样，贞观中前期大量存在的废寺，尤

① 《续高僧传》卷一二《隋江都慧日道场释慧觉传》，第405页。

② 隋文帝执政之后，下敕修复此前被废之寺，开皇、仁寿时期，绝大部分寺院得以修复，但仍有极个别寺院因破坏严重，未能修复。岑文本《重修金枝寺记》记载：“至后周时，诏灭天下僧道、毁寺观，遂成瓦砾。至贞观九年十一月，诏下凡天下诸州有寺之处，仍复建立。”见陈尚君师《全唐文补编》卷四辑自《民国湖北通志》卷九六《金石四》，第48页。按：此文所载贞观九年下诏在全国复立废寺之事，与玄昉《大唐郸县修定寺传记》所载贞观十年为长孙皇后修复废寺之事，颇不相合，详后。

③ 塚本善隆《隋の江南征服と仏教》之第二节《教团の粛正抑压》，《塚本善隆著作集》第三卷《中国中世仏教论考》，东京：大东出版社，1975年，第150—159页。

④ 《集神州三宝感通录》卷上：“大业五年，僧不满五十人者废之。”《大正新修大藏经》第52册，第406页中。关于大兴城中废省寺院的情况，可参龚国强：《隋唐长安城佛寺研究》表四、图一〇，北京：文物出版社，2006年，第66—73页。

⑤ 《法苑珠林校注》卷一八《敬法篇第七》，第601页。

其是这三百九十二所“并好山水形胜，有七塔”的大寺，应当大部分是自武德中后期被李渊废省的“伪乱地”寺院。

相州，是东魏、北齐都城所在地，东魏在此设司州牧。① 这两个时期，尤其是北齐文宣帝时期佛教极其昌盛，邺城取代洛阳，成为北方最大的佛教中心，仅邺下大寺就有四千所，僧尼有八万，讲席林立，听众动辄上万，以至于道宣甚至用“佛教中兴”称之：

> 属高齐之盛，佛教中兴，都下大寺略计四千，见住僧尼仅将八万，讲席相距，二百有余，在众常听，出过一万，故寓内英杰，咸归厥邦。②

据玄昉《大唐邺县修定寺传记》，至后周灭佛废寺塔之时，仅邺城三县就有寺院二千余所被毁：

> 建德六年，武帝纳张宾邪谏，先废释宗。邺城三县二千余寺，限十日内并使焚除，此寺于时亦同毁灭。③

邺城三县，指邺、临漳、成安三县。据《隋书》卷二七《百官志》所载北齐官制，邺、临漳、成安三县隶属于畿郡清都郡。作为畿县，邺、临漳、成安三县在官属、品秩、俸禄上都较其他诸县高。④ 北齐邺城三县因地处京畿，“辇毂之下，旧号难治”⑤。仅邺、临漳、成安三县就有寺院两千余所，可以想见北齐佛教之兴盛。然而这些寺院，在北周武帝灭佛之时，大部分在十日之内遭到焚毁，至隋文帝时期，又多被重修。武德六年，彻底平定刘黑闼之后，唐

---

① 《隋书》卷三〇《地理志中》，第 847 页。

② 《续高僧传》卷一〇《隋彭城崇圣道场释靖嵩传》，第 337 页。

③ 按“千”字，《唐文拾遗》作“十”，细核此碑拓片（《北京图书馆藏中国历代石刻拓本汇编》第 21 册，第 116 页），以“千”为是。

④ 《隋书》卷二七《百官志》，邺、临漳、成安三县属官，远较上上县多，第 761 页。三县县令为从五品，品阶亦高于三等（上、中、下）上县令（六品），第 767 页；岁秩为“一百五十匹”，与上上县同”，第 764 页。另据《隋书》卷三〇《地理志中》，成安县是后齐（即北齐）所置，第 847 页。

⑤ 《北齐书》卷四六《循吏·路去病传》载：“擢为成安令。京城下有邺、临漳、成安三县，辇毂之下，旧号难治，重以政乱时难，纲维不立，功臣内戚，请嘱百端。”见《北齐书》，北京：中华书局，1972 年，第 646 页。

王朝开始在河北地区执行李渊“州别一寺，留三十僧”之敕。次年，邺县修定寺就遭到废省。

而且据玄昉《大唐邺县修定寺传记》，修定寺并不是相州唯一遭到废省的大寺，与其规格相类的寺院，相州至少有其他五所也在同时或前后遭到废省。需要指出的是，据《大唐邺县修定寺传记》与《唐相州邺县天城山修定寺之碑》，修定寺自建成之后，就因高僧灵异等因素，屡屡受到北魏孝文帝、北齐文宣帝、隋文帝等皇帝的眷顾、礼拜、护持以及恩赐寺额。尤其是在北齐文宣帝时期，修定寺的法上被文宣帝任命为掌管全国二百万僧尼的大统。孙英刚还特别注意到法上大统与北齐皇室的紧密关系，并指出法上主持修建的修定寺塔四面的七宝图像，有意强调转轮王的角色，这些都说明北齐君主对该寺的护持。① 北周时期，修定寺虽遭到焚毁，修定寺塔却得以独存；开皇三年（583），隋文帝下敕重新“度人配住”，并将其寺额改为修定寺。其政治地位虽不及北齐之时，但“封疆赗给”，还“一同齐日”。可见，至少在隋文帝时期，修定寺还是相州地区重要的寺院。

由于材料限制，相州还有多少寺院遭到废省，已无从得知。但可以确认的是，在修定寺等六所规制较大的寺院之外，其他规制较小的寺院，既没有立功之事实，无辉煌之寺史，又无有影响力的高僧大德，更难以逃过废省之严敕。贞观十年，唐太宗为长孙皇后共修复了三百九十二所废寺，而贞观十三年，全国共有州府三百五十八。② 贞观十年至十三年之间，全国州府总量并没有大的变动，若以此推算，则每个州府平均修复约 1.1 所寺院。当然，这个数据并不能准确反映各州府修复废寺数量的实际情况，因为这三百九十二所废寺大部分来自“伪乱诸州”，其他“非伪”诸州寺院虽亦有毁于战火者，但在数量上显然无法与强制废省的“伪乱地”寺院

① 孙英刚：《武则天的七宝——佛教转轮王的图像、符号及其政治意涵》，《世界宗教研究》2015 年第 2 期，第 51—52 页。

② 《旧唐书》卷三八《地理志一》：“至（贞观）十三年定簿，凡州府三百五十八”，第 1284 页。

相比。

即便如此，这个数据，仍具有重要的参考价值，尤其与相州修复废寺的数量相比。相州一州就有六所废寺同时被修复，这个数字远超各州修复废寺的平均数；而且，相州修复的这六所废寺，在全国修复寺院中所占的比例为1.5%，这一比例也远高于相州在全国州府中所占比例（约为0.28%）。如此高的比例，一方面与相州作为东魏、北齐旧都，当时最大的佛教中心，重要的大寺比较多有一定关系。另一方面也说明，相州在武德中后期寺院被废省的力度之大。当然，贞观十年修复的这三百九十二所废寺，在全国废寺中占了多大比例；修复之后，在全国所存的寺院中又所占了多大比例，都是大大的疑问，只能留待新材料的发现。

三、赵州寺院废省情况——以开业寺为中心

据《元和郡县图志》卷一七《赵州·元氏县》，“开业寺，在（元氏）县西北十五里。即后魏车骑大将军、陕定二州刺史、尚书令、司徒公赵郡李徽伯之旧宅也”①。至开耀二年（682）二月，李裔（字徽伯）玄孙李崇哲重葺该寺，并树立丰碑，请李尚一撰文，是为《开业寺碑并序》②。此碑不仅详细记载了开业寺之沿革，也蕴含了丰富的历史信息，所以甚受研究者重视，相关讨论也很多。但多集中在寺院沿革、赵郡李氏尤其是李裔家支的兴衰、赵郡李氏

---

① 《元和郡县图志》卷一七《河北道·赵州·元氏县》，李吉甫撰，贺次君点校，北京：中华书局，1983年，第491页。据刘友恒等人的考察，今在河北省元氏县城西十公里的吴村，而开业寺碑则保存在元氏县龙兴寺后部毗卢殿东侧，参刘友恒、樊子林、张锦栋《〈大唐开业寺李公之碑〉考述》，《文物春秋》2004年第4期。

② 《金石萃编》卷五九载此碑之全名为“大唐开耀二年岁次壬午二月乙丑朔八日壬申李公碑并序”。《金石萃编》卷五九，《石刻史料新编》第1辑第2册，第1013页下栏。李公者，李裔也。

郡望及其迁徙、中古士族与佛教寺院的关系等话题，① 对武德时期开业寺曾遭废省一事均未措意。所以，有必要进一步补充申论。

关于李裔“舍山第之所立”开业寺之时间，王昶认为在北魏宣武帝延昌（512—515）末年②，学界亦多持此说③。至于开业寺始建之时间，此前的讨论均未注意到开元中孙义龙所撰《大唐开业寺石佛堂〔碑〕》，由于写作时间与缘起的不同，孙文所述之开业寺的建寺缘起，与李尚一所撰《开业寺碑并序》颇不相同，但关于开业寺的始建时间和寺之初名，却并无二致。④ 延昌末为开业寺赐名“偃角”之时间，而李裔舍宅立寺可能稍早。据《开业寺碑并序》，李裔舍宅立寺与沙门僧明、昙宝有很大关系：寺之所以得建，实是李裔“睹兹愿力”后，与僧明、昙宝等人“共谋经始”。而开业寺碑阴左侧的供养人题名有“置寺沙门僧明供养”，与右侧的“建伽

---

① 刘友恒、樊子林、张锦栋：《〈大唐开业寺李公之碑〉考述》，《文物春秋》2004 年第 4 期，第 66 页。谢重光：《晋至唐中叶门阀士族与佛教寺院的关系——从〈开业寺碑〉谈起》，《北京师范大学学报》（社会科学版）1991 年第 4 期，第 35 页。唐华全：《读〈开业寺碑〉兼谈中古大族赵郡李裔家支的兴衰》，《河北师范大学学报》（哲学社会科学版）2009 年第 2 期。《魏书》卷三六《李顺传》，北京：中华书局，1974 年，第 843 页。冻国栋：《河北元氏新出数方唐赵郡李氏家族墓志概观》，《魏晋南北朝隋唐史资料》第 26 辑，2010 年，第 154 页。

② 《金石萃编》卷五九，《石刻史料新编》第 1 辑第 2 册，第 1016 页。王氏所据当是碑文中“于彼延昌之末，锡其偃角之名”之语。

③ 刘友恒、樊子林、张锦栋：《〈大唐开业寺李公之碑〉考述》，《文物春秋》2004 年第 4 期，第 66 页。谢重光：《晋至唐中叶门阀士族与佛教寺院的关系——从〈开业寺碑〉谈起》，《北京师范大学学报》（社会科学版）1991 年第 4 期，第 36 页。唐华全：《读〈开业寺碑〉兼谈中古大族赵郡李裔家支的兴衰》，《河北师范大学学报》（哲学社会科学版）2009 年第 2 期。

④ 孙义龙《大唐开业寺石佛堂〔碑〕》载：“至后魏延昌，武侯□族僧□智与□□□□□□，□育王之圣□，□空帝之英声，抚事兴言，起葺寺观。初名偃角，后易名隐角。”《常山贞石志》卷八；《全唐文补编》卷三四，第 412 页。而其中“隐角”之“角”，当是“觉”之形讹。

蓝主陕州刺史司徒公李徽伯”相对[①]，这也凸显沙门僧明在建寺过程中的重要地位。此外，李尚一在行文之中，还刻意强化沙门僧明等人之“冥通胜范”，又着意渲染建开业寺“当由道资冥助，故使天降异人”，其中“异人”当指僧明、昙宝无疑。

据《魏书》卷三六《李顺传》，李裔卒于东魏孝静帝天平四年(537)，年五十。[②] 以此逆推，延昌四年（515），李裔年仅二十八岁。既为“山第”，或是李裔未出仕之前在封龙山中所居之别宅。舍“山第”建寺之时，李裔生父李秀林尚在[③]，故所舍之“山第”，或为其出继之伯父李凤林之旧宅。[④] 寺成之后，得赐“偃角”之名，至孝明帝孝昌（525—527）年间，又改名隐觉寺。北周武帝废佛，寺亦被废，寺产后被赐还李徽伯嫡孙固安伯李祖元。入隋之后，李祖元“复舍旧居，而为净域”，得到隋文帝嘉奖，并赐额“开业”。

开业寺在隋末至唐初的沿革，先前的研究措意未多，也是本文关注的重点，故有必要将相关文字摘引如下：

> 俄而毁室云谢，波旬纵慝。寰中法侣，尽婴涂地之灾；海内仁祠，多溺滔天之浸。惟此灵构，岿然独存。……皇明首出，大拯横流，絷醉象而定昆阳，斩毒龙而清冀野。……祖元第二子维摩，武德年中赵、定二州别驾。属乾坤渐泰，曦望初华，攀龙之茂绩既宣，展骥之休声克著。永言堂构，题目阙如，屡有申闻，情逾恳至。重使泽流元地，金轮转北走之途；涣发

① 开业寺碑碑阴上部线刻立式供养人六身，题名七行，以中间两行题名为界，左右各三人，相对而立。题名各树于各像之前，左侧三列题名自内而外依次为：“置寺沙门僧明供养”“沙门昙宝供养”“沙门昙朗供养”，右侧题名自内而外有：“建伽蓝主陕州刺史司徒公李徽伯”“息徐州刺史北海郡守子旦”“息豪州刺史兵部尚书子雄”，参刘友恒、樊子林、张锦栋《〈大唐开业寺李公之碑〉考述》，《文物春秋》2004年第4期，第67页。

② 《魏书》卷三六《李顺传》，第843页。

③ 李秀林卒于正光（520—525）中，《魏书》卷三六《李顺传》，第843页。

④ 参冻国栋《河北元氏新出数方唐赵郡李氏家族墓志概观》，《魏晋南北朝隋唐史资料》第26辑，2010年，第154页。

紫泥，银榜照东方之国。粤以贞观四年，还赐旧额为开业寺也。①

“毁室”，即指隋室，以其“火德”之故。隋末唐初，河北长期战乱，寺院多遭到破坏，但所谓“惟此灵构，岿然独存”以及碑铭中的“四魔怙乱，三乘泯迹，独此招提，居然不易”②，则显然是为强调开业寺得以完整保存的放大之辞，前文所引李邕《嵩岳寺碑》也有类似的表述。当然开业寺之所以在隋末战乱中“岿然独存”，主要缘于其大檀越赵郡李氏在赵、定诸州颇有势力③。刘友恒等人则认为此事是指隋炀帝大业五年令无德僧尼还俗而对佛教限制一事。④ 此说显然有误，前文已述，隋炀帝大业五年所废省的寺院是不满五十人的小寺，而且多集中在大兴城。开业寺“僧徒弥广，德均鹙鹭，数若稻麻”⑤，当不在废省之列。况且碑铭中有“四魔怙乱”之语，显然是指隋末唐初的战乱。

开业寺虽然躲过了隋末战乱，但至贞观四年（630），才得“还赐旧额为开业寺”。碑文亦有“永言堂构，题目阙如”之语，这期间，开业寺的寺额显然曾被官方褫夺，而其寺亦处于废弃之状态。缘此，武德中历任赵、定二州别驾的李祖元次子维摩才会“屡有申闻，情逾恳至”，而“申闻”的对象，当是赵州刺史甚至是皇帝李渊。开业寺本是李维摩曾祖李裔、父亲李祖元先后舍旧宅而立之寺；至开耀二年，李裔玄孙李崇哲“仰挹缁徒，傍询碧殿”，在开业寺树立丰碑，请其从侄李尚一撰写碑文。可以说李裔一支世代

① 李尚一：《开业寺碑并序》，《全唐文》卷二〇一，第2038—2039页；《金石萃编》卷五九，《石刻史料新编》第1辑第2册，第1013—1016页。

② 李尚一：《开业寺碑并序》，《金石萃编》卷五九，《石刻史料新编》第1辑第2册，第1016页上栏。

③ 赵郡李氏成员在北魏、东魏、北齐时期，相继出任赵、定两州的刺史、大中正、别驾等官职。

④ 刘友恒、樊子林、张锦栋：《〈大唐开业寺李公之碑〉考述》，《文物春秋》2004年第4期，第69页。

⑤ 李尚一：《开业寺碑并序》，《金石萃编》卷五九，《石刻史料新编》第1辑第2册，第1014页下栏。

为开业寺的大檀越，清人王昶即叹“释氏檀越，历数世而不衰如李氏者，可谓难矣”①。而以“维摩”为名，也凸显了李维摩父子的佛教信徒身份。正是缘此，李维摩才会“情逾恳至”地“屡有申闻”。可即便如此，终武德之世，李维摩重建开业寺的请求都没有得到允许。

躲过隋末战乱，贞观四年之前却没有寺额，唯一的解释就是，该寺曾遭到官方废省。废省之时间，可以从李维摩“屡有申闻”的时间来逆推，碑文明确交代时在“武德中”。“武德中”，既可以指整个武德时期，也可以指武德中期。碑文中又有“乾坤渐泰”之语，则暗示“屡有申闻”的时间要在平定河北之后。事实上，赵州并非一开始就是“伪地”，武德元年，张志昂以隋赵郡归国，遂以其地改置赵州②，以张志昂为刺史。武德二年（619）九月，窦建德攻陷赵州，执刺史张志昂③及抚使张道源④，赵州自此陷伪地。而唐复置定州，则是在武德四年平窦建德之后。⑤ 故此，李维摩任有唐之定州别驾当在此后。联系上文，武德六年之前，废省僧尼的措施在河北并没有实际执行。

由上大致可以断定，开业寺在武德六年之后曾遭到官方强制废省，纵使赵、定二州别驾赵郡李维摩再三“申闻”，恳请还赐他们家族世代供养的开业寺旧额，也终究未能如愿。而被废省之因，显然还是开业寺所在的赵州，于武德二年九月陷入“伪地”，即便在此之前，赵州已归于大唐。而李尚一在碑文中绝口不提开业寺在武

① 《金石萃编》卷五九，《石刻史料新编》第1辑第2册，第1016—1017页。

② 《旧唐书》卷三九《地理志二·河北道》，第1501页。

③ 关于张志昂被执时所任之官职，《资治通鉴》卷一八七《唐纪三》、《新唐书》卷一《高祖纪》为“赵州总管”，《新唐书》卷八五《窦建德传》、《册府元龟》卷八三二作“赵州刺史”，按据《旧唐书》卷三九《地理志二·河北道》，赵州并非总管府，故当以“赵州刺史”为是。

④ 《资治通鉴》卷一八七《唐纪三》，第5866页。

⑤ 《旧唐书》卷三九《地理志二·河北道》，第1510页。

德时期曾遭废省之事，则缘于他本人系李崇哲之从侄，实是李裔之五代族孙。[①] 在追述李氏“家风”“祖德”，以求“飞英”“不朽”[②] 的纪念碑文之中，他又怎么会提及开业寺这段被官方强制废省的“伤疤”呢？

同时，赵州开业寺武德中后期被废省的例子，也充分说明了废省僧寺的政策，在“伪乱地”河北地区被执行得相当严格和彻底。以赵郡李氏在赵、定诸州的势力，尚且不能挽回他们世代供养的寺院被废弃的命运，其他没有地方势力、没有护法高僧的寺院，在武德时期恐怕更难以逃过废省。另据《大慈恩寺三藏法师传》与《大唐故三藏玄奘法师行状》，武德七年至八年间，玄奘曾至赵州，“谒深法师学《成实论》”[③]。此深法师及其所驻锡之寺院，似未被废省，而此寺很可能就是赵州所保留的寺院，只是不知此深法师为谁，所驻锡寺院谓何。至于赵州其他寺院被废省的情况，也无法进一步展开，只能留待新材料。

---

① 唐华全注意到《新唐书·宰相世系表》载李尚一乃李诞七世孙，亦即李裔的族玄孙，并认为前者有误，李尚一当为李裔的五世族孙，参唐华全《读〈开业寺碑〉兼谈中古大族赵郡李裔家支的兴衰》，《河北师范大学学报》(哲学社会科学版)，2009年第2期，第118页。

② 李尚一《开业寺碑并序》末谓：“庶使家风入偈，抗佛土以飞英；祖德惟真，积僧祇而不朽。重宣此义，乃为铭曰。”《金石萃编》卷五九，《石刻史料新编》第1辑第2册，第1015页下栏；《全唐文》卷二〇一，第2039页。

③《大慈恩寺三藏法师传》卷一，第9页。《大唐故三藏玄奘法师行状》卷一，第214页中。按：“深”字，《玄奘法师行状》底本作“淡”，甲本作“深”。

表1:李裔家族世系表

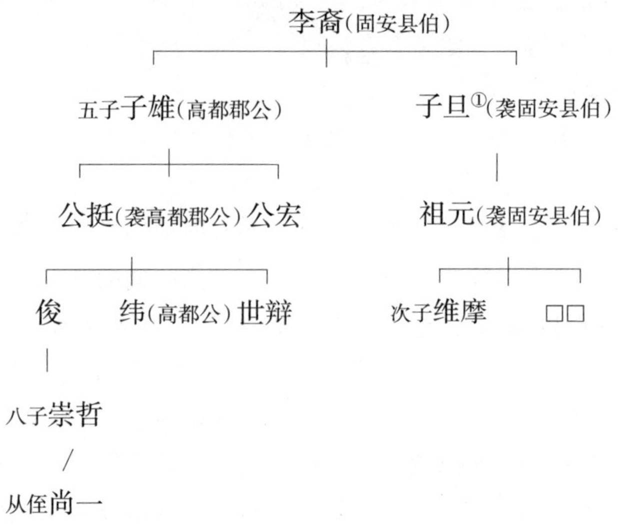

注：此表主要据《开业寺碑并序》、《新唐书》卷七二《宰相世系表》以及《魏书》卷三六《李顺传》、《北史》卷三三《李裔传》等文献制成。

四、德州寺僧废省情况

德州，本是隋平原郡，武德元年直属“伪夏”，武德四年归唐。五年，再次陷刘黑闼所建之“伪汉东”。武德六年太子李建成、李元吉率大军平定刘黑闼之后，又设德州总管府，七年，改总管府为大都督府。现存文献中，并没有武德中后期德州寺院废省的相关记载。然而陈思《宝刻丛编》卷六《河北东路·德州》所引欧阳棐《集古录目》，却载在河北废省寺僧工作已经展开的武德六年五月，德州长寿寺竟有造像立碑之事：

① 《北史》卷三三《李裔传》，载李裔“子子旦袭”，又谓“子旦弟子雄”，第1237页；而《魏书》卷三六《李顺传》则谓“子直袭”，第844页。据刘友恒等《〈大唐开业寺李公之碑〉考述》，此碑碑阴上部线刻立式供养人六身，题名七行，其中右侧题名自内而外有“建伽蓝主陕州刺史司徒公李徽伯”“息徐州刺史北海郡守子旦”“息豪州刺史兵部尚书子雄”，《文物春秋》2004年第4期，第67页。故当以“子旦”是。“直”，或是其字。

> 《唐长寿寺舍利碑》，隶书，不著书、撰人名氏。隋文帝仁寿中，内出舍利置于三河郡之长寿道场，藏以金棺石函。唐初，诏选名僧三十人居之。齐王元吉造丈八大像于寺中。碑以武德六年五月立。①

此碑，赵明诚《金石录》卷三第五百四十七亦有著录：“《唐德州长寿寺碑》，八分书，无书、撰人姓名。武德六年五月。”② 可知此碑立于武德六年五月无疑。《集古录》亦谓此碑“所述乃隋事也。其事迹、文辞皆无取，独录其书尔”③。欧阳棐之撰《集古录目》，本是受其父欧阳修之命撰写，父子二人所据当为同一张拓片，但关于此碑内容的叙述，却有些不小的差异，这些差异当由二人关注点与方法不同所致。欧阳修对隋唐皇室、士大夫的崇佛、造像之举以及华丽的文辞都不以为意（即“事迹、文辞皆无取”），只是对其书法感兴趣，故“独录其书”。而欧阳棐则是根据拓片全面概述此碑的主要内容。

欧阳修所谓“隋事”，与《集古录目》所谓“隋文帝仁寿中，内出舍利置于三河郡之长寿道场，藏以金棺石函”④，当为一事，即隋仁寿中分舍利建塔之事。据《广弘明集》，德州分舍利建塔，在隋文帝仁寿二年（602）⑤。据《续高僧传·隋京师随法寺释道贵传》，奉命赴德州主持分舍利建塔的高僧是释道贵，安放舍利的寺院则是会通寺。⑥ 这与《集古录目》所载“三河郡之长寿道场”，

---

① 陈思编《宝刻丛编》卷六《河北东路·德州》引《集古录目》，《石刻史料新编》第1辑第24册，第18171页下栏。

② 赵明诚：《金石录校证》，金文明校证，桂林：广西师范大学出版社，2005年，第48页。

③ 欧阳修：《集古录跋尾》，邓宝剑、王怡琳笺注，北京：人民美术出版社，2010年，第113页。

④ 陈思编《宝刻丛编》卷六《河北东路·德州》引《集古录目》，《石刻史料新编》第1辑第24册，第18171页下栏。

⑤《广弘明集》卷一七《佛德篇第三·庆舍利感应表》，《大正新修大藏经》第52册，第219页下。《集神州三宝感通录》卷一作仁寿三年。

⑥《续高僧传》卷二八《隋京师随法寺释道贵传》，第1097页。

并不相合。隋炀帝大业时期曾将“寺”改称“道场”，唐初又改回，所以长寿道场是长寿寺无疑。而道宣所谓之“会通寺”，可能是长寿寺在太宗或高宗时期的寺额。只是文中的“三河郡”殊难解，因为隋、唐初时期并无三河郡之设，而汉代的“三河郡”，多指河东、河内、河南三郡①，但于此并不相符，或为“平原郡”之讹误？欧阳棐所谓“碑以武德六年五月立”，早在武德六年正月，刘黑闼被杀②，山东彻底平定，废省僧寺的工作遂即开始。

武德四年十二月，齐王元吉即与秦王世民同受命出讨刘黑闼③，至武德五年四月，李世民率军大败刘黑闼，刘逃入突厥，李世民“自河北引兵将击圆朗，会上召之，使驰传入朝，乃以兵属齐王元吉”④，则元吉在军中地位仅次于李世民。然而，在所有现存的史料中，都丝毫没有提及李元吉第一次讨刘黑闼的任何功与过。颇疑李世民南下讨徐圆朗之时，李元吉留镇河北。故至武德五年十月己酉，刘黑闼借突厥兵卷土重来，再次定都洺州之际，李渊便命李元吉出讨。壬子，又以元吉为领军大将军、并州大总管⑤。元吉既受命讨刘黑闼，击刘黑闼于洺州⑥，故此“并州大总管”，或为“洺州大总管”之误。早在武德五年八月辛亥，于洺州所置之山东

---

① 《汉书》卷三七《田叔传》如淳注，第1984页。

② 刘黑闼被杀的时间，《旧唐书·高祖纪》作武德五年十二月；《刘黑闼传》作武德六年二月；《资治通鉴》作正月；《册府元龟》卷一二二《帝王部·征讨二》作“六年五月平之”，第1456页上栏。笔者按：此“五”当为“正”字之讹。

③ 《旧唐书》卷五五《刘黑闼传》，武德五年“十一月，高祖遣齐王元吉击之，迟留不进”，第2260页；《旧唐书》卷一《高祖纪》载：武德四年“十二月丁卯，命秦王及齐王元吉讨刘黑闼”，第12页，武德五年“冬十月癸酉，遣齐王元吉击刘黑闼于洺州”，第13页；《新唐书》卷一《高祖纪》作武德五年“十月己酉，齐王元吉讨黑闼”，第15页。

④ 《资治通鉴》卷一九〇《唐纪六》，第5950页。

⑤ 《资治通鉴》卷一九〇《唐纪六》，第5956页。按《旧唐书》卷五五《刘黑闼传》谓“十一月”，第2260页。

⑥ 《旧唐书》卷一《高祖纪》，第13页。

道行台就已降为洺州大总管府①，管洺、卫、岩、相、磁、邢、赵七州。李元吉受命后，“畏黑闼兵强，不敢进”②，李渊遂命太子建成出讨，陕东道大行台及山东道行军元帅、河南河北诸州并受其处分③。颇疑其时山东道行军元帅即指李元吉。至武德六年正月，元吉与太子李建成合力大破刘黑闼于洺州。至少在武德四年十二月至六年正月之间，李元吉似乎都在河北，这期间史传所载李元吉的行迹尤为简单，更没有行军至德州的记载。据此碑或许可以考索李元吉在平定刘黑闼期间，在河北的作为，当然还可以讨论德州废省寺僧的情况。

据前引《集古录目·唐长寿寺舍利碑》所载“唐初，诏选名僧三十人居之”，“唐初”，时间稍显含糊，但至少在武德四年五月齐善行等人降唐之后。在此后半年时间内，河北之地重归刘黑闼，这期间唐廷并没有“诏选名僧”的客观条件。所以这里的“唐初”，当在武德六年正月杀刘黑闼河北彻底平定之后。而所谓的“诏选名僧三十人居之”，应该就是指李渊废省敕中“州别一寺，留三十僧”，“名僧”是要突出所留三十僧在德州的名望与地位。这也从侧面说明，三十僧需要在德州的全部僧尼中筛选。文中“诏选”一词，当然是为了强调三十僧的恩宠，似乎也从侧面透露出这样的信息：德州长寿寺所留之三十僧的名单与僧籍都需要上报朝廷、经皇帝许可。

从武德六年正月开始，经过三四个月的准备，德州开始具体执行废省僧寺，在五月份前后初步完成。长寿寺很可能是德州最终所留下之寺，而“诏选”的“三十名僧”，很可能就是德州废省寺僧

---

① 《旧唐书》卷一《高祖纪》载：（武德五年）“八月辛亥，以洺、荆、并、幽、交五州为大总管府”，第13页。

② 《资治通鉴》卷一九〇《唐纪六》，第5957页；《旧唐书》卷五五《刘黑闼传》亦谓“迟留不进”，第2260页。

③ 《资治通鉴》卷一九〇《唐纪六》，第5960页。《册府元龟》卷二五九《储宫部·将兵》载李渊命建成总戎讨刘黑闼之制，第3081页。《全唐文》卷二据以辑录，题曰《命太子建成讨刘黑闼诏》。

之后所留的僧人。长寿寺是隋文帝仁寿二年德州分舍利建塔之寺，而且安放舍利之时，发生了一系列的祥瑞与感应①，长寿寺之所以得以保留，应当与此有关。当然也与齐王元吉有直接关系，齐王元吉在此寺造像、立碑，一方面是对长寿寺尤其是舍利以及舍利感应与祥瑞的认可，另一方面也为此寺免于废省提供了强有力的保护伞。至武德六年五月，长寿寺立碑之前，李元吉在长寿寺所造丈八大像已经完成。虽然立碑之时，元吉或许已经不在德州，但下令造像并立碑之时，身在德州似无疑问。

五、其他诸州县废省寺僧的情况

河北其他诸州废省寺僧的情况，相关文献记载不多，不足以逐一展开讨论，只能放在一起讨论。

（一）洺州

洺州作为“伪夏”和“伪汉东”都城所在地，废省寺僧理应首当其冲。据前文所述，夏王窦建德、左仆射齐善行等还曾请时居卫州隆善寺的僧伦知夏一国之“僧事”，可知夏也曾置中央僧官，中央僧官当依托都城洺州的某个重要寺院。事实上，洺州并不是河北地区的佛教中心，佛教寺院、高僧大德、僧徒以及信众的规模和数量，都远远不能与邺城相比。窦建德、齐善行请卫州隆善寺沙门僧伦“知僧事”，某种程度上也可以说是其体现之一。由于僧传、感通记和碑志等各种类文献都没有洺州废省寺僧的记载，甚至连洺州寺院的相关记载都很少，故而关于洺州废省寺僧的讨论，基本上无法深入展开。

（二）海州

隋末丧乱，海州土人臧君相反隋，并成功据有海州。武德四年六月乙卯，臧君相以五州降唐②，唐高祖李渊为之设置海州总管府，领海、涟、环、东楚四州③，拜臧君相为总管。海州归属大

① 详见《续高僧传》卷二八《隋京师随法寺释道贵传》，第1097页。

② 《资治通鉴》卷一八九《唐纪五》，第5921页。

③ 《旧唐书》卷三八《地理志一》，第1445页。

唐，虽在平定王世充之后，但臧君相只是“窃据”一地之“贼帅”，既没有称王称帝、建立“伪”政权，也未曾归属其他“伪”政权，故而海州并不是严格意义上的“伪乱地”。所以，海州废省寺僧的气氛，显然不似“伪夏”诸州那般紧张。也正是缘此，在武德八年，时任海州刺史的萧颋①才敢在海州大云寺的东北、背山之前建礶师禅房。② 这也说明海州大云寺也未遭到废省，至于海州其他寺院有没有遭到废省，这里还不敢贸然下肯定的论断。

事实上，海州这类未陷伪、又于武德四年之后主动归属大唐的地区，在河北乃至全国为数不少。只是限于材料，这些地区是否也推行了废省寺僧政策？如果施行，其具体的实施情况又是怎样？与真正的“伪乱地”是否有区别？这些问题目前都无法深入展开讨论。

第四节 “伪宋”故地：江淮、吴越地区

吴越地区，自隋末动乱，起兵反隋并终成割据势力者甚多，仅僭称帝、称王者就有朱粲（楚，义宁二年至武德二年）、沈法兴（梁，义宁二年至武德三年）、李子通（吴，武德二年至四年）、汪华（吴，大业末至武德四年九月）③、林士弘（楚，大业十三年至

① 萧颋，武德二年至五年间任汾州刺史，二年引文水南流入汾州，五年破突厥，斩首五千余级。详见《新唐书》卷三九《地理志三》，第1004页；《资治通鉴》卷一九〇《唐纪六》，第5954页。

② 李邕《海州大云寺禅院碑》：“奥（粤）有寺之良（艮）背，山之前临，有礶师禅师房者，武德八年，邦守萧公讳颋，护法之所建也。”《文苑英华》卷八五八，第4532页下。

③ 《册府元龟》卷一六四《帝王部·招怀第二》载：“武德四年九月甲子，伪吴王汪华以黟歙五州之地来降。华，隋大盗汪宝权之族子也，大业末为山贼，有兵一万。至是，拜歙州总管，封越国公。”第1980页上。《册府元龟》既称汪华为“伪吴王”，则“吴王”，即汪华自称。

武德五年）、张善安（武德六年三月至十二月）[①]、辅公祏（宋，武德六年至七年）。而势力最强者杜伏威，一直未称帝，而是上表越王侗，被封楚王。武德二年，上表归唐，被封吴王，武德五年，入长安。不久，伏威部属辅公祏起兵叛乱，自称宋帝，杜伏威在长安暴卒。至武德七年，江南之地方全归于唐。在武德四年至七年之间，杜伏威（武德五年至六年）、张善安（武德五年至六年）等人都已归唐，其地并不属于“伪乱地”，故亦当不在废省之列。而汪华亦于武德四年归唐，其地亦不在废省之列。

有些隋末即据州郡自保，武德初归唐，武德六年未从辅公祏叛乱，并以兵拒之者，其地当亦不在废省之列，如薛士通，“江都之乱，士通与乡人闻人嗣安等同据本郡，以御寇贼。武德二年，遣使归国，高祖嘉之，降玺书劳勉，拜东武州刺史。俄而辅公祏于江都构逆，遣其将西门君仪等寇常州，士通率兵拒战，大破之，君仪等仅以身免。及公祏平，累功封临汾侯”[②]。

在几个主要的“伪乱地”中，“伪宋”平定最晚，故其地废省寺僧也最晚实施。由于武德九年终止废省，故江南大部分地区废省僧尼持续的时间较短，缘此，其地僧和寺被废省的程度，可能不及

---

① 《旧唐书》卷五六《李子通传》载“时又有朱粲、林士弘、张善安，皆僭号于江、淮之间”，第2275页。又据《资治通鉴》卷一九〇《唐纪六》，张善安反在武德六年三月乙巳（第5966页），被执在十二月癸卯（第5974页）。而张善安之僭号则不甚清楚。

② 《旧唐书》卷一〇一《薛登传附父士通传》，第3136页。薛士通为常州义兴人，隋属毗陵郡，而据《旧唐书》卷四〇《地理志三·江南东道》：“武德三年，杜伏威归化，置常州，领晋陵、义兴、无锡、武进四县。六年，复陷辅公祏。七年，公祏平，复置常州。”第1585页。薛士通早于杜伏威归唐，武德六年，辅公祏叛唐，士通不附，故辅公祏遣仆射西门君仪攻之。《旧唐书·薛登传》谓薛士通曾破西门君仪，其说可能不误，但常州最终还是被辅公祏攻陷，据《资治通鉴》卷一九〇《唐纪六》，武德七年辅公祏于丹阳大败之后，曾与妻子、腹心夜宿常州，其将吴骚等谋执之（第5981页）。说明其时常州尚在辅公祏治下。常州城虽陷，但薛士通仍坚持抵抗，事平之后，因功封临汾侯，说明常州一州并未全部陷伪。缘此，常州当不在废省之列。

河南、河北等地区。前文已引《续高僧传·唐润州牛头沙门释法融传》，以证李渊曾于武德中后期，在“伪乱地”江淮、吴越地区施行过废省寺僧的政策，这里进一步讨论“伪宋”旧地废省寺僧的情况：

> 初，武德七年，辅公〔祏〕（托）跨有江表，未从王政，王师薄伐，吴越廓清，僧众五千，晏然安堵。左仆射房玄龄奏称：“入贼诸州，僧尼极广。可依关东旧格，州别一寺，置三十人，余有遣归编户。”融不胜枉酷，入京陈理。御史韦挺备览表辞，文理卓明，词彩英赡。百有余日，韦挺经停。房公伏其高致，固执前迷，告融云：“非谓事理不无，但是曾经自奏。何劳法衣出俗，将可返道宾王，五品之位俯若拾遗，四千余僧未劳傍及。”融确乎不拔，知命运之有穷，旋于本邑，后方在度。又弘护之诚，丧形为本，略出一两，示其化迹。①

与少林寺上座善护因“不伏减省”而于武德五年愤然“诣阙进表”相类，法融因不胜废省寺僧之“枉酷”，亦“入京陈理”，并写有“文理卓明，词彩英赡”之“表”。《续高僧传·释法融传》谓御史韦挺曾“备览”法融所上之表，而“御史”并非韦挺当时所任之官。韦挺任御史大夫已在贞观初年②，而在武德时期，韦挺乃太子李建成的心腹宫臣，武德七年六月壬戌（二十四日），庆州都督杨文干反，因事连东宫，李渊惟责以兄弟不睦，归罪于韦挺、王珪、杜淹，遂流三人于越巂。③ 武德九年六月李世民为太子之后，方招韦挺与王珪入京，皆拜谏议大夫。④《续高僧传·释法融传》所谓“百有余日，韦挺经停”，当是指韦挺被流越巂一事。故法融至京呈表于韦挺，必在武德七年六月韦挺被流之前，这也就意味着至迟在六月二十四日之前，法融就已经抵达长安。实际上，辅

① 《续高僧传》卷二一《唐润州牛头沙门释法融传》，第801页。

② 《贞观政要集校》卷二载贞观六年，韦挺为御史大夫，第396页。

③ 《资治通鉴》卷一九一《唐纪七》，第5984—5989页；《旧唐书》卷七七《韦挺传》，第2669页。

④ 《资治通鉴》卷一九一《唐纪七》，第6014页。

公祏被擒，事在武德七年三月戊戌（二十八日），二者之间，也仅相差三个月左右，而法融本人从润州茅山驻锡之山寺到京城长安，也需要相当长的时间[①]。据此大致断定，在平定辅公祏之后不久，废省寺僧的措施就开始施行了。

据《续高僧传·释法融传》，上奏依“关东旧格”对吴越地区的寺僧采取严厉的废省措施者为“左仆射房玄龄”。左仆射并不是房玄龄时任之官，武德七年，房玄龄任秦王府记室兼陕东道大行台考功郎中。[②] 笔者猜测由他上奏，可能与陕东道大行台尚书省主持河南、河北两地废省寺僧相关事务有关。[③] 从武德四年平洛之后，这一政策被视作大唐对待新平定地区的既定国策，依照“关东旧格”在新平定之地废省寺僧。这并不是房玄龄乃至秦王李世民的个人主张，房玄龄对法融“入京陈理”的护法行为甚至颇为赞赏（“伏其高致”），也认为法融所陈有一定的道理（“非谓事理不无”），但仍“固执前迷”。然后，房玄龄话锋直转，开始拉拢法融，以五品之高官鼓动法融出仕（“法衣出俗，将可返道宾王，五品之位俯若拾遗”）。法融不为所动，毅然返回本邑，从《续高僧传·释法融传》“后方在度”之语来看，法融并非润州废省寺僧后所留之三十僧。

法融进京之后的活动（向谁“陈理”，如何陈理；又将所撰之表都呈给哪些人），我们并不甚清楚，但至少韦挺和房玄龄都看到

---

① 据《旧唐书》卷四〇《地理志三》，润州在京师东南二千八百二十一里，第1583页。

② 《旧唐书》卷六六《房玄龄传》，第2461页。另据《少林寺碑》碑阴上半部分所载武德八年秦王教，武德八年二月十五日，房玄龄署“兼记室参军临淄侯”，《金石萃编》卷七四，《石刻史料新编》第1辑第2册，第1260页上栏。

③ 《资治通鉴》卷一八九《唐纪五》载武德四年十月庚戌，下诏山东行台及总管府、诸州并隶陕东道大行台尚书省（第5937页）；而至武德九年六月辛未，废陕东道大行台，其间李世民一直领此职。而武德八年，还少林寺田四十顷，即由秦王下教，陕东道大行台尚书省负责。房玄龄既为秦王府记室，职掌章表书记，由他上奏，当是职责所系。

了法融的上表，甚至还与法融有直接接触。而韦、房二人当时分别是太子李建成和秦王李世民的心腹之臣，所以二人对法融“入京陈理”的护法壮举的赞许，甚至对他的拉拢，都可能不仅仅是他们二人的个人行为，其背后可能有他们各自的府主——李建成和李世民的身影。其时太子建成与秦王世民的关系已恶化，双方又都在抢夺来自各方的人才、资源，那么法融进京后的活动以及韦挺和房玄龄对法融的接触（赞赏与拉拢），或可以视作太子与秦王竞争与角力之一瞥。

再来讨论一下吴越地区废省僧尼的数量与程度。据《续高僧传·释法融传》，“吴越廓清”之后，其地有“僧众五千”，房玄龄又谓法融“四千余僧，未劳傍及”，可知其地僧尼被废省的比例相当高。这里的“吴越”，以及《续高僧传·释法融传》所谓之“江表”，都是指辅公祏治下“伪宋”之地。辅公祏武德六年叛乱，基本上继承了杜伏威此前的领地，而武德四年击败李子通后，杜伏威已“尽有江东、淮南之地，南接于岭，东至于海”①。这一地区在东晋、南朝时期就是全国重要的佛教中心（尤其是建康和三吴），寺院和僧尼众多，经隋代官方有意压制和隋末战乱，僧尼仅剩五千，其衰减之剧，令人叹惋。如果严格按照“州别一寺，置三十人”的废省力度，待到废省计划完成之后，这一地区的僧尼将仅剩不足千人。当然，房玄龄所说的四千余僧只是个概数，但这个数字可以与严格执行废省政策所得出的数字比较，而后者则可以根据李唐平定辅公祏之后在“伪宋”故地设置州的数量做出推算。在推算之前，还需要考察辅公祏所建宋国的实际统辖区域。

武德四年杜伏威已尽有江东、淮南之地，辅公祏所建之宋，除了杜伏威辖地之外，还须加上张善安所统之洪州、南昌二总管府辖区。辅公祏以张善安为西南道大行台，则洪州在宋国之西南部无

---

① 《旧唐书》卷五六《杜伏威传》，第2268页。关于辅公祏之乱及其被平，可参曹建刚《唐代“江东”地域政局研究》，山东大学2014年博士学位论文，张金龙教授指导，第148—151页。

疑。而武德五年，李唐平林士弘之后，置洪州总管府，以张善安为总管，管洪、饶、抚、吉、虔、南平六州①。但并不是这六州以东至海的诸州均属宋国，辅公祏以左游仙为越州总管、东南道大使，则越州总管区当为宋之东南部。辅公祏叛乱不久，唐即遣岭南道大使李靖以交、广、泉、桂之众趋宣州②，则其时泉州及其附近诸州已在李唐控制之下。宋国西、北两个方向的界限虽不甚清楚，但也可以大致考定。舒、光及其以西诸州，多是武德四年平萧铣后所置③，而寿、庐以东诸州则为杜伏威降唐后置，且辅公祏称乱的次月（九月），即遣其将陈政通攻寿州（今安徽省寿县）④，则寿、庐两州大致是宋国的西界。至于北界，则可以从李渊所派两路大军的出发地来推测，"怀州总管黄君汉出谯、亳，齐州总管李世勣出淮、泗"⑤，辅公祏亦曾派徐绍宗攻海州（今江苏省连云港市），则唐、宋最初大致以淮河为北界。

事实上，并不是所有的州县都支持辅公祏叛唐。如前文所述之薛士通坚守常州，辅公祏特遣仆射西门君仪攻之。又如东嘉州的永嘉、安固两县百姓于华盖山固守，不陷凶党。⑥ 当然，拒从辅公祏叛唐者，应当不止以上二例，但毕竟不是多数⑦，而江淮、江南大部分的州县都曾"陷伪"，故在废省之列。此外，武德七年平辅公

---

① 《旧唐书》卷四〇《地理志三》，第 1064 页。

② 《资治通鉴》卷一九〇《唐纪六》，第 5971 页。另《旧唐书》卷四〇《地理志三》，泉州及其附近的福、建、丰、汀、漳等州县行政区划在武德末、贞观初变动很小，这些地区应当没有陷伪。

③ 参郭声波《中国行政区划通史·唐代卷》（上），上海：复旦大学出版社，2017 年，第 435—446 页。

④ 《资治通鉴》卷一九〇《唐纪六》，第 5972 页。

⑤ 《资治通鉴》卷一九〇《唐纪六》，第 5971 页。

⑥ 《元和郡县图志》卷二六《江南道二·温州》，第 625 页。

⑦ 《旧唐书》卷四〇《地理志三》明确记载陷"伪宋"之州为：润、常、苏、湖、杭、台、宣等七州。《元和郡县图志》又载衢、婺、越三州。这些显然不是全部。汪华武德四年被雄诞攻，被迫降唐，唐封越国公、歙州总管。

祏之后，李唐即着手对其州县之行政区划进行密集的调整，至废省寺僧施行之时，这些地区州的数量，大约有四十五个。[①] 如果考虑到有些州县未参与甚至反对辅公祏叛唐，所以这个数字还会有所降低，在三十三州上下[②]。如此，按照“州别三十”的废省政策，实际应该保留的僧众为九百九十，与房玄龄所谓的数字（约一千）十分接近。其实，房玄龄对法融说的四千余僧的废省数字，并非实际废省数字，由于时间的原因，其时并未具体执行，这个数字也只是他根据当时州的数量所得出的数字，这虽然不是具体的废省僧尼名单，却是官方已经规划好的废省数字。而如此大的废省力度，对这一地区僧众和信徒生活、信仰影响之大，都可想而知。

前文已述，辅公祏曾将治下江北的寺观都撤至江南，那么按照“每州一寺，寺止三十”的废省政策，江北诸州（包括邗、方、和、滁、寿、霍、濠、东楚、西楚等九州）也要保留相应数量的寺院和僧尼。这样一来，就应该有部分僧尼携带经像返还原寺。据道宣所载，扬州长乐寺的佛像后来确实“还归于本阁”[③]，只是并不清楚是否于废省寺僧期间归还。另据《建康实录》，梁武帝普通元年（520）“置永明寺，西北去（秣陵）县五十里”。许嵩注引《寺

① 据《旧唐书》卷四〇《地理志三》，平辅公祏后，李唐于武德七、八两年间密集废置、合并了一些州县，七年所置州为：淮南道：邗、方（仅六合县）、和、滁、寿、霍、濠、东楚、西楚（仅盱眙县）、卢，计10州。江南东道：润、苏、简、蒋、常、南兴、暨、潜、湖、杭、东睦、歙；越、嵊（仅剡县）、鄞（仅句章县）、台、婺、丽（仅永康县）、衢、榖、括、松（仅松阳县）、东嘉，计23州。江南西道：宣、潜、猷、池、南豫；洪、饶、抚、虔、吉、南平、袁；南昌、孙、米，计15州。总计48州。参郭声波《中国行政区划通史·唐代卷》（上），第418—570页。

② 常、东嘉等州之外，另汪华所统州（三）县，武德七、八年间，不但没有被废，反而有所增，其地似并非辅公祏实际控制之地。另外，张善安被李大亮诱降，唐军不战而得洪、南昌二总管府，故洪、南昌、袁等十州可能不在废省之列。

③《续高僧传》卷三〇《唐扬州长乐寺释住力传》，第1214页。

记》：“南平襄王造，大唐武德六年废，上元二年五月奉敕重造。”① 南平襄王即萧梁南平王萧伟，中大通五年（533）薨，谥元襄。《寺记》明确记载永明寺于武德六年被废，然此年辅公祏叛唐建宋，并无废寺之举，在此之前反而有修复经像之举②，故颇疑这里的“大唐六年”为“大唐七年”之讹误。如此，则永明寺废省乃是李唐所为，而非辅公祏所为。

至于其他如梁师都“伪梁”、高开道“伪燕”、薛举“伪秦”、刘武周“伪定杨”等地区，也在废省之列，但苦于未找到废省寺僧的相关文献，先不予以讨论，留待日后补充。

第五节 “伪乱地”废省寺僧的方式、性质及其影响

以上以“国—州—寺”为单位分别讨论武德中后期“伪郑”“伪梁”“伪夏/汉东”“伪宋”等地废省寺僧的情况，这些讨论充分说明了武德四年以后在“伪乱地”普遍都施行了废省寺僧的政策。然而由于材料的缺失和分布的不均衡，有些“伪乱地”如高开道“伪燕”、薛举“伪秦”、梁师都“伪梁”等地均未能展开讨论，而展开讨论的四个地区，也详略各异。即便如此，本文还希望在前文讨论的基础之上，能对武德废省寺僧的执行力度、原则与方式稍作总结。并与北周武帝灭佛、隋炀帝大业中融并寺塔、唐武德九年全面废省寺观以及唐武宗会昌灭佛等稍作比较，借以厘清武德中后期在“伪乱地”废省寺僧的具体施行情况、程度与性质，明此，才

① 《建康实录》卷一七，许嵩撰，张忱石点校，北京：中华书局，1986 年，第 679 页。许嵩注引之《寺记》，杨晓春认为系唐释清彻所撰《金陵塔寺记》，《唐僧清彻〈金陵塔寺记〉考略》，《南京晓庄学院学报》2013 年第 5 期。

② 《建康实录》卷一七天监十七年七月“置惠日寺条”许嵩案：“皇初，杜伏威与辅公祏等共修殿内丈六金像，并左右来侍，始武德四年止六年正月十五，毕功。寺西废禅林寺，亦并入禅林之域。”第 678 页。

会了解此事对广大僧俗以及整个社会的影响。

一、执行效率与力度

原则上说，晚于王世充归唐的“伪乱”地区，从其平定伊始，李渊所下之废省敕就已开始生效，相关部门就需要落实执行。但执行此项政策，不但需要稳定的社会环境，唐廷对该地进行有效的控制，还需要对当地寺院的数量、等级、规模，在籍僧尼的数量、师承、僧腊、学识、声望以及是否有立功表现等情况，做充分的调查和比较。所以此政策之最终执行，往往需要相当长的准备时间。武德四年七月，王世充故地全部归唐，少林寺至武德五年才被废省。平定窦建德之后，并没有迹象表明，当时就采取了废省寺僧的措施。直到武德六年正月平定刘黑闼之后，该政策才得以在其地推行，一年之后，相州修定寺才被废省。而德州佛教寺僧数量远不及相州和嵩州，准备时间就相对较短，从武德六年平定刘黑闼，到五月立《唐德州长寿寺碑》，不足半年时间。也就是说，从平定到废省，在佛教兴盛之处，往往需要长达一年左右的准备时间，而那些僧尼与寺院规模都比较小的州，废省的准备时间就会短很多。

废省政策的执行力度和效率，往往是官方意志最直接的体现。嵩岳寺是嵩州最初计划留下的唯一一所寺院，故李邕以“尤见褒崇”“实典殊科”盛赞之。连立“翻城之功”的少林寺也于武德五年遭到废省，少林寺上座善护“不伏减省”，亲至长安“上表申诉”，两年之后，寺才得以重新置立。相州至少有包括修定寺在内的六所寺院遭到废省，由于慧休提供军粮有功，相州得以“特宜依定”，故而慧休所在的慈润寺以及法砺所在的日光寺都得以保留，相州律学重镇的地位得以维系。赵州的开业寺也被废省，即便该寺的大檀越、李唐的赵、定二州别驾李维摩屡次请求重立，也徒劳无功。“伪宋”故地的五千僧众，四千余在废省之列。总体而言，废省政策在“伪乱”地区执行得相当彻底。

需要说明的是，以上所讨论诸案例，大多围绕僧传、碑志、感通记等文献展开的，其中大多数寺院是逃过废省或者最终得以再立的寺院。这些寺院，或因某些重要因素而被浓墨重彩地记载下来，或因灵异，或因其寺塔重要，或有辉煌之历史，或因著名的高僧等等，这些都是绝大多数的普通寺院所不具备的。而关于这些普通寺院被废省的详细情况，就不得而知了。另外，并不是每个地区都能找到寺、僧废省的个案，因而这类材料在地域分布和是否书写上都带有很大的偶然性和选择性。再加上个案数量的限制，以目前的条件，并不能精准地考察此项政策在“伪乱地”被执行的力度。

二、原则与例外

总体而言，武德中后期唐廷针对“伪乱地”而采取的废省寺僧政策，执行得相当彻底，但从少林寺、嵩岳寺和相州部分寺院的情况来看，这项政策在执行过程中，也具有一定的弹性。即便在强制性的敕令之下，某些有立功表现的寺院和僧人仍可以免于废省。这一点，在贞观六年的官方文书《少林寺准敕改正赐田牒》中，就有清楚表达：“少林若无功勋，即是雷同废限。以有勋绩，别敕更听存立。”① 而嵩岳寺和相州部分寺院之所以得以保留，也是缘于所在地僧团在唐军统一全国的过程中，或迎接大军，或为大军提供军粮，立下了功劳。而少林寺有功劳也曾遭到废省，似乎是少林寺僧人在废省之时，对此准备不足，并没有及早上报其功劳，是以嵩阳县丞等人会有“既云翻城有勋，准格合得赐田，当时因何不早陈论”之问。

唐廷对于立功寺院的这种例外和弹性，本质上就是对其功劳的酬赏和酬勋，这就说明了这一废省寺僧的政策，具有明显的酬勋色彩和性质。而实际上，这种有立功表现的寺院和僧人，毕竟只是极个别情况，正是因为少且具有荣誉色彩，才会刻意被记载下来。而那些没有立功表现的绝大部分寺院和僧众，却因为“是非难识”，就要面临强制废省。因此，相较那些被酬赏的寺院和僧众而言，唐廷对“伪乱地”的大多数寺院和僧众的处置，在某种程度上来说也具有惩罚的性质。

① 《金石萃编》卷七四，《石刻史料新编》第1辑第2册，第1261页下栏。

三、废省方式

以上所引诸例，只有少林寺一例涉及废省寺僧的细节，但也只是涉及到寺院的僧尼和田产的处置，即武德五年少林寺被废省之后，“僧徒还俗，各从徭役”，而少林寺所属之四十顷田和碾，则被“国司取以置庄”，即先被没入官，然后由相关部门改置为田庄，庄即柏谷庄。而少林寺所藏之经卷、供养之佛像以及殿堂、寺塔建筑等如何处理，目前并不清楚，但至少都没有被李唐官方刻意焚烧是可以肯定的。武德七年七月，少林寺奉别敕“依旧置立”，至武德九年（626），少林寺都维那惠义将所赐四十顷常住僧田注为口分田，这条材料透露出丰富的信息，充分说明少林寺并未遭到严重破坏：短短半年之内，少林寺已经有都维那，说明该寺三纲已经逐渐恢复，而此前该寺的都维那为参与翻城的立功僧惠玚①。更重要的是，都维那惠义注口分田的行为，说明当时少林寺的僧人已经有了相当的数量②，而这些僧人应该大多是该寺原来的僧众。

至于对房宇殿堂的处理方式，虽然没有文献明确记载，可以参照同一时期长安废省寺的情况，如曲池日严寺于武德七年被废后，僧徒被散配至其他寺院，而“房宇官收”，殿堂被没入官家，并有相关人员看守，被散配的道宣师徒还可以进入该寺洒扫寺塔。③ 而“伪乱地”被废省的寺院，应当也与其田庄一样被没入官，或又被赏赐给功臣、王公贵胄。另一方面，还可以参照武德九年李渊在全

---

① 少林寺碑阴所刻立功僧中，有“都维那僧惠玚”，《金石萃编》卷七四，《石刻史料新编》第1辑第2册，第1262页下栏。

② 唐初时期，按照国家规定，丁男口分田八十亩，则四十顷（一顷一百亩）田若注口分田，可以分五十人。事实上，据《唐六典》所载武德七年田令，僧人每人给田三十亩，则四十顷田可分一百三十三人。参《唐六典》卷三，李林甫等撰，陈仲夫点校，北京：中华书局，1992年，第74页；另参天一阁博物馆、中国社会科学院历史研究所天圣令整理课题组校证《天一阁藏明钞本天圣令校证：附唐令复原研究》，北京：中华书局，2006年，第451页。

③ 《集神州三宝感通录》，《大正新修大藏经》第52册，卷上，第405页下。

国范围废省寺观之情况，彼时京城只留三寺千僧，余下寺院均赐给王公①。如此，唐廷对“伪乱地”被废省寺院的房宇殿堂，也应该大致相类。少林寺都维那惠义在短短半年时间之内，没有发动僧众修复寺院的殿堂、经像、僧舍，而是主持注田，这就说明少林寺被废省之时，寺院的殿堂房宇以及经像并没有被严重损毁。

四、性质与影响

与武德七年长安个别寺院省并相比，武德中后期“伪乱地”废省寺僧与武德九年全面废省寺观，在性质上有根本性的不同：前者是迁徙，而后者均为废省。即便如此，对寺院房宇殿堂的处理方式上，二者却有相似之处，而武德九年的废省只是“伪乱地”废省僧寺政策的延续和扩展。与北周武帝下敕限时毁坏佛塔的极端粗暴相比，武德中后期的废省寺僧，稍显温和，并没有拆毁寺院、焚烧经像等极端举措。

如果与唐武宗会昌灭佛之时保留的寺院相比，或许就会对李渊这次在“伪乱地”废省寺与僧的性质，有更清楚的认识。会昌元年（841）十月，唐武宗就已两次下敕令僧尼还俗，二年又下敕重申；五年四月，下敕令祠部检括天下寺及僧尼人数，至七月下敕省并天下佛寺②。武宗下敕只在长安、洛阳两街各留寺两所，每寺僧各留三十人，同时敕“诸道所留僧尼数宜令更商量，分为三等：上至二十人，中至十人，下至五人”，中书门下根据当时的五十处四十六道划以三等上报③。同年八月，武宗再次削减东都以及诸道、州府留僧数量：“东都止留僧二十人，诸道留二十人者减其半，留十人者减三人，留五人者更不留。”④ 也就是说那些数量占绝大多数的中州和下州，一寺一僧都不能保留。如此看来，李渊在“伪乱地”

---

① 《续高僧传》卷二五《唐终南山龙田寺释法琳传》，第955页；《唐护法沙门法琳别传》卷上，《大正新修大藏经》第50册，第201页上—中。

② 《旧唐书》卷一八上《武宗纪》，第604页。

③ 《通鉴考异》引《武宗实录》，《资治通鉴》卷二四八《唐纪六十四》，第8016页。

④ 《资治通鉴》卷二四八《唐纪六十四》，第8018页。

废省佛教，某种程度上与武宗灭佛相类，也有废佛的性质，只是废省的范围和力度稍有不及，废佛性质也不那么凸显。

虽然在三武一宗灭佛之外，东晋南北朝也屡有帝王整顿佛教、沙汰僧尼之举①，但整顿和沙汰的对象，都是僧团中的伪滥和不守内外法制者，而这些只是僧团中一小部分。然而，武德中后期在“伪乱地”废省寺僧，针对的却几乎是所有“伪乱地”的寺院和僧团，除了每州留下的一寺和三十僧/尼之外，其他则不分良莠一概废省。武德九年二月，在傅奕等人的劝说之下，李渊又将废省之范围，从“伪乱地”推及全国，长安也只留三寺千僧，这显然已经不只是抑制佛教，称之为“废佛”亦不为过。前引神清《北山录》即谓“神尧初欲罢释教”。

“伪乱地”废省寺僧的政策，对当地的寺院和僧徒而言，无疑是灾难性的。以东都洛阳为例，虽然在秦王李世民的建议下，洛阳有二百僧人被配住同、华两州，另有几位大德被李世民请至长安供养②，但这毕竟只是洛阳僧团中极小的一部分高僧大德。由于整个洛州只能留下一寺三十僧，这就意味着绝大部分洛阳僧众要被迫还俗，洛阳城中的寺院也会被没入官、被赏赐给王公勋贵。其他佛教兴盛之地，如相州、润州、荆州、越州等，亦皆如是。仅吴越地区，僧人就被废省了四千余，再加上其他地区，在废省之列的僧徒

---

① 这方面论述比较多，可参王永会：《中国佛教僧团发展及其管理研究》，成都：巴蜀书社，2003 年；陈志远：《晋宋之际的王权与僧权——以沙门不敬王者为中心》，《中国社会科学院历史研究所学刊》第十集，北京：商务印书馆，2017 年；李猛：《论齐武帝永明中后期对佛教的整顿》，孙英刚主编《佛教史研究》第 1 卷，台北：新文丰出版公司，2017 年，第 79—104 页。

② 《续高僧传》卷二五《唐京师胜光寺慧乘传》，第 940 页；亦见《集古今佛道论衡》卷丙《高祖幸国学当集三教问僧道是佛师事》，《大正藏》第 52 册，第 382 页上。相关论述参伊藤诚浩《秦王李世民（唐太宗）と长安胜光寺—唐太宗の崇佛事情の一面—》，《印度学佛教学研究》48．1（1999）：第 232—234 页；孙英刚《李承乾与普光寺僧团》，第 107—129 页。

至少以万计。对于这些地区的广大佛教信众而言，一州只留一寺三十僧，显然不能满足他们的信仰需求。

由于强制“伪乱”诸州不分大小、佛教寺院僧尼之分布与规模，每州只留一寺三十僧尼，这样一刀切的做法，对各州的影响，当然也有大小之别，对于那些佛教兴盛之地而言，废省的影响几乎是灾难性的。在隋文帝平陈之后，为了压制陈故地佛教，曾短暂开展过一次废省，但寺院除了原建康的寺院之外，其他寺院的废毁更多是江南各地起兵造成的，炀帝在江都建立慧日等道场，此后江南佛教有所恢复，但隋末战乱，江南地区寺院又一次遭到破坏。如李子通定都江都，经常与杜伏威、沈法兴等政权互相攻伐，因此在攻陷“敌方”州县时，往往也会有“破县烧寺”之举①。荆襄地区寺院也有类似遭遇，隋末拥众二十万、义宁中于南阳冠军僭称楚帝的朱粲，在荆襄间流窜，汉南诸郡多为其所陷。他“所克州县，皆发其藏粟以充食，迁徙无常，去辄焚余赀，毁城郭，又不务稼穑，以劫掠为业”②。这些地区城郭中的寺院当然也多被焚烧，故道宣谓“昔朱粲寇扰荆南，寺多焚毁”③。

反观王世充之郑国、萧铣之梁国、窦建德置夏国以及杜伏威与辅公祏治下，因统治者多护持佛教，多有修复/建寺院、造像、布施等举，故辖内寺院遭毁坏者相对较少。在北方，发生战乱、饥饿时，寺院因拥有房舍、田产、粮食等，往往也成为各类武装集团、山贼甚至饥民等劫掠的对象，如少林寺为山贼所劫，寺院亦遭焚

---

① 《续高僧传》卷二一《扬州海陵正见寺释法向传》，第 805 页。

② 《旧唐书》卷五六《朱粲传》，第 2275 页。

③ 《续高僧传》卷九《隋荆州龙泉寺释罗云传》，第 301 页。

烧①；而邺西云门寺“大业之末，贼所停营，房宇孑遗，余皆焚荡”②。这些因战乱被毁的无主寺院，在武德中后期废省之前，就已经处于废毁状态，寺额被夺、寺产被没入官，没有官方的允许，将永不得修复。对于“伪乱”诸州而言，废省的实际影响却降低了不少。至于这次废省对于“伪乱地”底层的佛教团体的影响，限于材料，目前还无法详细展开。

然而，李唐中央至地方的各级政府却从“伪乱地”废省寺僧中受益极大。数以万计的享有经济特权的僧人被迫还俗，他们返回本邑，成为编户或府兵，大大增加了李唐的劳动力和兵员；再加上数以千计的寺院及其所属大量田产、寺户、净人等均被没入官，这些都大大增加李唐官方的府库、财税、粮食等方面的收入。而这些巨大的经济和政治收益，恐怕也是武德九年废省寺僧推及全国的主要推动力之一。

---

① 裴漼《少林寺碑》，《金石萃编》卷七七，《石刻史料新编》第1辑第2册，第1317页上栏。

② 《续高僧传》卷一六《齐邺西龙山云门寺释僧稠传》，第579页。关于隋末寺院毁坏的情况，可参诸户立雄《隋末・唐初戦乱期の仏教界》，《历史》(65)，1985：1—24；收入氏著《中国仏教制度史の研究》，第469—512页。

契丹建国前史发覆

——政治体视野下北族王朝的历史记忆

苗润博①

摘　要：契丹王朝官方叙述中的建国前史与历代中原文献的相关记载在空间、时间两方面均存在巨大矛盾，其背后隐藏着罕为人知的历史本相：阿保机家族是唐开元年间方才加入契丹的后来者，该家族取代契丹旧部建立王朝后，以自身家族史作为民族集团的历史，自然与此前500余年间契丹的实际衍变过程大相径庭。在政治体研究的视野下，从来没有哪个家族天生就是民族集团的统治者，但他们获得最高权力后总热衷于将本家族的历史打扮成整个民族史的模样。发掘统治家族史与民族集团史间的区别与断裂，对于重新审视北族王朝的历史记忆具有普遍性意义。

关键词：契丹；建国前史；政治体；北族王朝；历史记忆

就研究范式而言，中国古代民族史堪称新世纪以来突破最为显著的学术领域之一。经典的民族史研究习惯于将分析对象视作相对稳定的血缘群体，“追溯”“还原”其起源、迁徙、壮大乃至建立政权的发展历程。如此研究取向之形成，一方面根植于传统文献中民族史叙述本身所固有的一元线性的逻辑陷阱，另一方面则是由于研究者将近代以来才真正形成的“民族”概念推衍至古代。近年来，随着政治体视角的引入，越来越多的研究者意识到既有历史文

---

① 作者简介：苗润博，北京大学历史学系长聘副教授、研究员，主要从事宋辽金史、历史文献学、中国史学史等方向的研究。

本及研究成果所隐含的根本性缺憾，转而将前现代“民族”的本质视作对政治体认同的建构过程，取得了一系列引人注目的成果，向学界昭示了古代民族史研究全新的可能性。[①] 然而具体到中古北方民族早期历史领域，资料的极度匮乏始终是寻求进一步突破的最大瓶颈。研究者面对的要么全是异域他者的记录，要么只有该民族集团自身的叙述，很少能遇到两类不同系统的文献同时独立存在且可相互质证的情况。因此，尽管已经意识到既有民族史叙述可能存在的种种问题，但如何在实证层面予以落定，仍需要漫长而艰辛的探索。

怀揣以上问题全面审视有关中古北族的文献记载就会发现，契丹早期史这一个案具有独特而珍贵的价值：一方面，自《魏书》开始，中原历代正史皆设《契丹传》，形成一套五百余年赓续不断的文献谱系；另一方面，契丹人建立的辽王朝对其建国前史也有一套自我言说，较为隐晦地保留在元朝末年所修《辽史》之中。这样的史料条件为我们开展比较研究提供了难得的样本，只不过受制于固有叙述框架，既往研究对相关资料分析不足，致使契丹早期史所具有的典型意义遭到相当程度的低估。有鉴于此，本文拟从不同文献系统所记契丹建国前史的差异切入，挖掘辽朝自身早期史记忆的特质，揭示其背后罕为人知的历史本相，并希望以此为例，探讨北族王朝在历史叙述方面可能存在的共性问题。

一、元修《辽史》的文本批判与辽朝自身历史叙述的回归

契丹自公元 4 世纪始见记载，此后五百余年间中原史籍多有关于特定时期契丹历史的片段性记录，但并未形成连贯的叙述脉络；直至 14 世纪中叶成书的元修《辽史》，方才出现了一套完整的契丹建国前史，即该书《营卫志·部族上》所记北魏古八部—隋十部—

---

① 代表性论著见罗新：《中古北族名号研究》，北京：北京大学出版社，2009 年；胡鸿：《能夏则大与渐慕华风——政治体视角下的华夏与华夏化》，北京：北京师范大学出版社，2017 年；罗新：《王化与山险：中古边裔论集》，北京：北京大学出版社，2019 年。

唐大贺氏八部—遥辇氏八部—阻午可汗二十部—阿保机建国的叙述框架。① 作为官修正史的权威记载，《营卫志》常常被看作契丹早期史研究最核心的原始文献，构成了数百年来人们的常识性认知，治史者无论遵从抑或修正，都未曾跳脱这一框架。② 然而该文本所存在的结构性问题却很少有人关注。其实，早在 20 世纪 40 年代，傅乐焕就曾对《辽史·营卫志·部族上》的文本来源和编纂过程做过较为深入的研究，通过将该卷内容与历代正史《契丹传》进行逐一对比，认定其实乃"元人杂糅旧史记录及南朝传说"而成。③ 换句话说，以往被奉为经典的文本纯属元朝史官新作的二手材料，其中所见契丹史脉络杂糅中原、辽朝两种文献的结果，事实上完成了对契丹早期史的系统性重构。这种重构的基本方法是将北方文献系统所保存的零星记载镶嵌、榫接到前代正史所勾勒的框架之中，其结果是以后世史官的线性追溯取代了契丹王朝自身的历史叙述。这样一篇拼凑而成的二手文献看似整饬实则漏洞百出，几乎每一个环节都经不起推敲。④ 我们不禁要问：以往所习知的契丹早期史在多大程度上符合辽朝当时人的历史记忆与叙述？契丹王朝究竟如何看

---

① 《辽史》卷三二《营卫志中》，北京：中华书局，2016 年，第 427—431 页。

② 相关研究甚多，兹举其要者，松井等：《契丹勃興史》，《滿鮮地理歷史研究報告》第 1 輯，東京：東京帝國大學文科大學，1915 年；陈述：《契丹史论证稿》，北平：国立北平研究院史学研究所，1948 年；爱宕松男：《契丹古代史の研究》，京都：東洋史研究会，1959 年；蔡美彪：《契丹的部落组织和国家的产生》，《历史研究》1964 年第 5、6 期合刊；赵振绩：《契丹族系源流考》，台北：文史哲出版社，1992 年；孙进己、孙泓：《契丹民族史》，桂林：广西师范大学出版社，2010 年；杨军：《契丹早期部族组织的变迁》，《丝瓷之路——古代中外关系史研究 Ⅱ》，北京：商务印书馆，2012 年，第 102—120 页。

③ 傅乐焕：《辽史复文举例》，《中央研究院历史语言研究所集刊》第 16 本，1948 年 1 月；此据《辽史丛考》，北京：中华书局，1984 年，第 302—312 页。

④ 参见苗润博：《记忆·遗忘·书写：基于史料批判的契丹早期史研究》，博士学位论文，北京大学历史学系，2018 年，第 65—78 页。

待、记录自己建国以前的历史？

要回答这些问题，唯有彻底摒弃后世史家所铸框架，尽量回归辽朝当时的历史叙述；在实践操作层面，则须对原本已经很少的历史文本再“做减法”，即运用史源学的方法对《辽史》所见契丹早期史料进行仔细甄别、批判，剔除金、元两代史官根据中原文献及自身理解所新增的内容，剥离出辽朝自身的历史叙述。通过系统清理和筛查，我们发现今本《辽史》保留的未经金元史官拼接重构的契丹早期史零星材料，散见于《太祖纪》《营卫志》《兵卫志》《地理志》《礼志》《世表》等篇什，① 数量虽然不多，但基本脉络清晰，内在逻辑一致。其中最为集中的叙述见于《太祖纪》卷末赞语对始祖奇首可汗以下历史的记录：

> 奇首生都庵山，徙潢河之滨。传至雅里，始立制度，置官属，刻木为契，穴地为牢，让阻午而不肯自立。雅里生毗牒。毗牒生颏领。颏领生耨里思，大度寡欲，令不严而人化，是为肃祖。肃祖生萨剌德，尝与黄室韦挑战，矢贯数札，是为懿祖。懿祖生匀德实，始教民稼穑，善畜牧，国以殷富，是为玄祖。玄祖生撒剌的，仁民爱物，始置铁冶，教民鼓铸，是为德祖，即太祖之父也。世为契丹遥辇氏之夷离堇，执其政柄……太祖受可汗之禅，遂建国……②

此段文字的直接史源为陈大任《辽史》，③ 而其源头则可溯至辽朝当时的官修史乘。

关于辽朝官方文献所记先祖事迹的具体形式，《辽史·世表》引辽耶律俨《皇朝实录·纪》云：“太祖四代祖耨里思为迭剌部夷

---

① 相关考证参见苗润博：《〈辽史〉探源》，北京：中华书局，2020 年，第 38—53、144—170 页。

② 《辽史》卷二《太祖纪下》，第 26—27 页。

③ 据《辽史》卷六三《世表》，阿保机七世祖之名“耶律俨《辽史》书为涅里，陈大任书为雅里”（第 1057 页），是为判断《辽史》相关部分史源的重要依据。

离堇，遣将只里姑、括里，大败范阳安禄山于潢水。”① 此事未见于他处。冯家昪指出：“今《辽史》本纪断自太祖，太祖以前事不提，此处所见俨史则远追唐之中叶，岂《太祖纪》前亦有序纪，如魏收《魏书》者耶？”② 作为元修《辽史》的主要史源，《皇朝实录》在《太祖纪》前原本可能有记载先祖事迹的“序纪”，此说颇可信从，不过从今本《辽史》的引用情况判断，耶律俨书中此内容之篇幅恐不会太长，未必能如《魏书》般独立成卷名曰“序纪”，而更可能是冠于全书之首的一段独立记载。

无论是否以“序纪”命名，辽末官修《皇朝实录》曾专门集中记载先祖事迹，这一事实本身就值得高度重视，其中有关建国前史的“权威叙述”，更构成研究契丹王朝历史记忆问题的核心材料。全面爬梳《辽史》可知，这套叙述的基本脉络包括：（1）辽乃轩辕之后；③（2）始祖奇首可汗事迹，包括其出生、迁徙及辽朝立庙祭祀等事；（3）阿保机七世祖涅（雅）里事迹，称其立遥辇阻午可汗，创设各项制度；（4）阿保机六世祖毗牒、五世祖颏领仅记姓名，全无事迹；（5）阿保机四世祖以下至其父，每代简述其功业。其中核心构件有三：始祖奇首、七世祖涅里、轩辕后裔。实际上牵扯出三方面的问题：辽朝历史叙述的本质特征、辽朝统治家族与契丹最高权力之间的关系、辽朝统治者与华夏文明的关系，每一方面都值得详细讨论。限于篇幅，下文主要围绕第一方面展开，必要时适当涉及另外两者。

二、始祖奇首与契丹王朝的空间记忆

在今本《辽史》的叙述框架中，元朝史官视奇首可汗为全体契丹人之共同始祖，并将其时代附会到契丹初见史籍的北魏时期，故

---

① 《辽史》卷六三《世表》，第 1058 页。

② 冯家昪：《辽史源流考》，《辽史证误三种》，北京：中华书局，1959 年，第 26 页。

③ 《辽史》卷六三《世表》“序”有云“耶律俨称辽为轩辕后”（第 1051 页）。

有所谓“奇首八部”“奇首故壤”之说。[①] 受此影响，研究者或以奇首为契丹起源初期的神话人物，或将其对应于鲜卑大人轲比能、宇文始祖莫那这样的历史原型。[②] 其实回到辽朝当时的历史叙述不难发现，奇首的首要定位本来就是统治家族的始祖，涅里系其一脉相承的后代，再传数世至阿保机。前引《太祖纪》赞称“奇首生都庵山，徙潢河之滨。传至雅里，始立制度”，从奇首到雅里用一“传”字，显示出家族内部的自然传承；《太祖纪》在平定诸弟之乱后云：“上登都庵山，抚其先奇首可汗遗迹，徘徊顾瞻而兴叹焉。”[③] 所谓“其先”显指阿保机家族先祖，当时统治集团内乱频仍，最高权力屡遭诸弟觊觎，阿保机抚奇首遗迹而徘徊兴叹，当是希望通过凭吊先祖的“记忆之场”来凝聚家族内部的认同。

仅凭个别字句当然不足以说明问题，我们需要考察奇首可汗的活动范围来证实上述判断。《太祖纪》赞称“奇首生都庵山”，都庵山的所在是须首先敲定的问题。早先的研究者受元朝史官误导，试图在中原文献所记契丹早期的活动区域内寻找，以致众说纷纭；[④] 晚近论者则遵循《辽史》本身的线索，逐渐接近鹄的。太祖七年（913）阿保机平定诸弟之乱的行军路线中涉及都庵山：

（三月）其（引者按：指剌葛）党神速姑复劫西楼，焚明

---

① 《辽史》卷三二《营卫志中》，第426、428页。

② 如李德山：《“奇首可汗”小考》，《博物馆研究》1989年第3期；舒焚：《契丹族始祖奇首可汗》，《辽史涉步》，武汉：湖北人民出版社，2000年，第52—67页；吉本道雅：《遼史世表疏證》，《新出契丹史料の研究》，京都：松香堂书店，2012年，第5页；杨军：《契丹始祖传说与契丹族源》，《首都师范大学学报》（社会科学版）2014年第6期。

③ 《辽史》卷一《太祖纪上》，第8页。以下正文中引用《辽史》各卷，均直接用卷名。

④ 如舒焚《契丹族始祖奇首可汗》认为在今河北迁安附近都山；王民信以都庵山为木叶山（《辽“木叶山”考》，《王民信辽史研究论文集》，台北：台大出版中心，2010年，第398—399页）；陈永志以其在今丹东市古西安平县境内（《契丹族源地非“松漠之间”考辨》，收入《契丹史若干问题研究》，北京：文物出版社，2011年，第30页）。

王楼。上至土河，秣马休兵……夏四月戊寅，北追剌葛。己卯，次弥里，问诸弟面木叶山射鬼箭厌禳……（五月）甲寅，奏擒剌葛、涅里衮阿钵于榆河，前北宰相萧实鲁、寅底石自刭不殊……壬戌，剌葛、涅里衮阿钵诣行在，以稿索自缚，牵羊望拜。上还至大岭……丙寅，至库里，以青牛白马祭天地……六月辛巳，至榆岭，以辖赖县人扫古非法残民，磔之。甲申，上登都庵山，抚其先奇首可汗遗迹，徘徊顾瞻而兴叹焉……壬辰，次狼河，获逆党雅里、弥里，生埋之铜河南轨下……庚子，次阿敦泺……秋八月己卯，幸龙眉宫，轘逆党二十九人。①

此段所涉诸地已难一一详考，但通过关键位置的确定及对征程的总体把握，还是可以勾勒出大致路线：三月末阿保机在土河（今老哈河）、临潢府（今巴林左旗）附近，四月初启程北追剌葛，五月初在榆河（今科尔沁右翼前旗西北海勒斯台郭勒）擒获剌葛等人后开始南归，下旬回至大岭（今大兴安岭山系），六月中旬途经都庵山，下旬至狼河（今乌力吉沐沦河），至八月十日方回到上京临潢府龙眉宫，征程结束。

任爱君首先分析过这一路线，认为奇首最初生息之地靠近大兴安岭山系，位于今巴林右旗赛罕乌拉山（契丹黑山）一带，② 其论证过程虽有瑕疵，但所指大致区域并无差误。③ 杨军亦据此路线指出“都庵山在乌里吉木伦河上源以北，更可能是在科右前旗的海勒

① 《辽史》卷一《太祖纪上》，第7—8页。

② 任爱君：《关于契丹族源诸说新析》，《蒙古史研究》第7辑，呼和浩特：内蒙古大学出版社，2003年，第42页。

③ 如任氏据阿保机六月九日“至榆岭，以辖赖县人扫古非法残民，磔之”，四日后到达都庵山，认为辖赖县即阿保机所属的迭剌部霞濑益石烈，在辽上京临潢府附近，榆岭及都庵山均在辖赖县附近。按辖赖县确即霞濑益石烈，然当时尚未建国，石烈系部落组织而未改为行政地理建置，此处称县恐系后世润饰之辞；阿保机亲征，迭剌部人当亦随行，故不可认为该石烈位于榆岭，亦未可据以判断都庵山之位置。

斯台郭勒和乌里吉木伦河上源之间，在辽上京北略偏东方向”，在庆州黑山附近，进而推定《熙宁使虏图抄》之“犊儿山”及《辽史》之“兔儿山”“吐儿山”很可能就是都庵山，在今内蒙古扎鲁特旗西北霍林河（呼林河）源处。① 此定位更为具体，最后以都庵山即犊儿山乃据现代汉语发音立论，与辽代汉语音韵实际情况恐有龃龉，② 但将都庵山定在庆州黑山山系北部当无疑问。

既知奇首出生地在辽庆州黑山山系北部（今大兴安岭南麓），由此“徙潢河之滨”，那么潢水流域的具体居所又在何处？《地理志》“上京道·龙化州”条云：“始祖奇首可汗居此，称龙庭。”③ 关于该州位置，《辽史》仅称“城龙化州于潢河之南”④，范围模糊，招致研究者种种猜测。《中国历史地图集》将其标于今内蒙古奈曼旗八仙筒，位于土河下游以东、潢河以南，⑤ 这是目前学界最为通行的观点；冯永谦则结合城址调查情况认为当在库伦旗扣河子镇，其地更在谭图所示区域之东南方向；⑥ 新近又有论者声称，根据新见墨书题记将该州定在通辽市开鲁县境内。⑦ 这些观点的共同之处在于试图去潢水中下游流域寻找龙化州的位置，但又无法提出

① 杨军：《契丹始祖传说与契丹族源》，第3—4页。

② “儿”为日母字，在辽代汉语中音值并非［ə］，而是［ʐ］，其变为［ə］当在元明以后（参见孙伯君：《从番汉对音看宋元时期北方汉语的日母字》，《语言学论丛》第34辑，北京：商务印书馆，2006年，第50—68页），而庵则始终为影母，故儿、庵二字当时读音差异较大，在没有其他旁证的情况下，未可遽而勘同。

③ 《辽史》卷三七《地理志一》，第505页。

④ 《辽史》卷一《太祖纪上》，第2页。

⑤ 谭其骧主编：《中国历史地图集》第6册《宋辽金时期》，北京：中国地图出版社，1982年，第7页。

⑥ 冯永谦：《辽上京道州县丛考》，《辽金史论集》第8辑，长春：吉林文史出版社，1994年，第145—148页。余蔚《中国行政区划通史·辽金卷》亦采此说（上海：复旦大学出版社，2012年，第160页）。

⑦ 李鹏：《辽代永州、王子城、龙化州与木叶山通考》，《内蒙古民族大学学报》（社会科学版）2016年第6期；连吉林：《内蒙古开鲁县辽墓发现的墨书题记与辽之龙化州》，《北方文物》2019年第2期。

有力证据支持其说。[1] 我在宋人语录中找到一条前人忽视的记载，或可证明以上思路存在方向性问题。

宋英宗治平四年（辽道宗咸雍三年，1067）陈襄使辽，辽方以萧好古、杨规中为接伴使、副。陈氏归朝后作《使辽语录》，详载沿途见闻，其中有云：

> （五月十六日）宿望京馆……规中云："今日甚热。接伴观察住龙化州，不识此热也。"……（六月）七日，至广宁馆。道过小城之西，居民仅二百家。好古云："此丰州也。"又经沙陀六十里，宿会星馆。九日，至咸熙毡馆……十日，过黄河。好古云："黄河上源，出于龙化州界。"将至黑崖馆，臣坦云："此去上京几何？"指东北曰："三百里。"[2]

对照同时期使辽的沈括所著《熙宁使虏图抄》，可以清楚地获知陈襄等人的行进路线：六月七日，路过丰州，经停会星馆、咸熙毡馆，十日渡潢水（黄河），[3] 此时接伴使萧好古告知陈襄等人"黄河上源，出于龙化州界"。五月中接伴副使杨规中所言"接伴观察"即指时任泰州观察使的萧好古，可知萧好古本人长期住在龙化州，则其称此州边界在潢水上源附近，必得其实。据《地理志》载，此州治下有一刺史州、一县，辖区不小，结合本纪建州"潢河之南"的记载可知，作为奇首龙庭、阿保机神册元年（916）受禅之所的龙化州，大致范围应在潢水上游南岸、丰州西北一带，具体

---

① 如开鲁县新近发现的墨书题记，研究者声称其文字拼合之后可连读为"葬於龙化州西□二里"，就此认定龙化州当在此墓地东不远处。然细审其所公布的题记，残损严重，仅可辨识出"於龙化州西"五字本为一体，最为关键的"葬"字与此五字不易缀合，"於龙化州西"之前亦可能是表达"卒"之类含义的字眼，如此则龙化州为墓主卒地而非葬地。目前看来，仅根据该墓位置确定龙化州所在恐有失审慎，将此潢水下游北岸之地与潢水南岸之奇首龙庭对应起来则更显牵强。

② 陈襄：《神宗皇帝即位使辽语录》，顾宏义、李文整理标校：《宋代日记丛编》，上海：上海书店出版社，2013 年，第 29、32 页。

③ 具体方位参见谭其骧主编：《中国历史地图集》第 6 册《宋辽金时期》，第 7 页。

方位有待详考。① 结合都庵山的大致位置，我们认为《太祖纪》赞“奇首生都庵山，徙潢河之滨”反映的很可能是从庆州黑山北部迁至潢河上游南岸的过程。

据《地理志》载，永州木叶山“上建契丹始祖庙，奇首可汗在南庙，可敦在北庙，绘塑二圣并八子神像”②，可见在辽朝的历史记忆中，永州地区也是与奇首可汗有关的一个重要地点。史称“东潢河，南土河，二水合流，故号永州”，则该州当在潢水西南、土河西北，二者交汇处附近。从相对位置推断，奇首可能是从潢水上游的龙化州顺流而下到达永州。

辽朝的历史叙述中始祖奇首的活动轨迹是由庆州黑山北部迁至潢水上游南岸，后沿潢水而至于永州。稍加对比即可发现，这种空间记忆与辽以前历代文献所记早期契丹的活动范围、迁徙路线相去悬远。

三、先辽历代文献所见契丹居地变迁

元朝史官在纂修《辽史·营卫志》时，想当然地认为辽人所记始祖一定对应于中原文献所记契丹初现的北魏时期甚至更早。以往辽史学界关于契丹早期居地的认识，多受《营卫志·部族上》误导，认为其一开始即活动于“奇首可汗故壤”即潢、土二河之间，而忽略了契丹居地存在一个明显的变化过程，将在潢、土流域的活动时间大大提前，许多重要问题也因此被遮蔽。

与此不同的是，研治中古史地者则注意到另外一种面向。严耕望综合《魏书》《隋书》《通典》《新唐书》诸书指出，自北魏至唐前期，契丹衙帐始终在营州之北或东北二百里至五百里，唐初松

① 宋辽文献所称龙化州至少对应两个不同地望：其一即此处所论阿保机因奇首龙庭于潢水南岸所建者；其二则指渤海扶余府，天显元年（926）阿保机卒于此，改名为龙州黄龙府，赵至忠《虏廷杂记》等又称其为龙化州，即所谓东楼之所在。元修《辽史·地理志》“龙化州”条杂糅不同系统之材料，将二者混为一谈，故所述矛盾丛生，贻误后人。参见苗润博：《〈辽史〉探源》，第253—255页。

②《辽史》卷三七《地理志一》，第504页。

漠都督府应在辽泽源头（今库伦旗小库伦）一带，东邻高丽，西与奚以努鲁儿虎山（唐称松陉）为界。[①] 此时长期统治潢水上游、土河下游区域（即后来辽朝腹地）的是奚，其衙帐位于潢水北岸石桥一带（今巴林桥），潢水上游又名弱落水、饶乐水，北魏登国三年（388）曾大破库莫奚于弱落水，[②] 唐初奚"理饶乐水北"，[③] 故以其衙帐为饶乐都督府，即辽代饶州。[④] 新近更有学者具体指出唐前期奚人居地四至为：东至努鲁儿虎山一带，东南拒大凌河，西达滦河上源，南抵滦河以北，北至西拉木伦河以北。[⑤] 以上论说极具洞见，我们曾全面搜罗涉及十六国末至唐初契丹具体活动地点的史料，所得范围与严氏所论完全吻合，竟无一例显示契丹曾出没于潢、土二河之间及潢水上游。那么在中原文献中，契丹究竟是何时西迁至土河以西潢水上游地区的呢？

天宝十载（751）安禄山讨契丹，"过平卢千余里，至土护真水，遇雨。禄山引兵昼夜兼行三百余里，至契丹牙帐"[⑥]，《旧唐书》称此战发生于"潢水南契丹衙"。[⑦] 时契丹衙帐在土河以北三百里外，处潢、土二河之间及潢水上游区域。严耕望据此指出，最晚在天宝之前，契丹渐强，西侵奚境夺其衙帐，而自迁于奚衙故地，唐因饶乐府故地置松漠府以羁縻之，而奚人则南迁五百里至土河上游另立新衙，[⑧] 故《新唐书·地理志》蓟州条才会出现"至奚

---

① 严耕望：《唐代交通图考》篇五二《渝关通柳城契丹辽东道》，台北："中央研究院"历史语言研究所，1986 年，第 1757 页。

② 《魏书》卷二《太祖纪》，北京：中华书局，2017 年，第 24 页。

③ 《通典》卷二〇〇《边防十六·库莫奚》，王文锦等点校，北京：中华书局，1988 年，第 5484 页。

④ 严耕望：《唐代交通图考》篇五一《历代卢龙塞道》，第 1737 页。

⑤ 毕德广：《唐代奚族居地的变迁》，《中国历史地理论丛》2014 年第 1 期。

⑥ 《资治通鉴》卷二一六，北京：中华书局，1956 年，第 6908 页。详见姚汝能：《安禄山事迹》卷上，曾贻芬点校，北京：中华书局，2006 年，第 83 页。

⑦ 《旧唐书》卷一九九《契丹传》，第 5253 页。

⑧ 严耕望：《唐代交通图考》篇五一《历代卢龙塞道》，第 1737 页。

王帐六百里，又东北行，傍吐护真河五百里，至奚、契丹衙帐”的记载。① 严氏又据《通鉴》武周神功元年（697）三月孙万荣“于柳城西北四百里依险筑城”，后为突厥所败的记载，② 推测契丹此时或已西迁潢水上游，占领奚地。今按《新唐书·地理志》此条本自贞元时贾耽《皇华四达记》，大致反映了唐后期契丹、奚居地的位置关系，严氏天宝前契丹已西迁之说当可信从。不过关于西迁的具体时间节点，还有再加斟酌的余地。

李尽忠、孙万荣兴兵时，契丹确有西进之举，然其势力恐未达于土河以西、潢水上游。《通鉴》记孙万荣所筑新城在营州西北四百里，其地最多至于土河中游，距潢水上游的奚人衙帐甚远。考张说《为河内郡王武懿宗平冀州贼契丹等露布》记神功元年突厥攻契丹事，称突厥大军“掩集柳城”，致使契丹“巢穴是空，胎卵皆覆”，③ 知当时契丹统治中心仍在营州附近。

更须注意的是，此后约30年间，除稍稍西进外，契丹不仅未出现在北方的潢水上游，反有明显的南移迹象。唐廷经略多年的东北防线因“营州之乱”而崩坏，此后至开元四年（716）重新降唐以前，文献所见契丹活动范围主要集中在蓟州、檀州（渔阳）以北地区。中宗神龙三年（707），“沧州刺史姜师度于蓟州之北涨水为沟，以备契丹之寇”④；先天元年（712），“奚、契丹二万骑寇渔阳，幽州都督宋璟闭城不出，虏大掠而去”⑤。最能反映当时契丹居地的是唐廷的一次主动出击：“开元二年夏，诏与左监门将军杜宾客、定州刺史崔宣道等率众二万，出檀州道以讨契丹等……六月，师至滦河，遇贼，时既蒸暑，诸将失计会，尽为契丹等所

---

① 《新唐书》卷三九《地理志》，北京：中华书局，1975年，第1022页。

② 《资治通鉴》卷二〇六，第6521页。

③ 《文苑英华》卷六四七，北京：中华书局，1966年，第3329页。

④ 《册府元龟》卷四九七《邦计部·河渠二》，北京：中华书局，1960年，5950页。

⑤ 《资治通鉴》卷二一〇，先天元年十一月乙酉，第6678页。

覆。”① 所谓出檀州道当即取古北口过摘星岭而东走，② 两万大军于滦河遭敌军全歼，足见彼时契丹主力当在滦河上游一带。结合前引孙万荣筑城土河中游一事，似可推断“营州之乱”至归唐以前，契丹活动范围当已西扩南侵至滦河上游、土河中上游地区。

上述情况在开元中后期发生了显著变化，直到此时，契丹才开始与潢水上游地区产生交集。开元四年八月，契丹王李失活、奚王李大酺因突厥败亡重新归唐，玄宗仍封以松漠、饶乐二都督，③ 名称一依其旧至少在一定程度上说明两蕃统治中心较唐初尚无太大更动，潢河上游（饶乐水）仍属奚地。十八年（730）五月，契丹军事统帅可突于胁奚叛唐，归降突厥。二十年（732）初唐朝出塞击两蕃，“以礼部尚书信安王祎率兵讨契丹……三月，信安王祎与幽州长史赵含章大破奚、契丹于幽州之北山”，此“幽州之北山”又被记作“白山”或“白城”，④ 当即妫州北百里之白云城。是役契丹惨败，《旧唐书·契丹传》称“可突于率其麾下远遁，奚众尽降”⑤，《通鉴》称“余党潜窜山谷，奚酋李诗、琐高帅五千余帐来降”⑥。曾成指出所谓“奚众尽降”实仅指李诗所部，而非全体奚人，此役后奚人分裂，一部分归唐，一部分留居塞外，⑦ 所论甚确。而我注意到，此战结果在《新唐书·乌承玼传》中作“斩首万计，可突于奔北奚”，⑧ 则可突于兵败后所谓远遁乃投奔留居塞北之奚人。与此相应，樊衡《为幽州长史薛楚玉破契丹露布》记载

① 《旧唐书》卷九三《薛讷传》，第2984页。

② 参见严耕望《唐代交通图考》图22《唐代幽州东北塞外交通图》，第1792页。

③ 封赐诏书见《册府元龟》卷964《外臣部·封册二》，第11342—11343页。

④ 参见《资治通鉴》卷二一三开元二十年三月（第6797页）、《新唐书》卷一三六《乌承玼传》（第4596页）。

⑤ 《旧唐书》卷一九九《契丹传》，第5353页。

⑥ 《资治通鉴》卷二一三，开元二十年二月己巳，第6797页。

⑦ 曾成：《归义都督府的兴废与唐代奚人的分化》，《中国边疆史地研究》2017年第1期。

⑧ 《新唐书》卷一三六《乌承玼传》，第4596页。

了可突于兵败后的逃遁路线："残凶游魂，假气绝徼，自以为黄河泾山可以保天险，悬塞沙漠可以逃灵诛。陆梁穷荒，迷肆不复。我王师远略，是以有黑山之讨。"① 此黄河即潢水，与所谓"奔北奚"合观，知当时奚人确有残部存于潢河上游，固守饶乐都督府之旧地，可突于战败北逃至此。换句话说，直至开元二十年，契丹方才首次进入潢水上游地区。

可突于北奔奚地后不久，唐军追袭而至，即上引《露布》所称"黑山之讨"，此战在新近公布的《刘思贤墓志》中被明确记作"（开元）廿载，奉使与平卢等军截黄河而东注，凌黑山而北走"，② 此黑山正是位于潢水以北、后来辽代庆州北部之黑山，应该也是这座辽代圣山首次与契丹发生关联。可见契丹当时不仅占据了潢水上游的饶乐都督府，其活动范围还可能已拓展至庆州黑山地区。

契丹北逃后虽连受重创，但并未被彻底摧垮，而是逐渐在此区域站稳了脚跟，继续与唐军周旋。开元二十一年（733）闰三月，双方战于都山（今辽宁建昌县南大青山）之下，③ 此战中可突于纠集余众，联合突厥、渤海、奚各部协同作战，④ 大败唐军。《露布》称该年四月唐军再次远征，"陵赤山，下塞谷，绝泱漭，横大漠，以四月二十三日夜，衔枚渡黄河，质明顿夫松漠漠庭"，此"松漠

---

① 樊衡：《为幽州长史薛楚玉破契丹露布》（以下简称《露布》），《文苑英华》卷六四七，第 3331 页。"黑山"原误"墨山"，据《全唐文》改，"泾山"亦或为"陉山"之讹。

② 胡戟、荣新江主编：《大唐西市博物馆藏墓志》，北京：北京大学出版社，2012 年，第 553 页。曾成首次指出《露布》中黑山之讨当即唐军白城战后之远征，并结合墓志对《露布》所记进行了考证（《唐代幽营地域的族群与政治——以唐与奚、契丹的互动为中心》，博士学位论文，武汉大学历史学院，2015 年，第 73—78 页），对本文启发甚多。

③ 《旧唐书》卷八《玄宗纪上》，第 199 页。

④ 《旧唐书》卷一〇三《郭知运附子英杰传》称"契丹首领可突干（于）引突厥之众拒战于都山之下"（第 3190 页），《露布》则称可突于"西连匈奴，东构渤海，收合余烬，窥我阿降……四蕃云屯，十万雨集"（《文苑英华》卷六四七，第 3331 页）。

漠庭”显即潢水北岸的原饶乐都督府，只不过到彼时早已易主。以往研究《露布》者并未注意到的是，开元二十二年（734）《张休光墓志》有一段可与之参证的记载：

以良家子调补清夷军仓曹兼本军总管，后以军功，有诏赏绯鱼袋。憬彼东胡，独阻声教；蹂践沙漠，蒸涌嚣氛。皇灵远铄，爰整其旅。君躬擐甲胄，属当戎行。短兵既交，榷然陷没。①

其中“东胡”即指契丹，墓主张休光携子随军远征，父子双双阵亡，“以开元廿二年十月廿二日归葬于河南北山平乐乡之原”，从归葬时间、作战地点及背景描述看，此战当即《露布》所记二十一年四月远征“松漠漠庭”一役；志文所谓“蹂践沙漠”，正是书写者对契丹本不居于此地而攘夺侵占的描述，与上文所论若合符契。

开元二十二年末可突于为部将李过折所杀，余党泥（涅）礼旋又杀过折，契丹政权几度易主，但还是保持了可突于时代所占奚人旧地，并渐得唐廷默许，此可在张九龄《曲江集》所收诏书抬头的微妙变化中略窥端倪。二十三年（735）七月，涅礼斩过折，八月两蕃再度归顺，唐廷封册后赐诏称“敕松漠都督、右金吾卫大将军涅礼”，封号依旧而辖境已与唐初有别。与此同时，赐奚王诏曰“敕奚都督、右金吾卫大将军归诚王李归国”，② 既为正式官名却未称“饶乐都督”，正好反映出契丹夺占奚地、饶乐府易主的尴尬局面。是年九月，唐廷遽改奚饶乐都督府为奉诚都督府，③ 个中缘由恐怕也在于此，即从事实层面承认了契丹对潢水上游地区的控制权。

行文至此，我们终于理清了辽朝建立以前历代文献中所见契丹居地的变迁过程：自十六国末期至唐初，契丹的活动中心始终位于

---

① 《张休光墓志》，《隋唐五代墓志汇编·陕西卷》第3册，天津：天津古籍出版社，1991年，第158页。

② 张九龄：《曲江集》卷九《敕松漠都督涅礼书》《敕奚都督李归国书》，熊飞：《张九龄集校注》，北京：中华书局，2008年，第564、562页。

③ 《旧唐书》卷八《玄宗纪上》，第201页。

今朝阳以北、以东，辽水、白狼水之间，地近高丽，西界最远达土河中游东岸；李尽忠、孙万荣时期始有西进之意，至开元初年拓展至土河中上游及滦河流域；可突于时方迁至潢水上游地区，占据奚人衙帐，进而以此为根据地开启了契丹发展的新纪元。不言而喻，这样一条变化轨迹与上节辽朝官方文献所记始祖奇首的迁徙路线存在巨大矛盾（见下图），不仅证实了辽朝历史记忆中奇首的首要定位并非契丹共祖而是皇族始祖，更重要的是启发我们从空间的角度重新思考整个王朝的历史记忆问题。

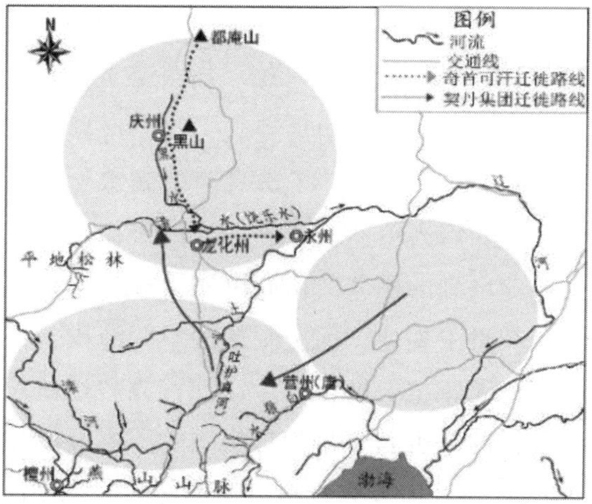

北魏至唐契丹集团迁徙路线与奇首可汗活动轨迹对比示意图

说明：本图系据严耕望《唐代交通图考》图22《唐代幽州东北塞外交通图》（第1792页）及谭其骧《中国历史地图集》第6册《宋辽金时期》“临潢府附近”（第7页）改绘。

辽朝官方的空间记忆与中原文献所见契丹集团的迁徙轨迹呈现出明显断裂。始祖奇首从庆州黑山北部迁至潢水上游流域，进而到达潢、土交汇之处，与之相应，辽方文献系统所记契丹建国以前的活动地点亦全部限于这一范围（即辽上京道）。剔除《地理志》中金元史官根据中原记载增加的追溯文字，可以考见凡涉及契丹建国以前居地的条目皆在上京道，分别为祖州、庆州、永州、仪坤州、龙化州、降圣州、饶州、丰州、松山州、宁州，零星记述了阿保机历代祖先及同时期其他部族的活动情况；[①] 原本契丹长期驻帐的朝阳以北、辽水以南地区反而丝毫不见建国以前的踪迹，所记均为太祖以下的开土建置。以最著名的中京道兴中府（即今朝阳）为例，《地理志》此条先述历代沿革，叙唐以后情况云：

> 唐武德初，改营州总管府，寻为都督府。万岁通天中，陷李万荣。神龙初，移府幽州。开元四年复治柳城。八年西徙渔阳。十年还柳城。后为奚所据。太祖平奚及俘燕民，将建城，命韩知方择其处。乃完葺柳城，号霸州彰武军，节度。[②]

其中自"十年还柳城"以上，显系金元史官拼凑而成，提及契丹占营州仍称"陷"字，全袭唐人立场，可知辽朝文献并无相关叙述；[③] 自"太祖平奚"以下最初来源当为辽方记载，所述建置始于阿保机时期。《地理志》其他关于契丹西迁潢水上游以前居地的记载皆与此类似，剥除后人追述，所剩辽方记录似乎给人以阿保机建国前契丹从未在此出没的印象。由此可知，辽皇室祖先的活动区域从根本上框定了契丹王朝建国前史叙述的空间范围，故契丹旧地在这套叙述中几乎全无印记。换言之，辽朝官方叙述所反映的只是阿保机家族的记忆，断不可与整个契丹集团的历史等量齐观。

结合《辽史》中其他零散资料，我们还可以从空间记忆的断裂中提取到始祖奇首传说所蕴含的时代信息。《地理志》"庆州"条有云："辽国五代祖勃突，貌异常，有武略，力敌百人，众推为王。生于勃突山，因以名；没，葬山下，在州二百里。"[④] 所谓"辽国五代祖勃突"显指阿保机五世祖，但奇怪的是，在前引《太祖纪》赞称阿保机五世祖名颏领，且毫无事迹可言，二者当来源于不同的

---

① 《辽史》卷三七《地理志一》，第500—509页。其中丰州、松山州两条均称"本辽泽大部落"，似表明其所居部乃自辽泽（即今辽河下游）契丹旧地迁来，这也是辽方文献中关于契丹旧地仅存的线索。

② 《辽史》卷三九《地理志三》，第550页。

③ 元修《辽史·地理志》，实以金人陈大任旧志为蓝本，稍增以宋代文献。参见苗润博《〈辽史〉探源》第六章《地理志》，第203—260页。

④ 《辽史》卷三七《地理志一》，第502页。

历史叙述系统，未可贸然勘同。《地理志》此条的直接史源为陈大任《辽史》，而其最初源头或许是金代尚存的区别于《皇朝实录》先祖事迹的其他辽朝史料。这样游离于权威叙述之外的记忆碎片折射出别样的历史光影：晚至阿保机五代祖时代，其家族尚主要活动在庆州附近山区，当处兴安岭山系南段。① 据《地理志》“祖州”条，阿保机四世祖耨里思以下先祖皆出生于潢水以北不远的临潢府地区，号曰祖州，② 可知该家族由庆州山区南迁至潢水流域当完成于五世祖时期，这一路线与奇首的活动轨迹基本吻合。由此看来，所谓始祖奇首由都庵山迁至潢水之滨的记忆，很可能浓缩了唐开元以前该家族的发展史，从中既可看到阿保机五世祖的影子，亦可理解为契丹历代先祖不断迁徙，最终在勃突之世完成这一漫长历史过程的曲折反映。

上引《皇朝实录》称“太祖四代祖耨里思为迭剌部夷离堇，遣将只里姑、括里，大败范阳安禄山于潢水”，当即前述天宝十载安禄山北征契丹败绩之事，由此四世祖的生活年代上溯 20 年，知阿保机五世祖当活动于开元二十年前后，恰与契丹败逃潢水的时间相合。也就是说，阿保机家族由庆州山区南迁潢水流域，很可能正当可突于北遁后纠集诸蕃对唐作战之时。经过战争洗礼与部落重组，该家族融入契丹政治集团，并逐步成为其中核心力量。如此时代特征隐约又与辽人记忆中的奇首可汗有几分关联。《辽史·耶律曷鲁传》载“太祖为迭剌部夷离堇，讨奚部”，曷鲁前往游说曰：“汉人杀我祖奚首，夷离堇怨次骨，日夜思报汉人。顾力单弱，使我求援于奚，传矢以示信耳。”③ 曷鲁为阿保机同族，其中“我祖奚首”显即奇首，从“夷离堇怨次骨，日夜思报汉人”的叙述来看，奇首距离阿保机时代似不会太过邈远，且该家族先祖曾与汉人

---

① 文末称勃突山“在州二百里”，“州”字下当脱方位词。按庆州以北、以东皆有山，同属大兴安岭山系南段。

② 《辽史》卷三七《地理志一》：“以高祖昭烈皇帝、曾祖庄敬皇帝、祖考简献皇帝、皇考宣简皇帝所生之地，故名。”（第 500 页）

③ 《辽史》卷七三《耶律曷鲁传》，第 1346 页。

发生过战争，受到重创。由此言之，始祖奇首传说蕴含的历史信息或许较为模糊，但其实际指向的时间下限当在唐开元之世。

四、先世遥辇与辽朝历史记忆的时间上限

辽朝历史记忆在空间方面的断裂性已如上述，本节将着眼于这种断裂在时间维度的表现，即历史叙述的时间上限。相比曲折隐晦的空间表达，辽朝历史记忆的时间上限较为直观，唯因受元修《辽史》干扰，学界迄未充分留意。经过史源学的清理不难发现，元朝史官实际上是将中原文献所记贯穿整个唐代的所谓“大贺氏”时代拦腰截断，与辽人口中的遥辇时代对接，拼合成一条线性发展的叙述脉络。① 剔除这类拼合成分可以清楚地看到，辽朝记忆的时间断限与中原文献所见长达五百多年的契丹建国前史大相径庭。

关于历史记忆的上限，最直接的表达见于辽兴宗朝史官萧韩家奴的谏言：“臣闻先世遥辇可汗洼之后，国祚中绝；自夷离堇雅里立阻午，大位始定。然上世俗朴，未有尊称。臣以为三皇礼文未备，正与遥辇氏同。”② 其中提到遥辇首任可汗洼死后，契丹衰微，阿保机先祖涅（雅）里立阻午为可汗方重振国运。所谓遥辇时代共九任可汗，其后裔在辽朝被称作遥辇九帐。③ 值得注意的是，萧韩家奴将遥辇比作华夏之三皇，亦即历史叙述的起点。又如《辽史·礼志序》云：“自其上世，缘情制宜，隐然有尚质之风。遥辇胡剌可汗制祭山仪，苏可汗制瑟瑟仪，阻午可汗制柴册、再生仪。其情朴，其用俭。”④ 此段的直接来源当系陈大任《辽史·礼仪志》，而原始内容则应本自辽时相应志书，其中亦称遥辇为“上世”，辽朝各项契丹本族礼俗皆为当时所立。这种记忆范围更突出地体现在官方史书的命名上。辽兴宗重熙十三年（1044）六月，“诏前南院大

---

① 详细考证参见苗润博《从误解到常识：史源学视野下的唐代大贺氏契丹问题》，《唐研究》第25卷，北京：北京大学出版社，2020年，第245—262页。

② 《辽史》卷一〇三《萧韩家奴传》，第1597页。

③ 遥辇九可汗名称详见《辽史》卷四五《百官志一》，第800页。

④ 《辽史》卷四九《礼志一》，第927页。

王耶律谷欲、翰林都林牙耶律庶成等编集《国朝上世以来事迹》"①。此次纂修之书亦名"辽国上世事迹及诸帝实录"或"遥辇可汗至重熙以来事迹",② 再明白不过地将遥辇作为建国前史的时间上限。

与官方口径一致，辽代契丹人传记资料追述先祖事迹，上限亦最多达于遥辇时代。如《萧敌鲁传》云："五世祖曰胡母里，遥辇氏时尝使唐，唐留之幽州。"《萧塔列葛传》则云："八世祖只鲁，遥辇氏时尝为虞人。唐安禄山来攻，只鲁战于黑山之阳，败之。"③其中提到大败安禄山一役，即前引《皇朝实录》所记耨里思"遣将只里姑、括里，大败范阳安禄山于潢水"，只里姑当即只鲁。大安六年（1090）《萧袍鲁墓志》更明确称："自遥辇建国以还，洎太祖开国而下。文武奕代，将相盈门。"④ 此志文作者乃辽末著名史官王师儒，对当时官方历史叙述自然十分熟稔；墓志称遥辇"建国"、太祖"开国"，二者在汉语中原本词义差别不大，但此处显然试图有所区分，来表现两个时代的不同特征，或许"建国"是将遥辇作为契丹集团建立的起点及初始阶段，而"开国"则指发展到最高阶段开创王朝。此外，近年来陆续在契丹文碑刻中发现的阿保机家族先祖刁撚·涅里及遥辇可汗鲜质、痕德堇的踪迹，⑤ 所反映的记忆上限亦与上述汉文文献完全相符。

历史叙述的时间上限在洼可汗开启的遥辇时代，但其所对应的具体时期，辽人却并未给出明确线索。遥辇首位可汗洼仅见于上引

① 《辽史》卷一九《兴宗纪二》，第 263 页。

② 《辽史》卷一〇四《耶律谷欲传》，第 1605—1606 页；卷一〇三《萧韩家奴传》，第 1598 页。

③ 《辽史》卷七三《萧敌鲁传》，第 1349 页；卷八五《萧塔列葛传》，第 1451 页。

④ 向南：《辽代石刻文编》，石家庄：河北教育出版社，1995 年，第 423 页。

⑤ 刘浦江：《再论契丹人的父子连名制——以近年出土的契丹大小字石刻为中心》，《宋辽金史论集》，北京：中华书局，2017 年，第 121 页；愛新覺羅烏拉熙春、吉本道雅：《大中央胡里只契丹国 遙輦氏発祥地の点描》，京都：松香堂書店，2015 年，第 135—193 页。

《萧韩家奴传》，继任者阻午及所谓阿保机先祖涅里记载又极含混。元修《辽史》曾试图将此三人嵌入中原文献所见契丹史中，拼成由大贺氏到遥辇氏的过渡，但其中一系列比定的主要依据，仅仅是辽方文献中涅（雅）里与《旧唐书》所记“泥礼”读音的近似，且自相矛盾之处颇多。小川裕人、田村实造等学者曾多有质疑，但又无法提出新的证据。① 看来要彻底弄清遥辇时代的实际上限，还须另辟蹊径。

问题的关键其实在于阻午可汗。《辽史·兵卫志序》称：“大贺氏中衰，仅存五部。有耶律雅里者，分五部为八。”② 这一记载的史源当为金陈大任《辽史·兵志序》。③ 如李桂芝所论，其中“分五部为八”的实际所指，应该是《营卫志·部族下》所记阻午可汗将迭剌、品、楮特、乌隗、突吕不五部分为迭剌、乙室、品、楮特、乌隗、涅剌、突举、突吕不八部的过程。④ 只不过陈大任根据自己的理解对原始材料进行了加工，将中原文献所谓大贺氏契丹与辽朝文献之遥辇氏对接，这才有了“大贺氏中衰，仅存五部”的说明，恐与史实相去甚远。但无论如何，阻午可汗“分五部为八”确非虚语，那么此次分析部族的背景又是什么呢?

与元修《辽史》基于先入之见称契丹自北魏以来即有八部的误说不同，中原文献明确记载契丹有八部实已晚至开元年间。据《旧唐书·契丹传》，开元四年契丹首领李失活归降，复置松漠都督府，

---

① 小川裕人：《遥輦氏伝説成立に関する史的考察》，《滿蒙史論叢》第三輯，1940年；田村實造：《中国征服王朝の研究》上册，京都：東洋史研究會，1964年，第91页。

② 《辽史》卷三四《兵卫志上》，第449页。

③ 参见苗润博：《〈辽史〉探源》第五章《兵卫志》，第161—171页。

④ 《辽史》卷三三《营卫志下》，第436—438页。参见李桂芝：《契丹大贺氏遥辇氏联盟的部落组织——〈辽史·营卫志〉考辨》，《庆祝王锺翰先生八十寿辰学术论文集》，沈阳：辽宁大学出版社，1993年，第405页。

“其所统八部落，各因旧帅拜为刺史”；[①]《册府元龟》中开元十二年（724）三月赐奚及契丹敕书云“契丹有八部落，宜赐物五万段”[②]，知开元前期契丹确为八部。这种情况在可突于时期发生了变化，近年公布的唐朝平叛将领或其后裔墓志中保留了珍贵线索。《麻令升墓志》曰：“先□□□此，宣慰使卢从愿奏，开元世□□内巡□乌知义河北间，破契丹□□□□□□□可突于等三部落。衙帐□□格酬勋，名成上柱国。”[③]志文虽残，然大意可通，所记当为麻氏先祖从乌知义破契丹三部而官拜上柱国之事。《刘思贤墓志》亦云：“（开元）廿载，奉使与平卢等军截黄河而东注，凌黑山而北走，大破契丹三部落。”[④]二者皆记唐军破契丹三部落之事，前者称在可突于时，后者更明确提到时间、地点，所指正是上节所论开元二十年可突于率契丹北奔潢水上游以后发生的激战。曾成最先注意到这些记载，并据此指出：“契丹本有八部，如果可突于之乱造成其中三部落被摧破的话，则正好与《辽史》所谓‘仅存五部’的说法相合。”[⑤]将墓志所记大破契丹三部与《辽史》“仅存五部”之说联系起来，洵具卓识。就本文所论而言，这种印合最重要的价值在于直接证实了阻午重新划分部族是契丹迁至潢水上游、遭遇重创后的结果，因知阻午实际年代当在开元二十年之后，这就为探讨契丹早期历史的诸多问题提供了可靠的时间坐标，契丹王朝历史记忆的上限亦由此确定。

除了辽朝文献与中原墓志的难得印证外，作为时代名称的“遥辇”一词的音义本身也很能说明问题。辽人多称建国前契丹统治者

---

① 《旧唐书》卷一九九《契丹传》，第5351页。“四年”原误系作“三年”，据《册府元龟》卷九六四《外臣部·封册二》所载四年八月制书（第11342—11343页）改。

② 《册府元龟》卷九七五《外臣部·褒异二》，第11449页。

③ 吴钢主编：《全唐文补遗》第7辑，西安：三秦出版社，2000年，第90页。

④ 胡戟、荣新江主编：《大唐西市博物馆藏墓志》，第553页。

⑤ 曾成：《唐代幽营地域的族群与政治——以唐与奚、契丹的互动为中心》，第59页。

为“遥辇氏”，但关于此所谓“姓氏”的起源却未有明言。我们注意到《契丹国志》有如下记载：

> 契丹部族，本无姓氏，惟各以所居地名呼之，婚嫁不拘地里。至阿保机变家为国之后，始以王族号为“横帐”，仍以所居之地名曰世里著姓。世里者，上京东二百里地名也（今有世里没里，以汉语译之，谓之耶律氏）。复赐后族姓萧氏。番法，王族惟与后族通婚，更不限以尊卑；其王族、后族二部落之家，若不奉北主之命，皆不得与诸部族之人通婚；或诸部族彼此相婚嫁，不拘此限（汉人等亦同此）。故北番惟耶律、萧氏二姓也。[①]

《契丹国志》乃元朝书贾抄撮宋代史料而成，此段自不例外。文内画线部分略见《通鉴考异》节引赵至忠《虏廷杂记》，[②] 具体文辞多所契合，知《契丹国志》亦当本自赵氏之书，且较温公所引更为详细，其中多出的内容包含重要的历史信息。尤其是开首所称“契丹部族，本无姓氏，惟各以所居地名呼之，婚嫁不拘地里”，对于解决“遥辇氏”的来源十分关键。赵至忠在辽为官多年，据他说契丹之有姓氏始自阿保机建国后分耶律、萧二姓，此前一直是“各以所居地名呼之”，甚至就连耶律氏也是根据阿保机家族当时所居地来命名的。

循此线索，我们发现所谓“遥辇”最初很可能也是由地域之名衍化而来。遥辇在汉文文献又被称作“遥里”，[③] 而在契丹文墓志中也有  、两种形态，前者为阳性，后者为阴性，分别对应遥辇、遥里两个读音。值得注意的是，契丹发展史上一个至关重要的地名正与后者读音十分相近，那就是西拉木伦河在唐代的名称

① 《契丹国志》卷二三“族姓原始”，贾敬颜、林荣贵点校，北京：中华书局，2014 年，第 247 页。

② 《资治通鉴》卷二六六《后梁纪四》，贞明二年（916）十二月“考异”，第 8809 页。

③ 参见《金史》卷八二《耶律涂山传》，北京：中华书局，1975 年，第 1835 页。

"饶乐"。按"遥"为以母效摄开口三等平声宵韵，"饶"为日母效摄开口三等平声宵韵，二者除声纽有异外，其余全部相同。敦煌变文和六祖坛经中有不少日、以二母互代的用例，① 说明在唐代"饶乐""遥里"二词完全可以勘同，而遥辇只是加了一个词尾后缀而已。更重要的是，这一音韵上的契合正与上节所论历史情境互为表里。所谓遥辇时代，应始于开元年间可突于率契丹残部北逃潢水上游侵夺奚地，当时的潢水正唤作饶乐水，而契丹侵占原属奚人的统治中心恰好又是唐朝所封的饶乐都督府。为标识在饶乐水重新组建的部落联盟，当时的契丹集团遂以此大河为名代指汗族，至辽朝建立以后方才逐渐衍化为所谓"遥辇氏"。

总之，辽朝历史记忆的上限当不早于可突于时期，正与上节所论空间记忆所蕴含的时代性完全吻合。同时，与空间方面对迁至潢水上游以前的区域全无印象一致，辽朝官方叙述的时间谱系亦呈现出断崖式的面貌，从中很难找到中原文献所记十六国北朝直至唐开元以前契丹历史的痕迹。时空二维的齐齐断裂，体现出历史叙述的整体性和内在一致性，也促使我们对其生成背景与衍化过程加以深思。

五、契丹王朝历史记忆的生成背景与衍化过程

将空间、时间两条线索合观，钩稽相关文献，我们可以梳理出契丹王朝历史记忆的生成背景：

其一，开元二十年三月幽州以北白城之战，契丹大败，可突于率余众北逃至潢水上游；同年唐军远渡大漠，战于黑山，大破契丹三部落。经此一役，契丹的组织结构遭到破坏，原本跟随可突于征战的契丹旧部损失惨重。可突于收拾残部，纠合突厥、奚、渤海等部继续与唐军周旋。二十二年末，可突于与其所立契丹王屈列因内讧被杀。这大概就是萧韩家奴所谓"遥辇可汗洼之后，国祚中绝"

---

① 参见邵荣芬：《敦煌俗文学中的别字异文和唐五代西北方音》，《中国语文》1963 年第 1—6 期；梅祖麟：《敦煌变文里的"熠没"和"罖（举）字》，《中国语文》1983 年第 1 期。

的实际背景。

其二，连年交兵之际，原本来自不同地域、属于不同游牧政治体的成员在可突于领导下共同对唐作战（如前引《露布》称可突于率“四蕃兵十万”云云），大量融入契丹集团。这些后来者在战争中逐步凝聚对契丹的认同，集团内部彼此间原本的边界日渐模糊，来自大兴安岭南麓的阿保机家族（辽皇族）及来自回鹘的糯思—述律平家族（辽后族），很可能都是在此过程中加入契丹集团的。

其三，阿保机家族自庆州黑山地区到潢水上游的迁徙最终完成于五世祖勃突时期。前引《地理志》“庆州”条称勃突“貌异常，有武略，力敌百人，众推为王”，描绘的似乎是一位出身草莽、白手起家的英雄人物，所谓“众推为王”当然并非契丹之王，而应指其成为一低级政治体的领袖，此后率部加入契丹集团。战争过后，阻午可汗重组部落，“分五部为八”，据后来情况推断，阿保机家族当时应是被划归迭剌部。《辽史》称阿保机七世祖涅里立阻午可汗，自为迭剌部夷离堇，其中存在明显破绽：阿保机四世祖耨里思活跃于天宝年间，而五世祖勃突当开元之世，约与阻午可汗同时，所谓七世祖涅里立阻午云云与此扞格不入，当出于辽朝后期史官的建构。[①] 据《营卫志》可知，阻午可汗时期迭剌部长名“益古”，[②] 丝毫看不出与阿保机家族有何关联，恐怕当时该家族尚未取得迭剌部的领导权。前引《皇朝实录》称“太祖四代祖耨里思为迭剌部夷离堇”，倘此言不虚，则该家族掌握迭剌部权柄最早当在耨里思时代，至阿保机世代沿袭，并以此为基盘建立契丹王朝。

---

① 吉本道雅《遼史世表疏證》认为涅里原型可能是《地理志》所记五代祖勃突，兴宗朝修实录时史官为论证阿保机即位合法性，用勃突附会《旧唐书》之泥礼（涅里），又在涅里和耨里思之间插入毗牒、颏领两代，形成了《太祖纪》赞中的谱系。（愛新覺羅烏拉熙春、吉本道雅：《新出契丹史料の研究》，第 22、35 页）此观察十分敏锐，但具体的建构过程则要复杂得多。

② 《辽史》卷三三《营卫志下》，第 436 页。

其四，据《辽史》淳钦皇后述律平本传，“其先回鹘人糯思，生魏宁舍利，魏宁生慎思梅里，慎思生婆姑梅里，婆姑娶匀德恝王女，生后于契丹右大部”；《地理志》“仪坤州”条则称“本契丹右大部地……回鹘糯思居之，至四世孙容我梅里，生应天皇后述律氏，适太祖”。① 知此家族之历史记忆始自糯思，而述律平系其五世孙。述律后与阿保机同时，则其五世祖糯思与阿保机五世祖勃突时代较为接近，当亦于开元前后加入契丹集团，后来逐渐发展为其中的核心力量。

概言之，开元间可突于率众迁至潢水流域后，后来的辽朝统治者阿保机、述律平两家族方才真正加入契丹集团，逐渐产生契丹认同，此前的契丹历史可谓与之毫无关涉。阿保机建国后，并未改易“契丹”之名号，而是以自身的家族史作为整个契丹集团的历史，这才是辽朝历史记忆在空间和时间都呈现明显断裂的根源所在。

上述罕为人知的历史本相其实在辽朝流行的契丹起源传说中留下了深深的印记。譬如著名的青牛白马传说：“相传有神人乘白马，自马盂山浮土河而东，有天女驾青牛车由平地松林泛潢河而下。至木叶山，二水合流，相遇为配偶，生八子。其后族属渐盛，分为八部。”② 此传说所呈现出的契丹集团来源的二元性，很可能反映的正是开元后期曾居于土河中上游、滦河流域的契丹旧部与此前即居于潢水上游一带的诸政治体交汇融合的历史情境。咸雍八年（1072）《耶律宗愿墓志》称“越自仙軿，下流于潢水，肇发瑶源”③，大康二年（1076）《兴宗仁懿皇后哀册》亦称“昔年偶圣，仙軿从水以下流”④，刘浦江首先指出两段文字前半部分皆用青牛

① 《辽史》卷七一《淳钦皇后传》，第1319页；卷三七《地理志一》，第505页。

② 《辽史》卷三七《地理志一》，第504页。

③ 《耶律宗愿墓志》，向南、张国庆、李宇峰辑注：《辽代石刻文续编》，沈阳：辽宁人民出版社，2010年，第148页。

④ 《兴宗仁懿皇后哀册》，向南编：《辽代石刻文编》，第376页。

白马之典故，其中“仙軿”即指天女所驾青牛车。① 但更须注意的是，当时人谈及青牛白马传说，为何会不约而同地仅强调自潢水而下的青牛一支，而绝口不提白马一支？耶律宗愿为辽朝皇室耶律家族男性成员，兴宗仁懿皇后则系淳钦皇后述律平后裔，其先出自回鹘。二者分属辽朝两大统治家族，族属不同、男女有别，却均在墓志中将先祖追溯至契丹的女性始祖青牛一支。可见传说中青牛一支很可能象征着原本居于潢水上游流域、并不属于契丹集团的诸政治体，阿保机家族、述律平家族都在其中；白马一支则指曾居土河中上游而后北上的契丹旧部。②

无独有偶，在另一则反映契丹祖源二元性的传说中，得到辽朝统治者推尊的也是女性始祖。武珪《燕北杂录》载清宁四年(1058)辽道宗柴册仪上被祭祀的先祖中有一“赤娘子”：“番语谓之‘掠胡奥’，俗传是阴山七骑所得黄河中流下一妇人，因生其族类，其形木雕彩装，常时于木叶山庙内安置。”③ 辽朝国家祀典中只有赤娘子的位置，而男性始祖“阴山七骑”则是武珪得自民间俗传。赤娘子作为顺潢河而下的女性始祖得到推崇，与上引两墓志对青牛妪的强调可谓异曲同工。此传说中自潢水而下的赤娘子或许正是阿保机家族这类后来加入者的象征，而阴山七骑则隐喻契丹旧部在可突于兵败后北逃的蒙难先祖形象。以上两种传说有着相对一致的历史、现实指向，这恐怕也是它们能在众多祖源传说的遗忘竞争

---

① 刘浦江：《契丹族的历史记忆——以“青牛白马”说为中心》，《松漠之间：辽金契丹女真史研究》，北京：中华书局，2008 年，第 100—101 页。

② 杨军《契丹始祖传说与契丹族源》亦曾提到青牛白马传说反映了两支不同来源的力量的融合，认为奇首可汗传说反映的是白马一支的早期迁徙，奇首可汗即宇文鲜卑奉为始祖的莫那，但后来却被出自青牛一支的迭剌部首领耶律家族篡夺为始祖。此说具有启发性，惜囿于元修《辽史》的线性叙述，仍将奇首可汗视为整个契丹集团的始祖，将契丹先世与并无关联的宇文氏混同，未能彻底揭出这一传说的意蕴。

③ 武珪：《燕北杂录》，涵芬楼本《说郛》卷三八，北京：中国书店，1986 年，第 16—17 页。原书误题王易《燕北录》，参见苗润博：《〈说郛〉本王易〈燕北录〉名实问题发覆》，《文史》2017 年第 3 期。

中最终胜出的重要原因。

综上所述，断裂性、二元性以及浓厚的家族史特征，构成了契丹王朝历史记忆的底色和基调，这些特质皆深深植根于开元二十年以后潢水流域族群政治关系的重大变动。细绎《辽史》所记建国前史之源流，可以发现辽朝历史叙述的生成、衍化过程可大致分为三个阶段：

其一，辽前期变家族始祖为契丹共祖，以统治家族史作为整个契丹集团的历史。

上引《耶律曷鲁传》称“我祖奚首”，时“太祖为迭剌部夷离堇”，尚未即可汗位，仅称“我祖”而非“始祖”，则尚无尊其为契丹共祖之举。至太祖即可汗位之第七年（913），平诸弟乱后“登都庵山，抚其先奇首可汗遗迹”，仍是以家族始祖凝聚皇族认同。天显六年阿保机长子耶律倍南逃后唐后绘有《吉首并驱骑图》，[①] 其中吉首即奇首，可见奇首为始祖已成为契丹皇族重要的认同符号和记忆表达。

关键的变化发生在太宗会同四年（941）：“诏有司编《始祖奇首可汗事迹》。”[②] 此书内容不详，是否纂成亦未可知，但此行为本身就是通过官方修史将辽朝皇室始祖确立为整个契丹集团的共祖。次年所刻《耶律羽之墓志》称“公讳羽之，姓耶律氏，其先宗分佶首”[③]，佶首即奇首。该志作者自署“蓟门邢明远”，显为汉人，未系官衔，或仅布衣，正反映出官方宣传对历史书写立竿见影的影响。前引《地理志》称永州木叶山“建契丹始祖庙，奇首可汗在南庙，可敦在北庙，绘塑二圣并八子神像”，应该也是同一背景的产物。[④]

---

① 《宣和画谱》卷八“李赞华”，王群栗点校，杭州：浙江人民美术出版社，2012 年，第 88 页。

② 《辽史》卷四《太宗纪下》，第 53 页。

③ 录文见向南、张国庆、李宇峰辑注：《辽代石刻文续编》，第 3 页。

④ 《辽史》卷十二《圣宗纪三》记统和七年（989）四月，“皇太后谒奇首可汗庙”（第 145 页），则供奉奇首的始祖庙必建于此前，具体时间待考。

在此阶段，作为后来者的阿保机家族忙于理顺现实中统治集团内部的权力关系，尚无暇系统修纂建国前史；加之汉化尚浅，在历史叙述中与遥辇时代契丹最高权力建立关联以解决自身统治合法性的问题，亦未见提上议程。

其二，辽朝中期，利用华夏政治文化对建国前史进行全面重塑。

圣宗后期至兴宗前期，辽朝兴起一股正统化潮流，至重熙中期达到高峰。重熙十一年（1042），辽朝借宋夏战争之机大兵压境，索取关南地，迫使宋廷大幅增加岁币。或许在契丹方面看来，此举打破了澶渊之盟以来双方的平等体制，进一步激发了兴宗君臣的正统性诉求。这种诉求对外表现为与宋争正统，对内则表现为通过官修史书来解决自身的合法性问题，后者的主要成果正是《遥辇可汗至重熙以来事迹》。①

重熙修史除将辽朝历史叙述的起点限定在遥辇时代，进一步确立阿保机家族史作为契丹集团历史的独尊地位外，至少还对建国历史做了以下三方面的改造：（1）炮制出以涅里为中心的先祖世系与禅让事迹，将涅里塑造成带领契丹由蒙昧走向文明的起点，抬升阿保机家族在集团发展史中的地位，建立其与最高权力的天然联系，为阿保机建国提供合法性依据。（2）将开国年代由公元916年提前至阿保机即可汗位之907年，与唐朝灭亡时间相连，对接唐朝正统。（3）制造遥辇末代可汗临终遗命传位阿保机的假象，将原本游牧传统中的汗权更迭包装成华夏文化中的禅让，将可能充满征服血腥的嬗代过程粉饰为本该属于该家族的最高权力的归还。此次修史

① 俄罗斯科学院东方写本研究所藏契丹大字手抄本中三次出现同一个标题，可释读为“大中央辽契丹国诸可汗之记”，序文落款恰为“重熙十四年二月”，该书很可能是重熙十三年六月下诏修撰、次年二月成书的《遥辇可汗至重熙以来事迹》残卷。该抄本应是现存最早的草原政治体以本族文字书写的官方史书，足见重熙修史不仅涉及汉文叙述的整合重塑，其成果更以契丹文为载体固定下来。

从根本上重塑了契丹建国前史的面貌，标志着辽朝官方历史叙述的基本定型。①

其三，辽朝后期，以皇室为轩辕黄帝后裔，攀附华夏先祖。

耶律俨《皇朝实录》称"辽为轩辕后"，此书始作于道宗末年，成于天祚帝初年。其中所谓轩辕后裔为"辽"，首要所指当为辽朝皇族即阿保机家族，而非泛指所有契丹人。与之相对应的是，寿昌元年（1095）《永清公主墓志》称"原其姓耶律氏，景宗孝彰（成）皇帝之嗣女也，圣宗孝宣皇帝之侄孙。盖国家系轩辕黄帝之后"②，"国家系轩辕黄帝之后"亦就辽皇室而言。除此之外，迄未发现更早的以辽为黄帝后裔的确证，③ 因而目前只能认为辽朝的历史叙述至道宗时期方出现将阿保机家族攀附华夏先祖的迹象，最终通过《皇朝实录》确立为官方口径。除以皇室先祖对接轩辕外，这一时期的历史编纂应该还对兴宗朝所制造的以涅里为中心的皇族世系作过进一步加工，使其最终定格为我们今天在《辽史》中看到的模样。④

---

① 苗润博：《记忆·遗忘·书写：基于史料批判的契丹早期史研究》，第120—129、187—212页；《被改写的政治时间：再论契丹开国年代问题》，《文史哲》2019年第6期。

② 录文见向南、张国庆、李宇峰辑注《辽代石刻文续编》，第226页。

③ 以往所举辽中前期自称黄帝后裔的史料主要有开泰二年（1013）《赐圆空国师诏》及《辽史拾遗》引《宣府镇志》两条，细审文本源流、内容可知，实皆与辽朝尊奉轩辕无涉。

④ 据愛新覺羅烏拉熙春、吉本道雅《大中央胡里只契丹国　遙輦氏発祥地の点描》介绍，重熙二十年契丹小字《耶律迪墓志铭》载一份较为完整的辽朝先祖世系，其中阿保机曾祖萨剌德以上依次为：习辇涅里—石里堇毗牒—肃祖耨里思—懿祖萨剌德（第268—269页），对比《太祖纪》赞可知，墓志中涅里、耨里思间仅毗牒一代，而无颏领。又《兵卫志序》称涅里为太祖六世祖，与《太祖纪》之七世祖异而与墓志合。在我看来，此间异同并不是非此即彼的正误关系，而反映出先祖谱系层累生成的过程。《兵卫志序》袭自陈大任旧文，最初史源或为重熙十三年所修实录，故与重熙二十年之墓志吻合；而《太祖纪》赞之最初源头则是乾统间所成之《皇朝实录》，已对先祖世系续加增补。

以上三阶段分别对应本文首节所称辽朝历史叙述的三大核心构件，每一阶段皆以官方史书的编纂为节点：太宗朝《始祖奇首可汗事迹》、兴宗朝《遥辇可汗至重熙以来事迹》及天祚朝《皇朝实录》。修史本身是对现实关系的固化、意识形态的凝缩，统治家族历史始终作为唯一独尊的主体，吞没了集团内部、王朝上下其他成员的历史记忆，而逐渐凸显的华夏化色彩，正是政治权力在巩固地位、塑造正统过程中不断强化、渗透的表征。

结语　家族史·民族史：北族王朝历史叙述的共性问题

契丹自4世纪即见记载，阿保机家族则晚至8世纪中叶方加入，该家族的逐步崛起、僭升汗族直至10世纪初建立王朝，对于契丹集团而言不啻为天翻地覆的变革，但这一切在以往的历史叙述中却完全湮没无闻，其根源还在于辽朝本身对契丹历史记忆的塑造。经过一场记忆与遗忘的竞争，辽朝建国以前的契丹汗族“遥辇氏”沦为历史的失语者。契丹旧部在新的历史叙述和现实秩序中经历了怎样的整合与清理？辽朝统治家族之外的契丹人对开元以前的契丹还残存多少记忆，又能保有何种认同？进一步推想，这样由权力更迭带来的记忆洗牌在契丹集团数百年的发展史中当然不会只有一次，那么，辽朝的契丹人与北魏至唐不同阶段的契丹人究竟存在什么意义上的关联？我们究竟应该如何定义“契丹”？

历史记忆往往取决于遗忘，政治体主导下的集体遗忘在根本上决定了古代族群认同的形成，所谓“民族”的本质正是对政治体认同的建构过程。① 我们所面对的古代民族史材料，无论是观察对象自身的叙述，还是异邦、后世史家的书写，都试图通过统治家族的历史来呈现整个民族集团的历史。潜移默化之下，过去的研究者往往会有意无意地将一个民族集团的出现和统治家族的出现画等号，认为该家族与民族相始终，而对二者不加区分，在不知不觉中踏入既有史料所布下的陷阱。如果从政治体的视角对民族史资料加以批

① 参见罗新：《遗忘的竞争》，《有所不为的反叛者：批判、怀疑与想象力》，上海：上海三联书店，2019年，第25—50页。

判和重审，不难发现，从来不会有哪个家族天生就是统治者，民族集团的历史（或者说该集团认同的形成）也常常不始于某一特定统治家族的掌权，那种“自古以来”“天经地义”的政治神话早就应该被破除。

只不过，记录历史的权力永远掌握在胜利者手中，缺乏文字的北族政权尤是如此。一个家族取得统治地位后，往往会运用讲述或书写的权力，以本家族的历史来改写整个集团的历史，通过重塑认同与记忆将现实的政治关系合理化。原本复杂、多元的历史图景被简单化约为单一线性的家族史叙述，这自然会与整个民族集团的实际衍变过程出现矛盾和断裂，本文所论契丹王朝的建国前史就是这样一个经典的案例。如果跳出个案的边界，以“统治家族史”—“民族集团史”的二分视角观察其他类似王朝的历史叙述，亦可发现诸多的裂痕与缝隙。

譬如金朝。《金史·世纪》开首称“金之先，出靺鞨氏”云云，勾勒出肃慎—勿吉—靺鞨—女真—金朝的发展脉络，① 论者多以此与后文“金之始祖讳函普，初从高丽来”抵牾而心生疑窦，乃至贸然否定后者的可靠性。其实，所谓肃慎传至金朝的线性谱系全出元末史官之手，“函普初从高丽来”的叙述才真正代表了金朝统治者完颜阿骨打家族的历史记忆。这种历史叙述至晚在皇统元年（1141）完颜勖所修《祖宗实录》中即已形成，② 终金源一朝未见改更，亦即金朝统治家族并不讳言自身作为女真集团外来者、后来者的身份。阿骨打家族的历史与女真集团的历史并不等同，实乃金史研究的一大关节，唯因囿于一元线性的传统叙述，学界对此分野重视不足。

又如元朝。以往论其先世者自以《元朝秘史》为尊，始于苍狼

① 《金史》卷一《世纪》，第1—2页。

② 据《金史》卷一〇七《张行信传》，贞祐四年（1216）议德运，行信上言称“按始祖实录止称自高丽而来，未闻出于高辛”（第2367页），此“始祖实录”即《祖宗实录》。参见邱靖嘉：《〈金史〉纂修考》，北京：中华书局，2017年，第28—29页。

白鹿传说，自巴塔赤罕以下至成吉思汗十世祖孛端察儿，再至于也速该、铁木真。在此脉络中，成吉思汗家族始终作为天潢贵胄居于蒙古历史的中心，蒙古认同的形成也以铁木真建立大蒙古国为标志。然而，如果我们暂时舍弃“成吉思汗家族史 = 蒙古民族集团史”的先验观念，爬梳唐宋时期的中原文献所记蒙古早期史迹，就会发现成吉思汗家族或许并非自古以来的蒙古统治者，蒙古认同的形成恐亦不始于其 1206 年建号，草原东缘诸部或曾长期据有蒙古集团的权力核心。① 比较能说明问题的一则史料是，《大金国志》所引王大观《行程录》记载金皇统六年册封朦骨“酋长熬罗孛极烈为朦辅国主”，“于是熬罗孛极烈自称祖元皇帝，改元天兴”，② 此“朦辅国主”系蒙古作为国号之首见，早于成吉思汗建号约 60 年，称帝建元更表明该草原政治体的发育程度已然很高。这样的蒙古早期史在铁木真统一诸部后撰作的《秘史》中全无踪迹，治史者亦多以其荒诞不经而未予理睬。

再如清朝。关于始祖布库哩雍顺的发祥地，最早见于《旧满洲档》天聪九年（1635）引瑚尔喀部人之说：“彼布勒霍里湖周百里，距黑龙江一百二十至三十里。”至《太祖武皇帝实录》则变成含糊不清的“长白山之东北”，康熙重修《太祖高皇帝实录》时又改作长白山之东。③ 从黑龙江到长白山的转变，固然反映了满洲统治者通过祖先记忆塑造族群认同的过程，但若转换视角，早期传说中的黑龙江布勒霍里湖或可看作当时努尔哈赤家族残存的区别于其他“诸申”各部的模糊记忆，而长白山云云则更可能是该家族迁

① 参见张晓慧：《元代蒙古人族群记忆的建构与书写》，博士学位论文，北京大学历史学系，2019 年，第 10—42 页。

② 宇文懋昭著，崔文印校证：《大金国志校证》卷十二，北京：中华书局，1986 年，第 176 页。此当抄自《建炎以来系年要录》，然今本《要录》译名已遭四库馆臣篡改。

③ 参见姚大力：《满洲如何演变为民族：论清中叶前“满洲”认同的历史变迁》，《追寻“我们”的根源：中国历史上的民族与国家意识》，北京：生活·读书·新知三联书店，2018 年，第 435—444 页。

徙、加入建州女真以后在地化的历史叙述，始祖传说的参差变化或许隐含了统治家族融入民族集团的时间线索。

以上三例浮光掠影，点到为止，意在粗略呈现“家族史·民族史”的区分对观察北族王朝早期历史的共通意义。此外如拓跋、突厥、回鹘、党项等，或亦可从史料缝隙切入加以重新解读。随着个案的累积，对“家族史·民族史”间的差异程度作更深入的比较研究甚至类型学分析将成为可能。更进一步，以统治家族为核心记录政治集团的历史，当然不会只是北族王朝的特例，如何将此种历史书写模式与华夏文明（特别是其早期）以及人类其他文明的类似现象加以参照，在更宏阔的视野下思考其中的共性与个性，将是我们面临的全新议题与长远挑战。

（原刊《历史研究》2020 年第 3 期）

汝阴侯墓二号式盘太一九宫运行复原

程少轩①

摘　要：汝阴侯墓二号式盘太一的运行分为大周期和小周期两个层次。大周期模拟帝星运行。小周期则以太一大周期所居宫位为起点，以被旋转过的天盘上的数字为序逐日游徙于九宫。

关键词：式占；式盘；太一/太乙；九宫；帝星

20世纪70年代，阜阳双古堆汝阴侯汉墓出土了一批珍贵文物，包括一组漆木制作的天文仪器。其中二号式盘，拥有圆形天盘和方形地盘，盘上刻有不少文字。② 天盘和地盘正面的内容涉及“太一（或作‘太乙’）九宫”，与《黄帝内经·灵枢》的《九宫八风》

① 作者简介：程少轩，南京大学文学院教授（南京210023）。

② 严敦杰：《关于西汉初期的式盘和占盘》，《考古》1978年第5期，第334—337页；殷涤非：《西汉汝阴侯墓出土的占盘和天文仪器》，《考古》1978年第5期，第338—343页；安徽省文物工作队、阜阳地区博物馆、阜阳县文化局：《阜阳双古堆西汉汝阴侯墓发掘简报》，《文物》1978年第8期，第12—31页，图版壹—叁。

密切相关。李学勤①、孙基然②、杜锋、张显成③等学者，均结合古代学者的研究，就太一九宫运行方式的相关问题作了探讨。但是，太一究竟如何在式盘的九宫之间运转这一基本问题，学者至今尚未达成一致意见。我们认为，古今学人所论均有未安。本文试在已有研究的基础上，对汝阴侯墓二号式盘太一九宫运行的操作方法进行复原。

① 李学勤：《〈九宫八风〉及九宫式盘》，《王玉哲先生八十寿辰纪念文集》，天津：南开大学出版社，1994 年。收入氏著《古文献丛论》，上海：上海远东出版社，1996 年，第 235—243 页。

② 孙基然：《西汉汝阴侯墓所出太一九宫式盘相关问题的研究》，《考古》2009 年第 6 期，第 77—87 页；孙基然：《“太一”与“招摇”关系考》，《中华医史杂志》2010 年第 2 期，第 77—79 页；孙基然：《〈灵枢·九宫八风〉“大、小周期”考辨》，《中国中医基础医学杂志》2010 年第 6 期，第 455—457 页；孙基然：《〈灵枢·九宫八风〉考释》，《辽宁中医杂志》2012 年第 4 期，第 601—606 页；孙基然：《马王堆帛书〈刑德〉甲、乙本“九宫图”数思想与形制特征关系研究》，《湖南省博物馆馆刊》第 9 辑（2012 年期），长沙：岳麓书社，2013 年 4 月，第 11—24 页；孙基然：《西汉太一九宫式盘占法及相关问题》，《考古》2014 年第 4 期，第 82—92 页；孙基然：《〈灵枢〉九宫八风名及相关问题研究》，《“中央研究院”历史语言研究所集刊》第 85 本第 1 分，2014 年，第 1—60 页。

③ 杜锋、张显成：《西汉九宫式盘与〈灵枢·九宫八风〉太一日游章研究》，《考古学报》2017 年第 4 期，第 479—494 页。

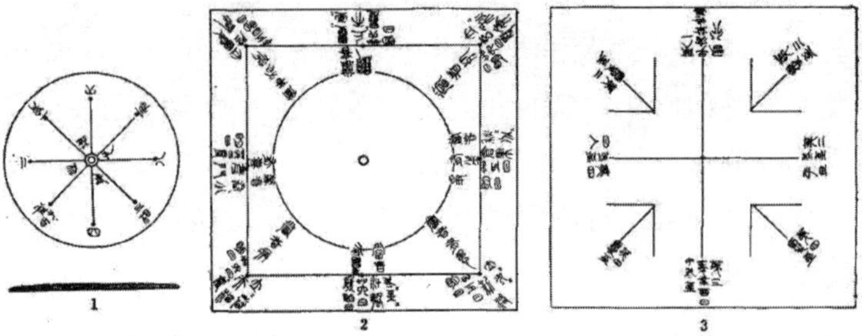

图 1　汝阴侯墓二号式盘照片与摹本

《灵枢·九宫八风》：

太一常以冬至之日，居叶蛰之宫四十六日，明日居天留四十六日，明日居仓门四十六日，明日居阴洛四十五日，明日居天宫四十六日，明日居玄委四十六日，明日居仓果四十六日，明日居新洛四十五日，明日复居叶蛰之宫，曰冬至矣。

太一日游，以冬至之日，居叶蛰之宫，数所在日，从一处至九日，复返于一。① 常如是无已，终而复始。

太一移日，天必应之以风雨，以其日风雨则吉，岁美民安少病矣。先之则多雨，后之则多旱。

太一在冬至之日有变，占在君；太一在春分之日有变，占在相；太一在中宫之日有变，占在吏；太一在秋分之日有变，占在将；太一在夏至之日有变，占在百姓。所谓有变者，太一居五宫之日，病风折树木，扬沙石，各以其所主，占贵贱。

因视风所从来而占之，风从其所居之乡来为实风，主生，长养万物；从其冲后来为虚风，伤人者也，主杀，主害者。谨候虚风而避之，故圣人日避虚邪之道，如避矢石然，邪弗能害，此之谓也。

一、学界三点共识

关于神煞太一在九宫运行的方式，目前学界有三点共识：

---

① 《太素》有重要异文，详见后文。

一、太一在一年之中，以八节为节点，运行于八方之宫。自冬至始居汁蛰宫，立春移至天溜宫，春分移至苍门宫，立夏移至阴洛宫，夏至移至上天宫，立秋移至玄委宫，秋分移至仓果宫，立冬移至新洛宫，第二年冬至复移至汁蛰宫。这种运行，一般称为太一的“大周期”。大周期的八个时段以八节节点之间的日数计，为 45 或 46 日。太一在大周期的运行中不入中宫。

二、太一在大周期的各个时段内，又以 9 日为周期游转于九宫，一般称为太一的“小周期”。与大周期不入中宫不同，小周期是入中宫的。

三、太一小周期的运行方式，诸家多举太一冬至日居汁蛰宫为例。可以汝阴侯墓二号式盘为参考。式盘天盘上写有数字，地盘上写有九宫之中的八个宫名和八节名称。太一冬至日居汁蛰宫，天盘上的数字“一”对应地盘上的“冬至汁蛰”，数字“二”对应“立秋玄委”，数字“三”对应“春分苍门”，数字“四”对应“立夏阴洛”，数字“六”对应“立冬新洛”，数字“七”对应“秋分仓果”，数字“八”对应“立春天溜”，数字“九”对应“夏至上天”。太一冬至日居汁蛰宫时，这些数字的方位和洛书的数字方位是一致的。洛书就是三阶幻方，中间是“五”。“五”之数式盘不存。“五”对应的宫名“招摇”未写在地盘上，但天盘正中写有“吏招摇也”四字，表示中宫名为“招摇”。“吏”则与四正方向的“君”“相”“将”“百姓”相配。诸家均认为，太一从冬至日开始，按照与洛书一致的数字所处方位运行：太一第 1 日在汁蛰宫，第 2 日在玄委宫，第 3 日在苍门宫，第 4 日在阴洛宫，第 5 日在招摇宫，第 6 日在新洛宫，第 7 日在仓果宫，第 8 日在天溜宫，第 9 日在上天宫，第 10 日复归汁蛰宫。如此循环五个小周期，共 45 日。第 46 日是特殊的日子，被称为“废日”，太一在废日运行方式与小周期的常规运行不同。

二、古今两套方案及其缺陷

由于太一在八节各有 9 种变化，加上废日，共有近 80 种不同状态，一一列举十分麻烦，所以诸家多以“依此类推”之类的表述将太一移出冬至汁蛰宫之后各时段的小周期运行略去。然而问题正出在“依此类推”上。当天盘上的数字“一”指向“冬至汁蛰”的时候，数字所处方位与洛书数字方位是吻合的。但是当太一离开冬至时段，移居另外七宫方位的时候，式盘天盘旋转，不但太一的大周期方位发生了变化，天盘上数字所处的方位也发生了变化。那么，太一在另外七节时段中的小周期运行，是否需要考虑太一大周期方位的变化和天盘数字方位的变化这两重因素？很显然诸家在此问题上出现了分歧。太一在冬至之外七节时段内小周期运行到底应该如何推算？目前古今学者明确提出的完整的“类推方案”有两套。

第一种是古人的方案。金代刊刻的《新刊补注铜人腧穴针灸图经》在宋人三卷本基础上，收入金代道士闲邪聩叟的《针灸避忌太一之图序》，增为五卷本。其中闲邪聩叟绘制的《针灸避忌太一之图》是这种方案的代表。① 在《针灸避忌太一之图》中，太一运行到哪一宫，就以该宫所处方位对应的洛书固定数字方位为起点，九个数字循环计算。例如，太一在立春之日运行到天溜宫，天溜宫位于东北方，洛书东北方所配数字为八，就以八作为起点计算：以立春之日为起点，太一第 1 日在洛书配数为八的东北天溜宫，第 2 日移动到洛书配数为九的正南上天宫，第 3 日移动到洛书配数为一的正北汁蛰宫，第 4 日移动到洛书配数为二的西南玄委宫，第 5 日移动到洛书配数为三的正东苍门宫，第 6 日移动到洛书配数为四的东南阴洛宫，第 7 日移动到洛书配数为五的中央招摇宫，第 8 日移动到洛书配数为六的西北新洛宫，第 9 日移动到洛书配数为七的正西仓果宫，第 10 日复移动到立春起始的天溜宫。如此循环 5 个 9 日小周期。

古人的这套方案，太一在每个 45 或 46 日的大周期时段内，均

① 闲邪聩叟：《针灸避忌太一之图》，见王惟一撰、无名氏补《新刊补注铜人腧穴针灸图经》卷三，北京：人民卫生出版社影印玉海堂影刻元刊五卷本，1955 年。

是以大周期所处的宫位作为小周期运动的起点。大小周期“本宫一致”，体现了大小周期数术原理方面的紧密联系，是该方案的优点。但和汝阴侯墓二号式盘一对比，就产生矛盾了。式盘的数字在天盘上，是随着天盘旋转的。古人的计算方式是以洛书数字与方位严格对应为基础，数字是不能动的——但汝阴侯墓二号式盘静止不动的地盘上并没有数字。如果遵照《针灸避忌太一之图》操作式盘，一则没有固定不动的洛书数字作为参考，操作极为不便，二则天盘上的数字却根本没有用到。闲邪聩叟所处的金代，太一式占已经大大衰微，早就不是主流占卜了，闲邪聩叟很可能没有见过太一式盘的实物，因此他构拟的太一九宫运行虽然有精巧之处，却与实物不合。

第二种方案是现代学者孙基然提出的。孙基然认为，不管太一在大周期运行到哪一宫位，其小周期之运行，均严格按照洛书固定的数字方位顺序进行。也就是说，太一的全部小周期运行，均是：第 1 日在汁蛰宫，第 2 日在玄委宫，第 3 日在苍门宫，第 4 日在阴洛宫，第 5 日在招摇宫，第 6 日在新洛宫，第 7 日在仓果宫，第 8 日在天溜宫，第 9 日在上天宫，第 10 日复归汁蛰宫。

孙基然的方案有合理之处：小周期的第 5 日全在招摇宫，符合三阶幻方“五居中央”的数理，且能与《易纬乾凿度》郑玄注“每四乃还于中央”相合。然而，这一方案缺陷也十分明显——非但不能解决闲邪聩叟方案与式盘实物之间的矛盾，反而增加了新的矛盾：除了冬至这个时段，其余七节时段内，大小周期“本宫不一致”。对此，孙基然以太一的小周期每天游转至洛书对应宫位，但会回归大周期本宫来解释。他以太一秋分在仓果宫为例：第 1 日由洛书一位转至仓果，第 2 日由洛书二位转至仓果，第 3 日由洛书三位转至仓果，第 4 日由四转至仓果，第 5 日由五转至仓果，第 6 日由六转至仓果，第 7 日由七转至仓果，第 8 日由八转至仓果，第 9 日由九转至仓果，第 10 日复由一转至仓果。“太一每天居两宫”并无文献依据，而且这种解说仍旧不能解决太一九宫运行与式盘实物不匹配的问题，天盘上数字的功用亦无法落实。为此，孙基然又补充了对天盘用法的解释。他认为天盘当反扣在地盘上，需要把天盘

“想象成透明的”来操作。此说极为迂曲，不可信从。

对于太一小周期第5日进入中宫，孙基然对其操作方式亦有新说。他认为存在一个“替身中宫”，位于“四”和圆心连线的左右两边，且靠近真正中宫的区域。式盘天盘写有“吏”的位置就是“替身中宫”。由五转至仓果的操作，要将式盘旋转至刻有“吏”字的位置。这一操作动作与其他八个数字迥异，在一系列连续操作中混杂这样的操作，也是很别扭的。

孙基然的太一九宫运行方案以及相关新说，我们完全不能同意。

综上所述，古今两套太一九宫运行的完整方案均不合理。此外，杜锋、张显成亦撰文讨论式盘操作，但他们的文章既说孙基然的方案“大致可从”，又说“太一日游九宫的小周期亦可证之于闲邪聩叟《针灸避忌太一之图》”。他们似乎没有注意到除了《冬至叶蛰宫之图》外，《针灸避忌太一之图》的其他图均与孙基然不合。既同意闲邪聩叟的意见，也同意孙基然的意见，显然是前后矛盾的，他们的说法自然也就不可信了。

三、我们的方案

前面已经提到，诸家观点分歧的根本点，在于太一的小周期运行，是否需要考虑太一大周期方位的变化和天盘数字方位的变化这两重因素。孙基然的方案是既不考虑太一大周期方位的变化，也不考虑天盘数字方位的变化。闲邪聩叟的方案，则是考虑太一大周期方位的变化，但不考虑天盘数字方位的变化。

从逻辑上讲，还有两种可能。一种是不考虑太一大周期方位的变化而只考虑天盘数字方位的变化；另一种是既考虑太一大周期方位的变化又考虑天盘数字方位的变化。参考汝阴侯墓二号式盘的形制，显然同时考虑太一大周期和天盘数字两者方位变化的思路是最为合理的。因为不管在大周期中太一运行到哪个方位，圆盘上的数字“一”总是与之完全对应的，这应该就是在指示太一小周期的起点。如果以此为基础运行，既可以保证太一运行的大小周期“本宫一致”，又可以与式盘天盘数字方位不断变化的实际情况相匹配。

顺着这一思路，我们提出的太一九宫小周期运行方案为：**无论太一大周期运行到哪个宫位，其小周期运行，均是以太一大周期所居宫位为起点，以按大周期旋转的天盘上的数字为序逐日游徙于九宫。**太一九宫大小周期运行和式盘操作的具体方案如下（可参看本文附一“三种太一小周期运行方案比较表”和附二“汝阴侯墓九宫式盘运行一览”）：

太一冬至日居汁蛰之宫。这段时间共46日，天盘的“一”对准地盘的“汁蛰”，太一每日按天盘上的数字顺序运行于各宫。第1日居汁蛰宫，第2日居玄委宫，第3日居苍门宫，第4日居阴洛宫，第5日居招摇宫，第6日居新洛宫，第7日居仓果宫，第8日居天溜宫，第9日居上天宫，第10日复归本宫汁蛰宫。如此循环5个小周期，共45日。第46日是废日，太一休息。

次日立春，太一徙居天溜之宫。这段时间共46日，天盘的“一”对准地盘的“天溜”，太一每日按天盘上的数字顺序运行于各宫。第1日居天溜宫，第2日居仓果宫，第3日居阴洛宫，第4日居上天宫，第5日居招摇宫，第6日居汁蛰宫，第7日居新洛宫，第8日居苍门宫，第9日居玄委宫，第10日复归本宫天溜宫。如此循环5个小周期，共45日。第46日是废日，太一休息。

次日春分，太一徙居苍门之宫。这段时间共46日，天盘的“一”对准地盘的“苍门”，太一每日按天盘上的数字顺序运行于各宫。第1日居苍门宫，第2日居新洛宫，第3日居上天宫，第4日居玄委宫，第5日居招摇宫，第6日居天溜宫，第7日居汁蛰宫，第8日居阴洛宫，第9日居仓果宫，第10日复归本宫苍门宫。如此循环5个小周期，共45日。第46日是废日，太一休息。

次日立夏，太一徙居阴洛之宫。这段时间共45日，天盘的“一”对准地盘的“阴洛”，太一每日按天盘上的数字顺序运行于各宫。第1日居阴洛宫，第2日居汁蛰宫，第3日居玄委宫，第4日居仓果宫，第5日居招摇宫，第6日居苍门宫，第7日居天溜宫，第8日居上天宫，第9日居新洛宫，第10日复归本宫阴洛宫。如此循环5个小周期，共45日。按式盘，该大周期无废日。

次日夏至，太一徙居上天之宫。这段时间共46日，天盘的

“一”对准地盘的“上天”，太一每日按天盘上的数字顺序运行于各宫。第1日居上天宫，第2日居天溜宫，第3日居仓果宫，第4日居新洛宫，第5日居招榣宫，第6日居阴洛宫，第7日居苍门宫，第8日居玄委宫，第9日居汁蛰宫，第10日复归本宫上天宫。如此循环5个小周期，共45日。第46日是废日，太一休息。

次日立秋，太一徙居玄委之宫。这段时间共46日，天盘的“一”对准地盘的“玄委”，太一每日按天盘上的数字顺序运行于各宫。第1日居玄委宫，第2日居苍门宫，第3日居新洛宫，第4日居汁蛰宫，第5日居招榣宫，第6日居上天宫，第7日居阴洛宫，第8日居仓果宫，第9日居天溜宫，第10日复归本宫玄委宫。如此循环5个小周期，共45日。第46日是废日，太一休息。

次日秋分，太一徙居仓果之宫。这段时间共45日，天盘的“一”对准地盘的“仓果”，太一每日按天盘上的数字顺序运行于各宫。第1日居仓果宫，第2日居阴洛宫，第3日居汁蛰宫，第4日居天溜宫，第5日居招榣宫，第6日居玄委宫，第7日居上天宫，第8日居新洛宫，第9日居苍门宫，第10日复归本宫仓果宫。如此循环5个小周期，共45日。按式盘，该大周期无废日。

次日立冬，太一徙居新洛之宫。这段时间共45日，天盘的“一”对准地盘的“新洛”，太一每日按天盘上的数字顺序运行于各宫。第1日居新洛宫，第2日居上天宫，第3日居天溜宫，第4日居苍门宫，第5日居招榣宫，第6日居仓果宫，第7日居玄委宫，第8日居汁蛰宫，第9日居阴洛宫，第10日复归本宫新洛宫。如此循环5个小周期，共45日。按式盘，该大周期无废日。

次日冬至，太一徙居汁蛰，进入下一轮循环周期。

我们的方案较之前面两套方案，不但能继承优点，使太一大小周期“本宫一致”且第5日恒居招榣，而且还能避免缺点，使《灵枢·九宫八风》的记载与式盘实物完全匹配。另外，这套新方案还能与马王堆帛书《刑德小游图》相互印证。

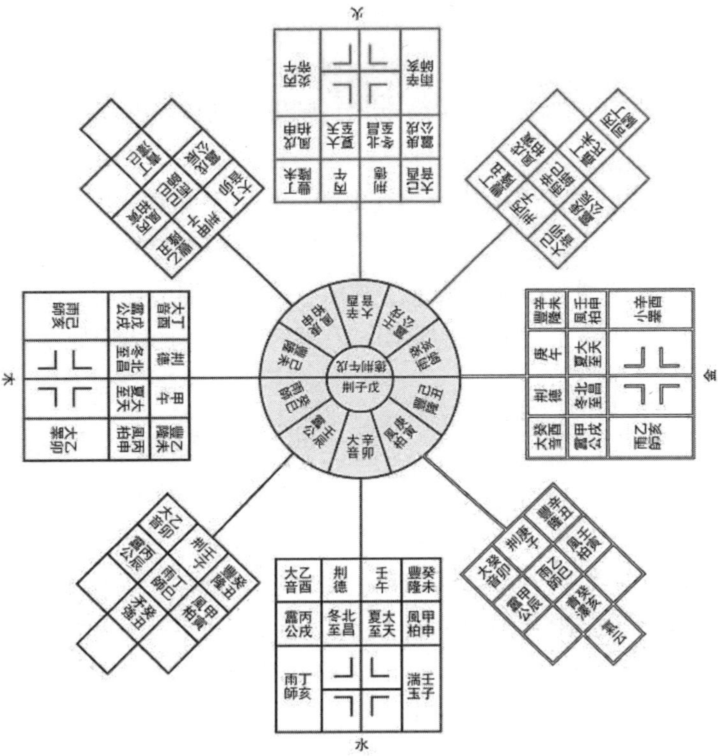

图 2　马王堆帛书《刑德》乙篇《刑德小游图》

刘国忠先生提出，太一九宫运行的大小两种周期，与刑德大小游的两种周期情况类似。① 这一思路无疑是正确的。不过，《刑德小游图》是图像，无法像式盘那样通过转动反映神煞的位置，所以要在每个宫位中标出神煞的详细位置。马王堆帛书的“刑德占”是利用刑德等神煞在奇正十宫的运转占测。如图所示，在正宫或奇宫中，刑德、丰隆、风伯、大音、雷公、雨师六种按小周期六日轮转运行的小游神煞，它们的前后左右相对位置关系不变，但东西南北的绝对方位亦随刑德绝对方向的变换而变化。以东方与南方两个正宫为例，丰隆在两宫中相对位置均在主神煞刑德之右，大音在两宫

① 刘国忠：《马王堆帛书〈刑德〉乙篇再探》，《新古典主义》，台北：学生书局，2001 年 9 月，第 215—232 页。

中相对位置均在主神煞刑德之左。但丰隆的绝对位置，于东方正宫处于刑德之北，于南方正宫则处于刑德之东；大音的绝对位置，于东方正宫处于刑德之南，于南方正宫则处于刑德之西。

总而言之，无论是汝阴侯墓太一九宫式盘，还是马王堆帛书《刑德小游图》，小周期运行的规则都是：**宫位绝对位置不变，神煞在小周期中于不同宫位之间游走的前后左右相对位置不变，但东西南北的绝对位置关系随大周期主神煞（本宫神煞）绝对位置的变化而变化。**这应该是按照大小周期游宫运行之神煞的通用原则。

四、李学勤先生的观点

其实，李学勤先生在《〈九宫八风〉及九宫式盘》一文中已经给出了近乎正确的式盘操作方案。可惜的是，由于表述上存在瑕疵，而且这篇文章在关键的操作步骤上以“以下依此”一笔带过，致使不少学者仅致力于批判李先生行文中的错误，却未能领会李先生的正确思路。李学勤先生说：

> （《灵枢·九宫八风》）第二段称：“太一日游，以冬至之日始居叶蛰之宫，数所在，日徙一处，至九日复返于一。常如是无已，终而复始。”……是小周期。太一从冬至之日起居于叶蛰，但每日又有所游，按照九宫一至九的次序，第二日游于玄委，第三日游于仓门，第四日游于阴洛，第五日到中宫，第六日游于新洛，第七日游于仓果，第八日游于天留，至第九日又回到叶蛰。居其他宫时，依此类推。
>
> ……式盘的使用方法是这样的。自冬至日（严格说在冬至的时刻）将上盘的“一”对准汁蛰宫，然后按太一日游的次序，每日旋转（“五”即按上盘该字刻的位置）①，九日复返于“一”，五周而至第四十六日“废”，停止不转，次日将“一”移至天留宫，以下依此。

① 引者按：李先生认为“五”刻写在盘上，与事实不合，详见后文；但李先生文中的意思是说“五”位于中央，这是正确的。

孙基然已指出李先生这段话存在瑕疵。① 李先生文中瑕疵之所以产生，是因为未注意正确断读《太素》的一处文本。杜锋、张显成对相关文本句读作了修正：②

> 太一日游，以冬至之日始居叶蛰之宫，数所在，日徙一处，**至九日，复返于一**。

这样，只要增加“第九日游于上天”，将回到汁蛰的日期改为第十日，就没有问题了。事实上，李先生显然也是这么理解的，因为在文中他还说：

> 《尔雅·释诂》：“废，止也。”是其日太一休止，既不移宫，也不游行。由此知道，太一日游的小周期在每宫都是五个，不因有第四十六日而不规则。

既然李先生已经明确指出每宫是 5 个小周期，他必然是默认小周期日数为 9，也就是从第 1 日到第 9 日运行一周，第 2 个小周期从第 10 日开始。可见李先生本来并没有理解错式盘的操作方法，只是被错误的断读意见干扰，在表述时漏数了一天罢了。另外，李先生文中使用“每日旋转”的表述也不准确，这或许是因为李先生仅在头脑中构拟了式盘操作的大体框架，却没有画图进行操作验证。如果李先生当时制作模型实操验证的话，他肯定会发现在每个小周期中式盘天盘是不需要转动的，只要直接读取天盘的数字即可。

我们之所以肯定李先生已经掌握了式盘的正确操作方法，是因为李先生在叙述完冬至汁蛰宫的运行后说立春日那一天要“将‘一’移至天溜宫”。也就是说，李先生已经认识到，天盘是随着节气的变化而旋转的，而且天盘上的数字要随着天盘的移动而移动。也就是说，李先生在描述式盘的操作时，既考虑了太一大周期方位的变化，又考虑了天盘数字方位的变化——这正是太一九宫运

① 孙基然：《〈灵枢·九宫八风〉“大、小周期”考辨》，《中国中医基础医学杂志》2010 年第 6 期。

② 杜锋、张显成：《西汉九宫式盘与〈灵枢·九宫八风〉太一日游章研究》，《考古学报》2017 年第 4 期。

行的关键。如果学者们仔细揣摩李先生的话，正确把握李先生本来的意思，顺着他的思路结合式盘实物继续推算的话，是很容易得出正确的结论的。

五、“五”在哪里

李学勤先生在文中说，天盘的正中有“五”字。其实，天盘靠近中央的位置只有“吏招槿也”四字，而且这几个字在《考古》1978 年第 5 期公布的式盘摹本中被漏掉了，直到《文物》1978 年第 8 期的简报上才摹出。从相关图版来看，盘上并没有“五”的痕迹。“五”应该在哪里呢？我们认为，“五”很可能借用“二八”“四六”两条连线，写于天盘正中。《说文》古文“五”作“×”形，这一字形正可借既有线条为之。细审式盘图版，天盘正中有孔，当脱落一固定天盘的铆钉。此“×”字或即在钉上，入葬前或出土后脱落，故而“五”字不存。

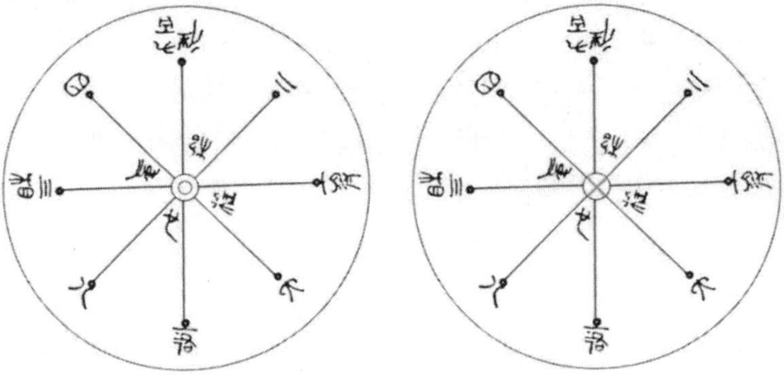

图 3　式盘天盘“五”字示意图

六、太一式盘占卜的操作方法

《灵枢·九宫八风》下面这段话，一般认为与据太一式盘占卜有关：

> 太一在冬至之日有变，占在君；太一在春分之日有变，占在相；太一在中宫之日有变，占在吏；太一在秋分之日有变，占在将；太一在夏至之日有变，占在百姓。所谓有变者，太一居五宫之日，病风折树木，扬沙石，各以其所主，占贵贱。

> 因视风所从来而占之，风从其所居之乡来为实风，主生，长养万物；从其冲后来为虚风，伤人者也，主杀，主害者。谨候虚风而避之，故圣人日避虚邪之道，如避矢石然，邪弗能害，此之谓也。

从《灵枢》的叙述来看，“太一居五宫之日，病风折树木，扬沙石，各以其所主，占贵贱”和“视风所从来而占”是两种不同的占卜。我们认为，前者是据太一小周期宫位占卜，与式盘上“当者”占辞有关；后者是据太一大周期宫位占卜，与式盘上的占辞无关。

先来看据太一小周期宫位占卜。李学勤先生认为：

> ……太一居于一宫而游于九宫，所谓二分二至实指在四正位置的宫，加上中宫便是篇文的五宫。在五宫中一宫之日有变，即有折树木、扬沙石的暴风，分别应于君、相、吏、将或百姓。……（《九宫八风》）篇文并未详说是怎样占吉凶的，这在式盘上便很清楚。由式盘的旋转，很容易把握太一小周期位于中宫之时，此时如篇文所说朝八风，观察有无风起和风向。式盘说明，北风则“当者有忧”，东北风则“当者病”，……这就是吉凶之征了。

李先生的叙述颇值参考，只是个别操作未结合式盘进行验证，致使部分观点与式盘的实际情况有些出入。我们认为，“太一在冬至之日有变，占在君”等句，所谓“冬至”“春分”“秋分”“夏至”这二分二至，实际是指圆盘上“一君”“三相”“七将”“九百姓”四者指向的宫位。以“冬至”指“一君”、“春分”指“三相”、“秋分”指“七将”、“夏至”指“九百姓”，系因冬至卌六日周期中四点的初始位于二分二至，以此来指代它们的位置，有二分二至之名而无其实，所以它们才能与“太一在中宫之日”相配。此四宫加上“五吏”对应的中宫便是《灵枢·九宫八风》的五宫。五宫中除了中宫，其余四宫都是应八节太一大周期宫位变化而变化的。在太一游徙于各宫之日，有折树木、扬沙石的暴风之类的风变，分别应于太一当日所居宫位对应的君、相、吏、将或百姓。（详附二）至于主何吉凶，则看式盘上该宫位对应的“当者”占辞。“当者”占辞如何与君、相、吏、将或百姓对应，从逻辑上说有三种可能。第一种可能是根据风变当日太一小周期所居宫位来选取对应方向的“当者”占辞，但这样操作的话，中宫无法匹配占辞。第二种可能是根据风变当日太一大周期所居宫位来选取对应方向的“当者”占辞，但这样的话每45至46天才会更换占辞。第三种可能是根据当日风变的来向选取对应方向的“当者”占辞，但这样的话太一的大小周期运行宫位就与占辞的选取无关，式盘的旋转操作就失去意义了。这三种方案均有未安之处。相对而言，第一种方案紧密结合太一小周期运行，似乎更符合式盘的设计意图。（附二暂依此方案）若然，则“五吏”在选取占辞方面或许会有一些特别的处理方法，比如以“三相”代替“五吏”。限于资料条件，据太一小周期宫位占卜的式盘操作，目前无法彻底复原。

再来看据太一大周期宫位占卜。太一大周期宫位占卜，本质上是根据季节对应的风之方位占卜。在古人的观念中，不同的季节会有不同方向所来之风。《素问·金匮真言论》：“东风生于春……南风生于夏……西风生于秋……北风生于冬……”因此，“视风所从来而占”的方法是：春分太一居东宫，刮东风正常，为实风，主生，刮西风反常，为虚风，主杀；立夏太一居东南宫，刮东南风正常，为实风，刮西北风反常，为虚风；其余依此类推。

七、“太一式”之得名

最后附带谈谈“太一式”的得名。文献中的“太一”有多重来源，对于“太一式占”中的“太一/太乙”所指，也有多种不同说法。观汝阴侯墓二号式盘太一大周期运行于八方之位置，显然模拟的是战国至西汉时期（公元前500年左右至公元前104年，古六历行用时代）的北极星帝星（小熊座β）围绕北天极旋转，于八节运转八方，但无法到达真正的北天极的状态。通过复原式盘操作可知，游行九宫的主神煞“太一”，其实就是式盘天盘上的“一”，它是式盘的指针，与地位最高的“君”相配，永远居于大小周期的“本宫”。这应该就是“太一式”得名的直接来源。“太一”后世文献多作“太乙”，乃至此种式占多被称为“太乙式”，就更没有人注意式占之名的真正来源其实是“一”了。至于是先有北极星的别名“太一”所以特地将式盘设计成以“一”为指针，还是由于这类式占以“一”为主神煞进而将占盘模拟的帝星称为“太一”，目前资料尚不足以解答，只能存疑待考。

附一：三种太一小周期运行方案比较表

太一大周期时间起点	太一大周期所居	学者	太一小周期所居									
			第1、10、19、28、37日	第2、11、20、29、38日	第3、12、21、30、39日	第4、13、22、31、40日	第5、14、23、32、41日	第6、15、24、33、42日	第7、16、25、34、43日	第8、17、26、35、44日	第9、18、27、36、45日	第46日废日
冬至	汁蛰	闲邪聩叟	汁蛰	玄委	苍门	阴洛	招摇	新洛	仓果	天溜	上天	未设置
		孙基然	汁蛰	玄委	苍门	阴洛	招摇	新洛	仓果	天溜	上天	招摇
		李学勤程少轩	汁蛰	玄委	苍门	阴洛	招摇	新洛	仓果	天溜	上天	休息
立春	天溜	闲邪聩叟	天溜	上天	汁蛰	玄委	苍门	阴洛	招摇	新洛	仓果	未设置
		孙基然	汁蛰	玄委	苍门	阴洛	招摇	新洛	仓果	天溜	上天	招摇
		李学勤程少轩	天溜	仓果	阴洛	上天	招摇	汁蛰	新洛	苍门	玄委	休息
春分	苍门	闲邪聩叟	苍门	阴洛	招摇	新洛	仓果	天溜	上天	汁蛰	玄委	未设置
		孙基然	汁蛰	玄委	苍门	阴洛	招摇	新洛	仓果	天溜	上天	招摇
		李学勤程少轩	苍门	新洛	上天	玄委	招摇	天溜	汁蛰	阴洛	仓果	休息

（续表）

太一大周期时间起点	太一大周期所居	学者	太一小周期所居									
			第1、10、19、28、37日	第2、11、20、29、38日	第3、12、21、30、39日	第4、13、22、31、40日	第5、14、23、32、41日	第6、15、24、33、42日	第7、16、25、34、43日	第8、17、26、35、44日	第9、18、27、36、45日	第46日废日
立夏	阴洛	闲邪聩叟	阴洛	招摇	新洛	仓果	天溜	上天	汁蛰	玄委	苍门	未设置
		孙基然	汁蛰	玄委	苍门	阴洛	招摇	新洛	仓果	天溜	上天	无废日
		李学勤程少轩	阴洛	汁蛰	玄委	仓果	招摇	苍门	天溜	上天	新洛	无废日
夏至	上天	闲邪聩叟	上天	汁蛰	玄委	苍门	阴洛	招摇	新洛	仓果	天溜	未设置
		孙基然	汁蛰	玄委	苍门	阴洛	招摇	新洛	仓果	天溜	上天	招摇
		李学勤程少轩	上天	天溜	仓果	新洛	招摇	阴洛	苍门	玄委	汁蛰	休息
立秋	玄委	闲邪聩叟	玄委	苍门	阴洛	招摇	新洛	仓果	天溜	上天	汁蛰	未设置
		孙基然	汁蛰	玄委	苍门	阴洛	招摇	新洛	仓果	天溜	上天	招摇
		李学勤程少轩	玄委	苍门	新洛	汁蛰	招摇	上天	阴洛	仓果	天溜	休息

（续表）

太一大周期时间起点	太一大周期所居	学者	太一小周期所居									
			第1、10、19、28、37日	第2、11、20、29、38日	第3、12、21、30、39日	第4、13、22、31、40日	第5、14、23、32、41日	第6、15、24、33、42日	第7、16、25、34、43日	第8、17、26、35、44日	第9、18、27、36、45日	第46日废日
秋分	仓果	闲邪聃叟	仓果	天溜	上天	汁蛰	玄委	苍门	阴洛	招榣	新洛	未设置
		孙基然	汁蛰	玄委	苍门	阴洛	招榣	新洛	仓果	天溜	上天	无废日
		李学勤程少轩	仓果	阴洛	汁蛰	天溜	招榣	玄委	上天	新洛	苍门	无废日
立冬	新洛	闲邪聃叟	新洛	仓果	天溜	上天	汁蛰	玄委	苍门	阴洛	招榣	未设置
		孙基然	汁蛰	玄委	苍门	阴洛	招榣	新洛	仓果	天溜	上天	无废日
		李学勤程少轩	新洛	上天	天溜	苍门	招榣	仓果	玄委	汁蛰	阴洛	无废日

附二：汝阴侯墓九宫式盘运行一览①

一、自冬至起太一居汁蛰之宫卌六日：

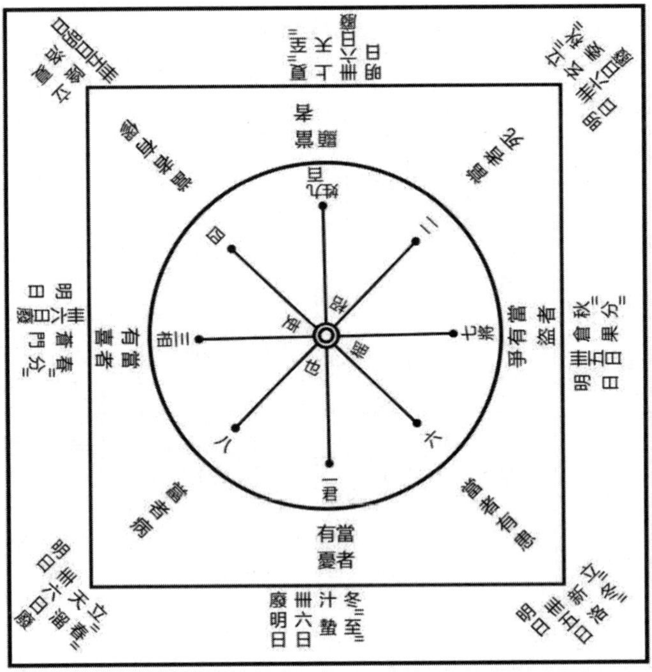

① 附二所列“风变所主”与“当者占辞”，暂采用根据风变当日太一小周期所居宫位来选取对应方向占辞的方案。详参正文第六章《太一式盘占卜的操作方法》。

整年日期	大周期内日序	大周期宫　名	小周期宫　名	风变所主	当者占辞	备　注
1	1	汁蛰	一汁蛰	君	有忧	冬至之日
2	2	汁蛰	二玄委		死	
3	3	汁蛰	三苍门	相	有喜	
4	4	汁蛰	四阴洛		有僇	
5	5	汁蛰	五招榣	吏		
6	6	汁蛰	六新洛		有患	
7	7	汁蛰	七仓果	将	有盗争	
8	8	汁蛰	八天溜		病	
9	9	汁蛰	九上天	百姓	显	
10	10	汁蛰	一汁蛰	君	有忧	
11	11	汁蛰	二玄委		死	
12	12	汁蛰	三苍门	相	有喜	
13	13	汁蛰	四阴洛		有僇	
14	14	汁蛰	五招榣	吏		
15	15	汁蛰	六新洛		有患	
16	16	汁蛰	七仓果	将	有盗争	
17	17	汁蛰	八天溜		病	
18	18	汁蛰	九上天	百姓	显	
19	19	汁蛰	一汁蛰	君	有忧	
20	20	汁蛰	二玄委		死	
21	21	汁蛰	三苍门	相	有喜	
22	22	汁蛰	四阴洛		有僇	
23	23	汁蛰	五招榣	吏		
24	24	汁蛰	六新洛		有患	
25	25	汁蛰	七仓果	将	有盗争	

（续表）

整年日期	大周期内日序	大周期宫　名	小周期宫　名	风变所主	当者占辞	备　注
26	26	汁蛰	八天溜		病	
27	27	汁蛰	九上天	百姓	显	
28	28	汁蛰	一汁蛰	君	有忧	
29	29	汁蛰	二玄委		死	
30	30	汁蛰	三苍门	相	有喜	
31	31	汁蛰	四阴洛		有僇	
32	32	汁蛰	五柖榣	吏		
33	33	汁蛰	六新洛		有患	
34	34	汁蛰	七仓果	将	有盗争	
35	35	汁蛰	八天溜		病	
36	36	汁蛰	九上天	百姓	显	
37	37	汁蛰	一汁蛰	君	有忧	
38	38	汁蛰	二玄委		死	
39	39	汁蛰	三苍门	相	有喜	
40	40	汁蛰	四阴洛		有僇	
41	41	汁蛰	五柖榣	吏		
42	42	汁蛰	六新洛		有患	
43	43	汁蛰	七仓果	将	有盗争	
44	44	汁蛰	八天溜		病	
45	45	汁蛰	九上天	百姓	显	
46	46	汁蛰				废日

二、自立春起居天溜之宫卌六日：

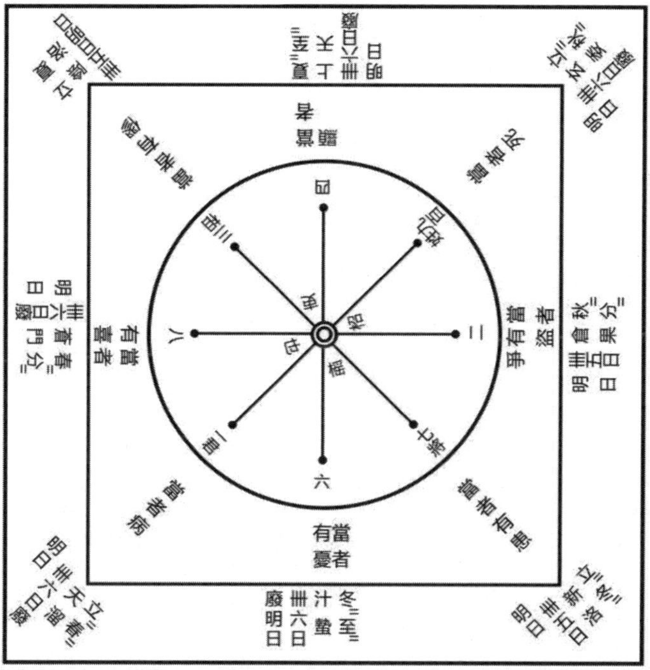

整年日期	大周期内日序	大周期宫　名	小周期宫　名	风变所主	当者占辞	备　注
47	1	天溜	一天溜	君	病	立春之日
48	2	天溜	二仓果		有盗争	
49	3	天溜	三阴洛	相	有僇	
50	4	天溜	四上天		显	
51	5	天溜	五招槒	吏		
52	6	天溜	六汁蛰		有忧	
53	7	天溜	七新洛	将	有患	
54	8	天溜	八苍门		有喜	
55	9	天溜	九玄委	百姓	死	
56	10	天溜	一天溜	君	病	
57	11	天溜	二仓果		有盗争	
58	12	天溜	三阴洛	相	有僇	
59	13	天溜	四上天		显	
60	14	天溜	五招槒	吏		
61	15	天溜	六汁蛰		有忧	
62	16	天溜	七新洛	将	有患	
63	17	天溜	八苍门		有喜	
64	18	天溜	九玄委	百姓	死	
65	19	天溜	一天溜	君	病	
66	20	天溜	二仓果		有盗争	
67	21	天溜	三阴洛	相	有僇	
68	22	天溜	四上天		显	
69	23	天溜	五招槒	吏		
70	24	天溜	六汁蛰		有忧	
71	25	天溜	七新洛	将	有患	

(续表)

整年日期	大周期内日序	大周期宫名	小周期宫名	风变所主	当者占辞	备注
72	26	天溜	八苍门		有喜	
73	27	天溜	九玄委	百姓	死	
74	28	天溜	一天溜	君	病	
75	29	天溜	二仓果		有盗争	
76	30	天溜	三阴洛	相	有僇	
77	31	天溜	四上天		显	
78	32	天溜	五招榣	吏		
79	33	天溜	六汁蛰		有忧	
80	34	天溜	七新洛	将	有患	
81	35	天溜	八苍门		有喜	
82	36	天溜	九玄委	百姓	死	
83	37	天溜	一天溜	君	病	
84	38	天溜	二仓果		有盗争	
85	39	天溜	三阴洛	相	有僇	
86	40	天溜	四上天		显	
87	41	天溜	五招榣	吏		
88	42	天溜	六汁蛰		有忧	
89	43	天溜	七新洛	将	有患	
90	44	天溜	八苍门		有喜	
91	45	天溜	九玄委	百姓	死	
92	46	天溜				废日

三、自春分起居苍门之宫卌六日：

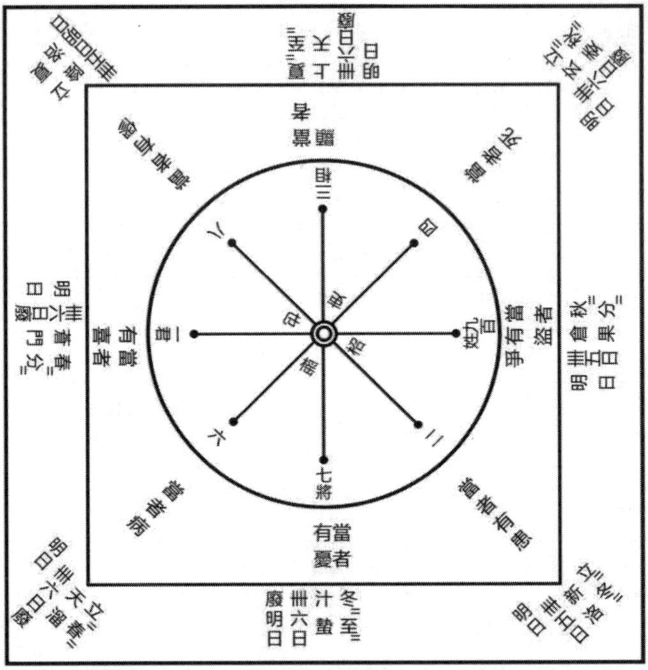

整年日期	大周期内日序	大周期宫　名	小周期宫　名	风变所主	当者占辞	备　注
93	1	苍门	一苍门	君	有喜	春分之日
94	2	苍门	二新洛		有患	
95	3	苍门	三上天	相	显	
96	4	苍门	四玄委		死	
97	5	苍门	五招榣	吏		
98	6	苍门	六天溜		病	
99	7	苍门	七汁蛰	将	有忧	
100	8	苍门	八阴洛		有僇	
101	9	苍门	九仓果	百姓	有盗争	
102	10	苍门	一苍门	君	有喜	
103	11	苍门	二新洛		有患	
104	12	苍门	三上天	相	显	
105	13	苍门	四玄委		死	
106	14	苍门	五招榣	吏		
107	15	苍门	六天溜		病	
108	16	苍门	七汁蛰	将	有忧	
109	17	苍门	八阴洛		有僇	
110	18	苍门	九仓果	百姓	有盗争	
111	19	苍门	一苍门	君	有喜	
112	20	苍门	二新洛		有患	
113	21	苍门	三上天	相	显	
114	22	苍门	四玄委		死	
115	23	苍门	五招榣	吏		
116	24	苍门	六天溜		病	
117	25	苍门	七汁蛰	将	有忧	

（续表）

整年日期	大周期内日序	大周期宫名	小周期宫名	风变所主	当者占辞	备注
118	26	苍门	八阴洛		有僇	
119	27	苍门	九仓果	百姓	有盗争	
120	28	苍门	一苍门	君	有喜	
121	29	苍门	二新洛		有患	
122	30	苍门	三上天	相	显	
123	31	苍门	四玄委		死	
124	32	苍门	五招榣	吏		
125	33	苍门	六天溜		病	
126	34	苍门	七汁蛰	将	有忧	
127	35	苍门	八阴洛		有僇	
128	36	苍门	九仓果	百姓	有盗争	
129	37	苍门	一苍门	君	有喜	
130	38	苍门	二新洛		有患	
131	39	苍门	三上天	相	显	
132	40	苍门	四玄委		死	
133	41	苍门	五招榣	吏		
134	42	苍门	六天溜		病	
135	43	苍门	七汁蛰	将	有忧	
136	44	苍门	八阴洛		有僇	
137	45	苍门	九仓果	百姓	有盗争	
138	46	苍门				废日

四、自立夏起居阴洛之宫卌五日：

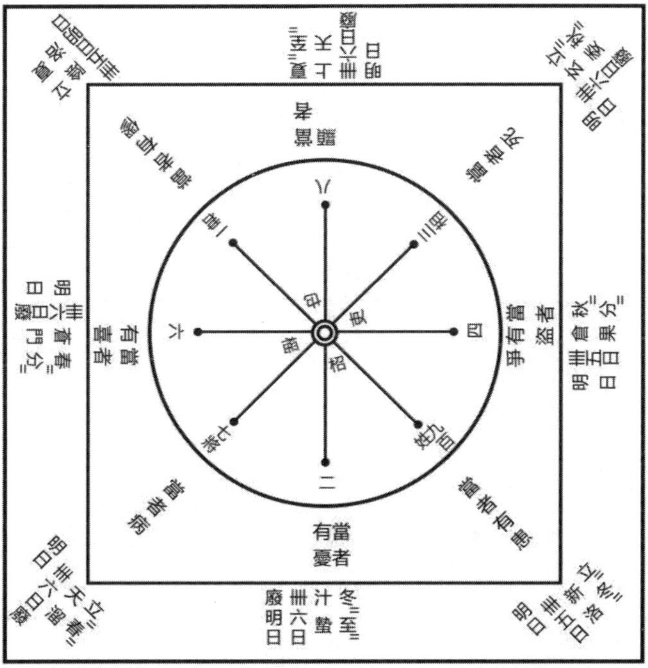

整年日期	大周期内日序	大周期宫　名	小周期宫　名	风变所主	当者占辞	备　注
139	1	阴洛	一阴洛	君	有僇	立夏之日
140	2	阴洛	二汁蛰		有忧	
141	3	阴洛	三玄委	相	死	
142	4	阴洛	四仓果		有盗争	
143	5	阴洛	五柖榣	吏		
144	6	阴洛	六苍门		有喜	
145	7	阴洛	七天溜	将	病	
146	8	阴洛	八上天		显	
147	9	阴洛	九新洛	百姓	有患	
148	10	阴洛	一阴洛	君	有僇	
149	11	阴洛	二汁蛰		有忧	
150	12	阴洛	三玄委	相	死	
151	13	阴洛	四仓果		有盗争	
152	14	阴洛	五柖榣	吏		
153	15	阴洛	六苍门		有喜	
154	16	阴洛	七天溜	将	病	
155	17	阴洛	八上天		显	
156	18	阴洛	九新洛	百姓	有患	
157	19	阴洛	一阴洛	君	有僇	
158	20	阴洛	二汁蛰		有忧	
159	21	阴洛	三玄委	相	死	
160	22	阴洛	四仓果		有盗争	
161	23	阴洛	五柖榣	吏		
162	24	阴洛	六苍门		有喜	
163	25	阴洛	七天溜	将	病	

(续表)

整年日期	大周期内日序	大周期宫　名	小周期宫　名	风变所主	当者占辞	备　注
164	26	阴洛	八上天		显	
165	27	阴洛	九新洛	百姓	有患	
166	28	阴洛	一阴洛	君	有僇	
167	29	阴洛	二汁蛰		有忧	
168	30	阴洛	三玄委	相	死	
169	31	阴洛	四仓果		有盗争	
170	32	阴洛	五招榣	吏		
171	33	阴洛	六苍门		有喜	
172	34	阴洛	七天溜	将	病	
173	35	阴洛	八上天		显	
174	36	阴洛	九新洛	百姓	有患	
175	37	阴洛	一阴洛	君	有僇	
176	38	阴洛	二汁蛰		有忧	
177	39	阴洛	三玄委	相	死	
178	40	阴洛	四仓果		有盗争	
179	41	阴洛	五招榣	吏		
180	42	阴洛	六苍门		有喜	
181	43	阴洛	七天溜	将	病	
182	44	阴洛	八上天		显	
183	45	阴洛	九新洛	百姓	有患	

五、自夏至起居上天之宫卌六日：

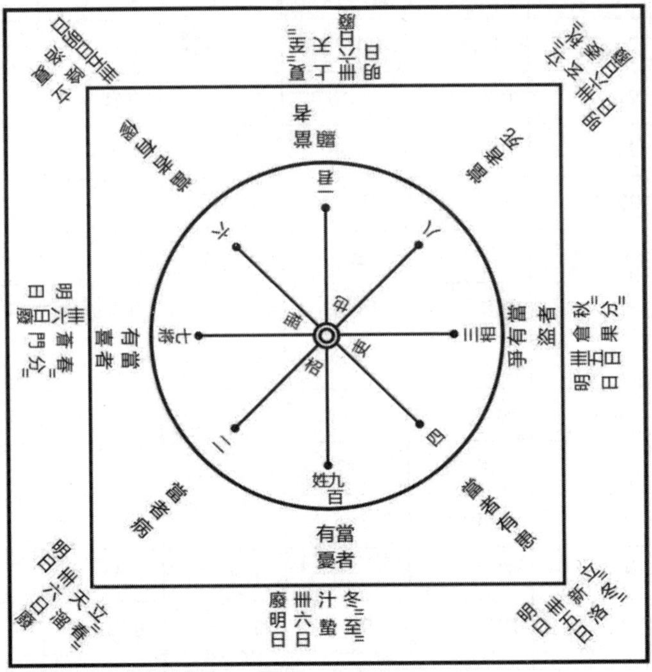

整年日期	大周期内日序	大周期宫　名	小周期宫　名	风变所主	当者占辞	备　注
184	1	上天	一上天	君	显	夏至之日
185	2	上天	二天溜		病	
186	3	上天	三仓果	相	有盗争	
187	4	上天	四新洛		有患	
188	5	上天	五招榣	吏		
189	6	上天	六阴洛		有僇	
190	7	上天	七苍门	将	有喜	
191	8	上天	八玄委		死	
192	9	上天	九汁蛰	百姓	有忧	
193	10	上天	一上天	君	显	
194	11	上天	二天溜		病	
195	12	上天	三仓果	相	有盗争	
196	13	上天	四新洛		有患	
197	14	上天	五招榣	吏		
198	15	上天	六阴洛		有僇	
199	16	上天	七苍门	将	有喜	
200	17	上天	八玄委		死	
201	18	上天	九汁蛰	百姓	有忧	
202	19	上天	一上天	君	显	
203	20	上天	二天溜		病	
204	21	上天	三仓果	相	有盗争	
205	22	上天	四新洛		有患	
206	23	上天	五招榣	吏		
207	24	上天	六阴洛		有僇	
208	25	上天	七苍门	将	有喜	

（续表）

整年日期	大周期内日序	大周期宫　名	小周期宫　名	风变所主	当者占辞	备　注
209	26	上天	八玄委		死	
210	27	上天	九汁蛰	百姓	有忧	
211	28	上天	一上天	君	显	
212	29	上天	二天溜		病	
213	30	上天	三仓果	相	有盗争	
214	31	上天	四新洛		有患	
215	32	上天	五招榣	吏		
216	33	上天	六阴洛		有僇	
217	34	上天	七苍门	将	有喜	
218	35	上天	八玄委		死	
219	36	上天	九汁蛰	百姓	有忧	
220	37	上天	一上天	君	显	
221	38	上天	二天溜		病	
222	39	上天	三仓果	相	有盗争	
223	40	上天	四新洛		有患	
224	41	上天	五招榣	吏		
225	42	上天	六阴洛		有僇	
226	43	上天	七苍门	将	有喜	
227	44	上天	八玄委		死	
228	45	上天	九汁蛰	百姓	有忧	
229	46	上天				废日

六、自立秋起居玄委之宫卌六日：

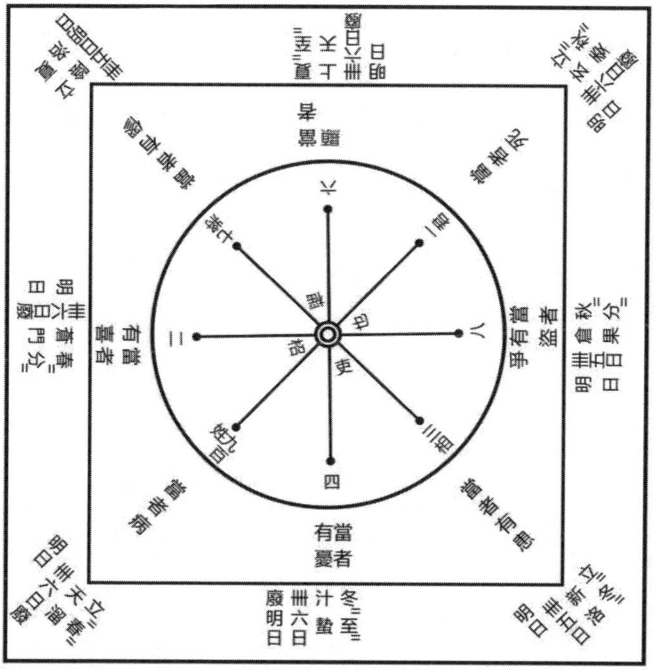

整年日期	大周期内日序	大周期宫　名	小周期宫　名	风变所主	当者占辞	备　注
230	1	玄委	一玄委	君	死	立秋之日
231	2	玄委	二苍门		有喜	
232	3	玄委	三新洛	相	有患	
233	4	玄委	四汁蛰		有忧	
234	5	玄委	五招摇	吏		
235	6	玄委	六上天		显	
236	7	玄委	七阴洛	将	有僇	
237	8	玄委	八仓果		有盗争	
238	9	玄委	九天溜	百姓	病	
239	10	玄委	一玄委	君	死	
240	11	玄委	二苍门		有喜	
241	12	玄委	三新洛	相	有患	
242	13	玄委	四汁蛰		有忧	
243	14	玄委	五招摇	吏		
244	15	玄委	六上天		显	
245	16	玄委	七阴洛	将	有僇	
246	17	玄委	八仓果		有盗争	
247	18	玄委	九天溜	百姓	病	
248	19	玄委	一玄委	君	死	
249	20	玄委	二苍门		有喜	
250	21	玄委	三新洛	相	有患	
251	22	玄委	四汁蛰		有忧	
252	23	玄委	五招摇	吏		
253	24	玄委	六上天		显	
254	25	玄委	七阴洛	将	有僇	

（续表）

整年日期	大周期内日序	大周期宫　名	小周期宫　名	风变所主	当者占辞	备　注
255	26	玄委	八仓果		有盗争	
256	27	玄委	九天溜	百姓	病	
257	28	玄委	一玄委	君	死	
258	29	玄委	二苍门		有喜	
259	30	玄委	三新洛	相	有患	
260	31	玄委	四汁蛰		有忧	
261	32	玄委	五榣榣	吏		
262	33	玄委	六上天		显	
263	34	玄委	七阴洛	将	有僇	
264	35	玄委	八仓果		有盗争	
265	36	玄委	九天溜	百姓	病	
266	37	玄委	一玄委	君	死	
267	38	玄委	二苍门		有喜	
268	39	玄委	三新洛	相	有患	
269	40	玄委	四汁蛰		有忧	
270	41	玄委	五榣榣	吏		
271	42	玄委	六上天		显	
272	43	玄委	七阴洛	将	有僇	
273	44	玄委	八仓果		有盗争	
274	45	玄委	九天溜	百姓	病	
275	46	玄委				废日

七、自秋分起居仓果之宫卌五日：

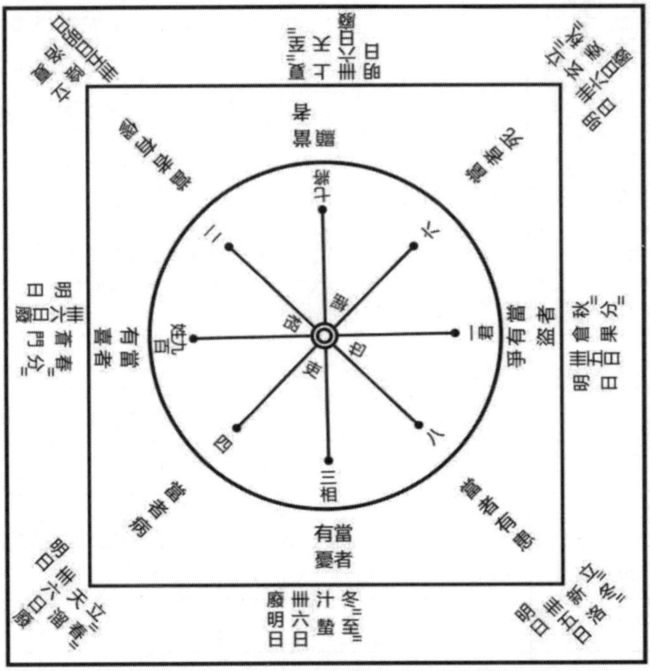

整年日期	大周期内日序	大周期宫　名	小周期宫　名	风变所主	当者占辞	备　注
276	1	仓果	一仓果	君	有盗争	秋分之日
277	2	仓果	二阴洛		有僇	
278	3	仓果	三汁蛰	相	有忧	
279	4	仓果	四天溜		病	
280	5	仓果	五招榣	吏		
281	6	仓果	六玄委		死	
282	7	仓果	七上天	将	显	
283	8	仓果	八新洛		有患	
284	9	仓果	九苍门	百姓	有喜	
285	10	仓果	一仓果	君	有盗争	
286	11	仓果	二阴洛		有僇	
287	12	仓果	三汁蛰	相	有忧	
288	13	仓果	四天溜		病	
289	14	仓果	五招榣	吏		
290	15	仓果	六玄委		死	
291	16	仓果	七上天	将	显	
292	17	仓果	八新洛		有患	
293	18	仓果	九苍门	百姓	有喜	
294	19	仓果	一仓果	君	有盗争	
295	20	仓果	二阴洛		有僇	
296	21	仓果	三汁蛰	相	有忧	
297	22	仓果	四天溜		病	
298	23	仓果	五招榣	吏		
299	24	仓果	六玄委		死	
300	25	仓果	七上天	将	显	

（续表）

整年日期	大周期内日序	大周期宫　名	小周期宫　名	风变所主	当者占辞	备　注
301	26	仓果	八新洛		有患	
302	27	仓果	九苍门	百姓	有喜	
303	28	仓果	一仓果	君	有盗争	
304	29	仓果	二阴洛		有僇	
305	30	仓果	三汁蛰	相	有忧	
306	31	仓果	四天溜		病	
307	32	仓果	五招榣	吏		
308	33	仓果	六玄委		死	
309	34	仓果	七上天	将	显	
310	35	仓果	八新洛		有患	
311	36	仓果	九苍门	百姓	有喜	
312	37	仓果	一仓果	君	有盗争	
313	38	仓果	二阴洛		有僇	
314	39	仓果	三汁蛰	相	有忧	
315	40	仓果	四天溜		病	
316	41	仓果	五招榣	吏		
317	42	仓果	六玄委		死	
318	43	仓果	七上天	将	显	
319	44	仓果	八新洛		有患	
320	45	仓果	九苍门	百姓	有喜	

八、自立冬起居新洛之宫卌五日：

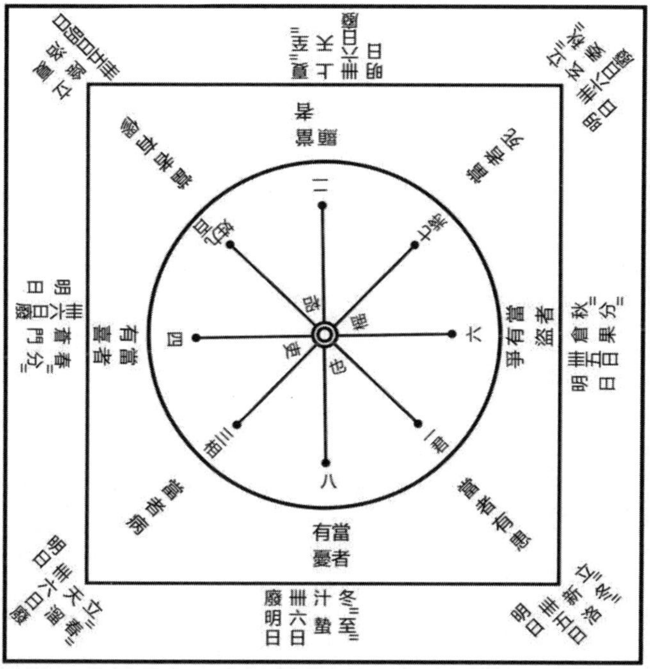

整年 日期	大周期 内日序	大周期 宫　名	小周期 宫　名	风变所主	当者占辞	备　注
321	1	新洛	一新洛	君	有患	立冬之日
322	2	新洛	二上天		显	
323	3	新洛	三天溜	相	病	
324	4	新洛	四苍门		有喜	
325	5	新洛	五招摇	吏		
326	6	新洛	六仓果		有盗争	
327	7	新洛	七玄委	将	死	
328	8	新洛	八汁蛰		有忧	
329	9	新洛	九阴洛	百姓	有僇	
330	10	新洛	一新洛	君	有患	
331	11	新洛	二上天		显	
332	12	新洛	三天溜	相	病	
333	13	新洛	四苍门		有喜	
334	14	新洛	五招摇	吏		
335	15	新洛	六仓果		有盗争	
336	16	新洛	七玄委	将	死	
337	17	新洛	八汁蛰		有忧	
338	18	新洛	九阴洛	百姓	有僇	
339	19	新洛	一新洛	君	有患	
340	20	新洛	二上天		显	
341	21	新洛	三天溜	相	病	
342	22	新洛	四苍门		有喜	
343	23	新洛	五招摇	吏		
344	24	新洛	六仓果		有盗争	
345	25	新洛	七玄委	将	死	

（续表）

整年日期	大周期内日序	大周期宫名	小周期宫名	风变所主	当者占辞	备注
346	26	新洛	八汁蛰		有忧	
347	27	新洛	九阴洛	百姓	有僇	
348	28	新洛	一新洛	君	有患	
349	29	新洛	二上天		显	
350	30	新洛	三天溜	相	病	
351	31	新洛	四苍门		有喜	
352	32	新洛	五招榣	吏		
353	33	新洛	六仓果		有盗争	
354	34	新洛	七玄委	将	死	
355	35	新洛	八汁蛰		有忧	
356	36	新洛	九阴洛	百姓	有僇	
357	37	新洛	一新洛	君	有患	
358	38	新洛	二上天		显	
359	39	新洛	三天溜	相	病	
360	40	新洛	四苍门		有喜	
361	41	新洛	五招榣	吏		
362	42	新洛	六仓果		有盗争	
363	43	新洛	七玄委	将	死	
364	44	新洛	八汁蛰		有忧	
365	45	新洛	九阴洛	百姓	有僇	

图书在版编目(CIP)数据

其命维新:第五届华人国学大典国学星斗计划新秀集/肖永明,陈仁仁主编. —长沙:岳麓书社,2024.9

(华人国学大典论丛/肖永明,陈仁仁主编)

ISBN 978-7-5538-2035-4

Ⅰ.①其… Ⅱ.①肖… ②陈… Ⅲ.①国学—文集 Ⅳ.①Z126.27-53

中国国家版本馆 CIP 数据核字(2024)第 047007 号

QI MING WEIXIN:
DI-WU JIE HUAREN GUOXUE DADIAN GUOXUE XINGDOU JIHUA XINXIU JI

其命维新:第五届华人国学大典国学星斗计划新秀集

丛书主编:肖永明　陈仁仁
本书主编:肖永明　陈仁仁
策划编辑:刘　文
责任编辑:刘小敏
责任校对:舒　舍
封面设计:罗志义

岳麓书社出版发行
地址:湖南省长沙市爱民路 47 号
直销电话:0731-88804152　0731-88885616
邮编:410006

版次:2024 年 9 月第 1 版
印次:2024 年 9 月第 1 次印刷
开本:710mm×1000mm　1/16
印张:19
字数:282 千字
书号:ISBN 978-7-5538-2035-4
定价:70.00 元

承印:长沙超峰印刷有限公司

如有印装质量问题,请与本社印务部联系
电话:0731-88884129